Oa
117

PRÉCIS
DE
L'HISTOIRE D'ESPAGNE.

T. I.

Se trouve aussi

Chez FANTIN, Libraire, rue de Seine, n° 12.

DE L'IMPRIMERIE DE L.-T. CELLOT,
rue du Colombier, n° 30.

PRÉCIS
DE
L'HISTOIRE D'ESPAGNE

DEPUIS LES TEMPS LES PLUS RECULÉS

JUSQU'AU COMMENCEMENT DE LA RÉVOLUTION ACTUELLE;

TRADUIT DE L'ESPAGNOL
D'ASCARGORTA,
Par M. L. G***.

TOME I.

A PARIS,
CHEZ FANJAT AINÉ, LIBRAIRE-ÉDITEUR,
RUE CHRISTINE, n° 3.

Juin 1823.

Le Traducteur

à sa Femme.

Cette traduction, faite dans mes soirées, autant pour le plaisir de travailler auprès de toi que pour me fortifier dans la langue espagnole, doit avec d'autant plus de raison t'être dédiée, que, puisque parmi les personnes qui te connaissent il n'en est aucune qui ne rende justice aux bonnes qualités dont tu es éminemment douée, je dois m'estimer doublement heureux, et de posséder une femme aussi méritante, et de trouver une occasion de lui rendre publiquement cet hommage.

L. G.

AVERTISSEMENT

DE L'ÉDITEUR.

La traduction en espagnol de l'*Histoire universelle* de M. Anquetil a été l'occasion de l'ouvrage dont nous présentons aujourd'hui la version française au public. Le traducteur de cette *Histoire universelle*, le père François Vazquez, s'aperçut bientôt de l'insuffisance de cette collection, et même d'un grand nombre d'erreurs en ce qui concernait les annales de l'Espagne; et après de mûres réflexions, il se décida à faire composer un ouvrage entièrement neuf, et qui fût digne de sa patrie. Il en chargea M. Ascargorta, connu déjà par d'autres travaux qui lui ont acquis à juste titre l'estime et l'approbation de ses concitoyens. C'est ce même ouvrage dont nous publions aujourd'hui la traduction.

L'original espagnol a paru à Madrid sous ce

AVERTISSEMENT.

titre : *Compendio de la historia de España*, Madrid, año de 1806, 2 vol. in-12, carré.

Dans sa préface, où domine une modestie vraie, trop rare aujourd'hui dans le monde littéraire, M. Ascargorta expose les raisons et fait connaître les circonstances qui l'ont engagé à l'entreprendre. On ne peut que lui savoir beaucoup de gré de cette détermination. Sans doute l'esprit de recherche peut s'appliquer avec succès dans tous les lieux à la rédaction des annales des nations étrangères; mais on avouera sans peine que les hommes véritablement instruits de chaque pays sont, beaucoup mieux que les savants étrangers, à même de connaître l'histoire de leur propre patrie, ne fût-ce que par une plus grande habitude des lieux et des mœurs dont ils doivent parler, surtout par la facilité de consulter des documents originaux déposés dans des archives où ces savants étrangers ne peuvent avoir accès; et l'on sait tout ce que peuvent répandre de lumière et d'exactitude sur l'histoire en général, ces documents authentiques, contemporains des événements dont ils

AVERTISSEMENT.

sont eux-mêmes un témoignage vivant, et que trop souvent on se dispense de consulter. Tels sont les soins auxquels M. Ascargorta n'a pas cru pouvoir se dispenser de s'astreindre; c'est donc une Histoire espagnole de l'Espagne que nous donnons réellement au public.

C'est à lui qu'il appartient de juger de la perfection du plan adopté par l'auteur et du succès avec lequel il l'a exécuté. Si nous cherchions à prévenir son jugement, nous pourrions citer l'approbation donnée à cet ouvrage sous tous les rapports par des hommes dont le jugement tire beaucoup d'autorité de leurs propres travaux et de leur juste renommée; mais nous nous contenterons de dire que leurs suffrages ont été pour nous un puissant encouragement, et ces suffrages nous ont laissé l'espoir que notre entreprise serait à la fois utile et agréable au public. Dans tous les temps ce *Précis,* par la manière on pourrait dire consciencieuse dont il a été rédigé, eût mérité de passer dans notre langue; les circonstances du jour ne peuvent certainement diminuer en rien ce mérite, et les additions que nous faisons à l'ouvrage original, pour en rendre l'usage plus commode, doivent encore l'accroître à plusieurs égards.

Ces additions ne touchent pas au texte de l'ouvrage; il a dû être respecté, et il l'a été religieusement : l'examen attentif de la version française et sa comparaison avec l'original peuvent convaincre le lecteur et de ce respect et de la fidélité de cette version. Ce sont les *Tables* qui terminent les deux volumes, que nous y avons ajoutées comme son complément nécessaire: la *table analytique* de chaque volume présente la série des événements dans leur ordre chronologique; la *table générale des noms d'hommes* et celle des *lieux*, alphabétiques l'une et l'autre, placées à la fin du second, rendront faciles et promptes toutes recherches sur chacun de ces événements particuliers. Enfin une *Carte d'Espagne* guidera le lecteur curieux de suivre sur le terrain la marche des faits historiques.

Nous devons l'avertir, en terminant, qu'à l'exemple de l'auteur espagnol quelques noms propres sont quelquefois, mais très rarement,

AVERTISSEMENT.

écrits avec une orthographe différente. Nous avons averti de ces différences et de leurs synonymies par des notes placées dans le cours de l'ouvrage, et la *table générale des noms propres d'hommes* préviendra, par des renvois exacts et fréquents, toute méprise à cet égard.

Il nous reste à apprendre par le succès de l'ouvrage, que notre entreprise a obtenu quelques droits à la bienveillance du public éclairé. Elle serait pour nous une flatteuse récompense, et nous déterminerait à publier bientôt un *troisième* volume, relatif à des événements récents qui occupent à un si haut degré l'attention du monde policé. Le traducteur a été à portée de recueillir, sur ce grand période de l'histoire de l'Espagne, des renseignements et des *pièces originales* du premier ordre, et qui seront toujours d'un très grand poids dans toute relation historique du règne mémorable de Charles IV. Nous nous ferons un devoir de les mettre en lumière si le public nous favorise de son approbation; et c'est en conservant cet espoir que nous nous sommes contentés d'ajouter à l'ouvrage original, qui se termine à la mort de Charles III, un précis très sommaire des principaux événements du règne de Charles IV, d'après les *Tablettes universelles* de feu M. Koch, dont l'ouvrage jouit d'une réputation très méritée. Ce précis très sommaire ne ferait qu'une introduction au nouveau volume, si le succès du présent ouvrage nous avertit qu'il pourra plaire au public.

PRÉCIS

DE

L'HISTOIRE D'ESPAGNE.

CHAPITRE PREMIER.

L'Espagne est la partie la plus occidentale du continent de l'Europe. Située dans la zone tempérée et comprise entre le 36ᵉ et le 44ᵉ degré de latitude nord, et entre le 9ᵉ et le 22ᵉ degré de longitude ouest, en comptant du méridien de l'île de Fer (1 Est à 11 ½ Ouest, longit. du méridien de Paris), elle forme une péninsule, baignée à l'occident par l'Océan, du midi à l'orient par la Méditerranée, et se joint à la France au nord, où la nature a formé une vaste chaîne de montagnes presque inaccessibles, qui sert de barrière aux deux royaumes. On compte que l'Espagne a cinq cent quatre-vingt-une lieues de circuit, et que son plus grand diamètre est d'un peu plus de deux cents lieues (de 20 au degré); mais sur l'un et l'autre de ces calculs, il existe une grande différence d'opinions.

L'Espagne, qui, au prix de cent périls, va chercher aujourd'hui l'or et l'argent aux extrémités du globe, possédait jadis de riches mines de ces métaux, et en conserve encore quelques unes très abondantes d'étain, de fer, de vif-argent, de plomb, de cuivre, et de tous les demi-métaux. Son sol, très fertile en général, est arrosé par une quantité de rivières plus ou moins considérables et très poissonneuses. Du milieu de ses plaines riantes s'élèvent des montagnes couvertes d'arbres de toute espèce, et percées, sur quelques points, de cavernes qui effraient et abritent le voyageur curieux. On ne trouve pas en Espagne les animaux féroces de l'Asie et de l'Afrique; on y voit seulement ceux des climats tempérés, tels que l'ours et le loup. Le ciel est pur et serein; on y respire un air doux, et, quoique dans quelques provinces et en certaines saisons, les chaleurs soient parfois incommodes, elles ne le sont jamais au point de devenir excessives : le sol fournit d'ailleurs les moyens de les rendre plus supportables, en produisant en abondance l'orange, le limon et quantité d'autres fruits rafraîchissants et agréables. La nature n'a épargné aux habitants de l'Espagne ni le blé bien grené, ni les vins les plus précieux, ni l'huile la plus substantielle, ni le miel le plus délicat; et, comme pour resserrer les liens de cette société par des avantages réciproques et rendre plus intime la communication des provinces entre elles, elle a voulu, avec une admirable économie, que ce qui manque dans les unes fût suppléé avantageusement par ce qui abonde dans les autres.

Les laines de cette péninsule jouissent d'une réputation justement méritée; cependant les plus fines sont celles que produisent les troupeaux *voyageurs*, ainsi nommés parce qu'ils sont ambulants, et voyagent constamment pour passer le printemps dans les montagnes, et l'hiver dans les pâturages des provinces méridionales, les *mattres-bergers* ou chefs de ces troupeaux, observant entre eux certains arrangements pour ne pas se rencontrer en chemin, et ne pas se porter préjudice dans la jouissance des pâturages. Lorsqu'on manufacturait en Espagne toutes les laines fines, les profits qui en résultaient étaient considérables; mais ils ont diminué en proportion des bénéfices des étrangers, qui aujourd'hui en achètent la majeure partie, et auxquels cette production, dont ils tirent parti par leur propre industrie, offre une source inépuisable de richesses.

Ce que l'on appelle caractère d'une nation est ordinairement le résultat de l'éducation et du gouvernement; mais il y a certains signes constants qui, à ce qu'il paraît, déterminent le naturel et le génie primitif des habitants de chaque pays. Les Espagnols sont connus par leur admirable constance au milieu des contrariétés du sort, et par une certaine supériorité d'âme qui, sans jamais se laisser abattre, leur fait préférer les plus grands maux à la servitude. Ils sont généralement sérieux, circonspects, sobres, ennemis de l'ivrognerie, reconnaissants, et fidèles à leurs amis ; lents à prendre une résolution, une fois décidés ils sont constants dans l'exécution. On les accuse d'être *fanfarons*, c'est-à-dire de s'estimer plus qu'il n'est convenable de le faire ; mais du moins s'ils prônent leur vaillance, ils peuvent le faire avec raison. Dans le cours de cette histoire, je citerai mille occasions dans lesquelles ils ont donné des preuves non seulement signalées, mais encore incomparables, de leur courage et de leur valeur. Les Romains et les Carthaginois se disputaient à l'envi la gloire d'avoir parmi leurs troupes des soldats espagnols. En effet, ceux-ci ont toujours été forts, intrépides et très délicats sur le point d'honneur ; et la jactance qu'on leur reproche peut-être provient du caractère de leur idiome, qui est grave, sonore, et quelquefois emphatique. Les femmes espagnoles ont été de tout temps recommandables par leur pudeur ; pour ce qui est de leur beauté, il en est comme partout ailleurs. Dans quelques provinces, elles sont plus gracieuses que dans d'autres; mais, en général, elles obtiennent l'avantage sur le reste de l'Europe par la vivacité, la bonne grâce, la mobilité, les talents, et autres qualités qui, au moyen d'une bonne éducation, en font sans contredit l'ornement de leur sexe.

Le sol de l'Espagne paraît être un des plus favorables au développement de l'intelligence; aussi lorsque les Romains subjuguèrent le monde alors connu, de nulle part il ne sortit autant d'orateurs et de poëtes célèbres que de la nation espagnole. Les Arabes, qui la conquirent ensuite, et qui dans leur pays étaient presque barbares, s'y policèrent tellement, qu'ils portèrent les arts, les lettres, la médecine, l'agriculture et les sciences exactes à un point qui leur fera toujours honneur.

Les historiens ont beaucoup disputé pour savoir quels avaient été les premiers habitants de l'Espagne: les uns font cet honneur à Tubal et à sa famille, d'autres à Tarsis, et d'autres encore raisonnent de diverses manières sur ce sujet; mais la vérité est que personne ne peut discourir avec certitude sur ce point, non plus que sur les lois, les usages et le gouvernement de ces premiers habitants de l'Espagne, jusqu'au quinzième siècle avant Jésus-Christ, époque où vinrent s'établir dans cette contrée diverses colonies phéniciennes, attirées par son agréable température, par la fécondité de ses terres, et par l'abondance de ses mines d'or et d'argent. Nous savons qu'alors ils la trouvèrent déjà habitée par quelques hommes simples, ayant peu de besoins, par conséquent peu de désirs, et contents des abondantes productions que la nature leur offrait comme spontanément; que les Phéniciens, commerçants et industrieux depuis l'antiquité la plus reculée, surent tirer un parti très avantageux d'aussi belles dispositions; et que, s'appliquant à étendre leur commerce et à s'enrichir par l'augmentation des bénéfices, ils se répandirent dans la Bétique et l'Andalousie, où ils s'établirent d'abord; qu'ils y fondèrent la ville de Cadix, où ils apportèrent leur idiome et leurs usages; que les communications fréquentes des Phéniciens avec l'Andalousie changèrent promptement la face de ce pays, en inspirant à ce peuple grossier et ignorant des manières polies inconnues jusque-là; et qu'en peu de temps les naturels firent parade de la civilisation qu'ils devaient à leurs hôtes.

Cependant les Phéniciens ne furent pas les seuls étrangers qu'attira la réputation de la péninsule. Les Rhodiens, les Samiens, les Phocéens et autres peuples grecs y envoyèrent successivement diverses colonies qui, occupant de force ou par adresse les terres, qu'ils purent enlever aux habitants primitifs, se fixèrent sur les côtes de la Méditerranée ; mais les Carthaginois furent ceux qui parvinrent principalement à s'y introduire et à y dominer. D'abord ce fut sous le prétexte du commerce, en fréquentant la côte de Cadix ; ensuite ils y construisirent des maisons, des temples, des comptoirs et même des forteresses ; et enfin ils parvinrent à se rendre maîtres de toute l'Andalousie, employant la force quand l'artifice ne suffisait pas. Leur commerce et leur puissance s'élevèrent par ce moyen à l'état le plus florissant ; mais au quatrième siècle avant l'ère chrétienne, les événements de la première guerre punique les obligèrent à abandonner les postes qu'ils occupaient dans la Bétique, pour aller au secours de leur patrie ; peut-être même les Andaloux profitèrent-ils de ces circonstances critiques pour les en chasser. Il n'était cependant pas facile aux Carthaginois de prendre la résolution d'abandonner absolument le commerce d'Espagne, dont les riches produits étaient le principal soutien de leur république. Ils le continuèrent donc avec plus ou moins d'activité ; et, dans le traité de paix qui fut conclu à la fin de cette guerre sanglante, quoiqu'en recevant la loi, ils passèrent sur toutes les conditions pour conserver le commerce de la Méditerranée.

Mais l'ambition et l'orgueil de Carthage ne pouvaient être satisfaits d'un commerce régulier, dépouillé de toute apparence de domination. La première guerre punique, les sommes exorbitantes que lui coûta la prépondérance romaine, et qu'elle se vit forcée de payer pour éviter de plus amples vexations, avaient annulé ses forces et abattu son pouvoir. Néanmoins les Carthaginois conservaient leur supériorité d'âme au milieu des disgrâces, et l'espoir de la vengeance soutenait leur courage ; en sorte qu'à peine les hostilités finies, ils portèrent leurs regards sur leurs antiques possessions espagnoles, et, rougissant de les avoir perdues ou abandonnées, ils se préparèrent à s'y rétablir. Amilcar Barca, noble carthaginois qui s'était rendu célèbre dans cette première guerre, fut choisi pour la faire de nouveau en Espagne. En 237, à la tête d'une puissante armée, il débarqua à Cadix, ville qui, vraisemblablement, était encore en bonne intelligence avec Carthage. C'est de là qu'Amilcar commença ses excursions sur le continent, dévastant les terres, pillant les villes, asservissant les peuples et enrichissant ses troupes de leurs dépouilles. Après avoir ravagé une grande partie de la Bétique, il entra par divers points en Estramadure et en Portugal. Ses habitants désolés s'armèrent en vain pour défendre leur liberté et leur patrie : les uns constamment battus par Amilcar, les autres attirés par la flatterie, les présents ou les promesses, à peine resta-t-il, après l'espace de neuf années, quelque partie des peuplades de cette portion de l'Espagne qui ne reconnût pas la domination de Carthage. Les Vétons, habitants des confins de l'Estramadure et du royaume de Léon, furent les seuls qui réussirent à arrêter les progrès de ce chef victorieux, maître de la ville d'Hélice (on ignore sa véritable situation), d'où il les menaçait de l'esclavage. Les principaux habitants de cette contrée, ligués contre l'ennemi commun, se portèrent au-devant d'Amilcar, et, par un de ces actes de témérité que suggèrent le désespoir et l'amour de l'indépendance, ils triomphèrent de tous les efforts de ce capitaine expérimenté. Orizon, un de leurs chefs, feignant de se réunir à Amilcar, introduisit dans la place un renfort considérable de troupes; les autres princes, s'étant en même temps retranchés avec leur armée derrière quelques chariots chargés de bois qu'ils exposèrent à la vue du camp ennemi, attendirent l'attaque avec la sécurité de la victoire. Les Carthaginois, ne pénétrant pas le but de ce stratagème, firent entendre de grands éclats de rire, manifestèrent leur mépris, et, abandonnant le siége de la place, se dirigèrent avec confiance vers cette espèce d'épouvantail. Alors, en un moment, les Espagnols mettant le feu aux fagots, et excitant contre l'armée carthaginoise les bœufs attelés à ces chars, réussirent à répandre partout le désordre et la terreur. La garnison et les troupes embusquées sortirent à l'improviste, et attaquant l'ennemi avec intrépidité, l'obligèrent à prendre la fuite, le champ de bataille restant couvert de cadavres. Amilcar, chargé par les escadrons d'Orizon, fut blessé grièvement au passage de la Guadiana, tomba de cheval et se noya dans les eaux de ce fleuve.

Le jeune Asdrubal, gendre d'Amilcar, qu'il accompagnait dans cette expédition, prit le commandement de l'armée par décret du sénat carthaginois, et, renforcé par un nombre considérable de troupes envoyées d'Afrique, il recommença immédiatement la campagne contre Orizon et ses alliés, les mit dans une déroute complète, et, pour fruit de sa victoire, se rendit maître de douze villes. Il prit ensuite le chemin de la Celtibérie, se dirigeant vers les rives de l'Ebre, et fit, dans cette marche, de si rapides et de si importantes conquêtes, qu'il étendit prodigieusement le domaine de Carthage. Mais ce qui doit rendre son nom recommandable, c'est la modération avec laquelle il se conduisit, même au milieu de ses triomphes, épargnant le plus qu'il lui était possible non seulement le sang de ses soldats, mais encore celui de ses ennemis. Il n'employait la force que lorsqu'il y était contraint par la nécessité, et même alors il recourait ordinairement à l'énergie et à l'impétuosité du jeune Annibal, qui, formé à l'école d'Amilcar, ne connaissait guère d'autre moyen de vaincre que la violence. Asdrubal savait flatter, traiter ses ennemis avec ménagement, leur donner même des louanges; son affabilité et la douceur de son caractère lui concilièrent tellement l'affection des peuples auxquels il imposait le joug, qu'on se disputait partout l'honneur de servir sous ses drapeaux. Plusieurs provinces le proclamèrent général; et, sa femme étant morte, on lui offrit une princesse espagnole, qu'il prit en mariage. Aux confins des belles contrées de Valence et de Murcie, il bâtit sur les bords de la mer une ville qu'il honora du titre de capitale de la république, et qu'il appela *Nouvelle Carthage*, nom conservé jusqu'à nos jours dans celui de Carthagène, destinée, dès le principe, non seulement à être la cour des Carthaginois, mais aussi le quartier-général de leurs troupes, l'arsenal de leurs vaisseaux, et le point central de leur commerce; elle fut enfin la source la plus abondante de leurs richesses.

CHAPITRE II.

Les Sagontins, les Ampuritains et autres peuples originaires de la Grèce, qui habitaient les rives de la Catalogne et de Valence, redoutaient la puissance des Carthaginois; mais, ne se croyant point capables de leur résister en cas de rupture, ils sollicitèrent l'alliance et la protection de Rome. Cette ambitieuse république, l'ennemie perpétuelle de la gloire de Carthage, qui ne pouvait voir avec indifférence l'agrandissement de la domination carthaginoise en Espagne, et qui convoitait depuis long-temps les richesses qui faisaient tant envier la possession de cette belle partie du globe, prit avec d'autant plus d'empressement ces peuples sous sa protection, qu'ils lui fournissaient un prétexte de rompre avec sa rivale et de lui disputer ses possessions avec quelque apparence de justice. Pour qu'il ne manquât à Rome aucune raison plausible de s'immiscer dans les affaires d'Espagne, elle envoya des ambassadeurs en Afrique et au général carthaginois, avec l'invitation de borner ses conquêtes aux rives de l'Ebre, sans les étendre aux peuples situés entre ce fleuve et les Pyrénées, surtout sans inquiéter ceux qui s'étaient déclarés alliés et amis des Romains. Il y a des demandes qui sont des menaces déguisées sous la forme de prières ; mais il y a des occasions dans lesquelles il est nécessaire de feindre l'oubli des offenses et de dissimuler. Asdrubal et Carthage pénétrèrent facilement les desseins de Rome; néanmoins ils temporisèrent, parce qu'ils ne se trouvaient pas en position de disputer avec avantage, ou parce qu'il leur parut que l'Espagne n'avait pas tellement encore oublié son ancienne liberté, qu'elle ne fût disposée à profiter de la première occasion favorable pour secouer le joug carthaginois. Tel était l'aspect des affaires de cette république africaine lorsque, en l'an 220, Asdrubal fut assassiné par un esclave dont il avait fait périr le maître ignominieusement.

L'armée proclama Annibal, et le sénat de Carthage confirma l'élection. Le nouveau général avait alors vingt-cinq ans, mais il se trouvait en Espagne depuis l'âge de neuf ans. Le climat de cette péninsule, qui dans tous les siècles a produit de grands guerriers, et par-dessus tout les exemples journaliers de valeur dont il avait été le témoin pendant seize années de combats, lui avaient donné un génie extraordinaire, bien supérieur à celui des hommes qu'on regarde comme forts et valeureux. A peine revêtu d'un titre aussi honorable, la révolte des Olcades, peuple de la nouvelle Castille, lui présenta une occasion favorable pour montrer sa capacité et ses talents militaires. Marcher contre eux, s'emparer de la grande et opulente ville d'Altée leur capitale, les subjuguer, et retourner à Carthagène chargé de riches dépouilles, fut l'ouvrage d'une seule campagne. L'année suivante il pénétra dans le royaume de Léon, et assiégea les importantes villes d'Albucala et d'Elmantica, qui appartenaient aux belliqueux Vaccéens. La première, après une opiniâtre résistance qui coûta fort cher aux Carthaginois, dut céder aux forces supérieures de l'ennemi; Elmantica, aujourd'hui Salamanque, bien qu'elle ne pût pas défendre sa liberté de la même manière, mit en défaut, par un moyen fort singulier, toute la ruse d'Annibal. Les citoyens capitulèrent pour leur liberté, en consentant à abandonner les armes et à livrer la place. Annibal accueillit cette proposition, et les hommes, absolument désarmés, évacuèrent la ville. Mais les femmes, excitées à la vengeance par une énergie supérieure à leur sexe, livrant à l'avidité du vainqueur leurs joyaux et leurs bijoux, prirent la généreuse résolution d'emporter des poignards cachés sous leurs vêtements, bien persuadées que l'ennemi n'aurait pas la hardiesse d'en faire la recherche. Annibal donna à un corps de cavalerie la garde des portes et celle des vaincus, pendant que le reste de l'armée serait occupé du pillage de la ville ; mais les cavaliers, plus avides que disciplinés, commirent l'imprudence d'abandonner leur poste pour prendre part au butin, et fournirent aux femmes l'occasion de rendre ces armes à leurs maris : rentrés en désespérés dans la ville, surprenant les Carthaginois, ils les taillèrent en pièces ou les mirent en fuite. Malheureusement Annibal parvint, après la première frayeur de ses troupes, à les rallier, attaqua la ville avec un nouvel acharnement et une furie nouvelle ; et les Salmantins, ne pouvant s'y maintenir, se retirèrent chargés par l'ennemi, et gagnèrent le haut d'une montagne voisine, où ils voulurent se fortifier. Ils s'y maintinrent pendant quelque temps en présence des Carthaginois, et ne se rendirent qu'à la dernière extrémité, mais non sans honneur, ayant obtenu leur grâce et la liberté de rentrer dans leurs foyers domestiques.

Cette expédition terminée, Annibal voulut se retirer à Carthagène; mais cent mille Carpetains, Olcades et autres peuples confédérés, entreprirent de lui défendre le passage par la Castille nouvelle. Les premières attaques mirent en déroute une partie de ses troupes ; mais le prudent Annibal, refusant constamment une bataille décisive, parce qu'il n'était pas assuré de la victoire, prit une position avantageuse sur les rives du Tage, et attendit que l'obscurité et le silence de la nuit vinssent couvrir ses mouvements pour le traverser. Les Espagnols prirent pour lâcheté ce qui n'était que la conséquence d'un plan bien concerté, et, ne consultant que leur intrépidité et leur valeur, ils se jetèrent confusément à l'eau, croyant qu'il n'y aurait que ceux qui tarderaient à gagner l'autre rive qui ne participeraient pas à la gloire d'avoir mis l'ennemi en déroute. C'était le moment qu'attendait Annibal pour leur faire connaître la supériorité de la prudence et de l'art militaire sur l'inexpérience et la valeur inconsidérée. Il plaça convenablement ses éléphants le long du rivage, rangea sa cavalerie, et, abordant avec intrépidité les imprudents Espagnols au milieu du fleuve, à peine purent-ils fuir ou se défendre. Noyés ou passés au fil de l'épée, ils y périrent presque tous; le petit nombre de ceux qui purent aborder à la rive ennemie fut mis en pièces par les éléphants; et ceux qui purent rétrograder, épouvantés, sans vêtements et tout troublés, furent vivement poursuivis par Annibal, qui repassa promptement le fleuve, et les dispersa de côté et d'autre. Ensuite il tourna de nouveau ses armes contre les peuples Carpetains, saccageant, pillant et incendiant les maisons et les propriétés, et inspira une telle terreur, qu'en peu de temps ils furent tous subjugués.

On parle d'autres expéditions de ce héros, mais l'histoire ne dit point si elles furent militaires ou pacifiques. On sait seulement qu'il passa aux extrémités occidentales de l'Espagne où il donna son nom à un port de mer, qu'il créa peut-être, auprès du cap Saint-Vincent, et qu'il se rendit de là en Gascogne ou en Navarre. Quoi qu'il en soit, les conceptions de ce général étaient très vastes ; il ne regardait la conquête de l'Espagne que comme un moyen de se rendre capable d'entreprises plus glorieuses. Il était fils d'un vaillant Carthaginois, mort avec la douleur de n'avoir pas obtenu des avantages sur les Romains dans la première guerre punique, et qui, dès l'âge de neuf ans, avait fait jurer à ce fils sur les autels des dieux, une haine irréconciliable contre Rome ; nourri dans cette disposition, elle était dans Annibal l'essence même de son caractère. Il n'avait pas oublié non plus la perfidie et la violence avec lesquelles Rome avait dépouillé les Carthaginois, de la Sardaigne en pleine paix ; son injuste déclaration de guerre au moment où ils ne pouvaient ni la soutenir ni se défendre ; enfin les sommes exorbitantes qu'elle les contraignit à lui payer, et sans autre motif que la supériorité que Rome avait prise sur Carthage. Tous ces souvenirs fesaient fermenter dans le cœur d'Annibal le désir de la vengeance, et il conçut le dessein de porter ses armes en Italie, et la guerre jusqu'aux portes de Rome. Maître d'une grande partie de l'Espagne, trouvant dans ses provinces d'innombrables soldats d'une extrême valeur, et dans ses mines inépuisables les sommes nécessaires pour les frais de l'expédition, il ne se laissa pas effrayer par les obstacles, et se détermina à cette périlleuse entreprise en la préparant avec une grande sagacité.

Sagonte, aujourd'hui Morvedro, ville fondée par une colonie grecque, jouissait de la protection de Rome; les Carthaginois ne pouvaient donc la molester sans offenser cette république, et sans une infraction manifeste des traités; mais le siége de cette place importante était le moyen le plus sûr d'irriter les Romains et de les provoquer à la guerre. Annibal n'était pas, à la vérité, autorisé à une action aussi hardie; mais la haine et la vengeance, passions violentes et ingénieuses, lui suggérèrent facilement le moyen d'accomplir ses desseins; et, prenant prétexte de certains différends survenus entre les Sagontins et leurs voisins les *Turbolètes*, alliés de Carthage, il députa en Afrique quelques uns des principaux de cette nation, avec des lettres pour le sénat, dans lesquelles il exposait faussement que les Romains troublaient la paix de l'Espagne en se servant des Sagontins pour inquiéter et soulever les alliés de Carthage. Ces plaintes renouvelées plusieurs fois avec toute l'aigreur et le feu de la haine, déterminèrent le sénat à le laisser l'arbitre des affaires d'Espagne. Annibal, revêtu de pouvoirs absolus, feignit de se constituer médiateur entre les Sagontins et les Turbolètes, et interpella les premiers de répondre aux plaintes des seconds. Les Sagontins se refusèrent à reconnaître la médiation d'un arbitre aussi suspect, et en appelèrent aux Romains leurs alliés; mais l'orgueilleux africain, maîtrisé par sa colère, ne différa que d'une nuit pour mettre son armée en mouvement et se porter sur Sagonte, avec cent cinquante mille combattants. Les habitants, surpris à cette nouvelle, envoyèrent des ambassadeurs à Rome, implorant son secours et sa protection dans ces circonstances difficiles. Rome, au lieu d'une armée, se contenta d'envoyer un député à Annibal et à Carthage, pour leur rappeler les traités signés entre les deux républiques; mais Annibal ni Carthage ne se trouvèrent point disposés à écouter les remontrances de leur rivale. Les Romains perdirent en négociations infructueuses le temps qu'ils auraient dû employer à secourir cette ville, leur fidèle alliée. Dans l'intervalle les Sagontins, animés par la trompeuse espérance d'être secourus, souffraient avec une constance héroïque et une valeur merveilleuse toutes les horreurs d'un siége terrible. Les premières attaques des Carthaginois leur furent cependant peu favorables. Les Sagontins abandonnés à leurs propres forces, mais déterminés à une vigoureuse défense, non seulement soutinrent les assauts avec une bravoure extrême, mais encore tentèrent plusieurs sorties et toujours avec quelque succès. La valeur d'Annibal le conduisant à l'escalade, il eut le malheur de recevoir à la cuisse une blessure dangereuse, et, après plusieurs combats, la douleur de voir ses troupes si aguerries, repoussées ignominieusement jusque dans leurs propres retranchements. Lorsque les coups répétés des béliers ouvraient aux assiégeants une entrée par différentes brèches, les Sagontins, avec une indicible intrépidité, les occupaient immédiatement, les couvraient de leur valeur sans reculer d'un pas et les défendaient contre l'impétuosité de l'ennemi, en lançant contre eux une grande quantité de matières embrasées. En vain, au moyen d'une mine cachée, Annibal se flatta d'introduire ses troupes dans la place et de la surprendre ; ses vaillants habitants, loin de se décourager, se retirèrent au centre de la ville, se fortifièrent dans une petite enceinte où ils renfermèrent leurs familles et leurs biens, et se maintinrent dans cette situation, avec une persévérance incomparable, jusqu'au moment où ils manquèrent absolument de vivres. Alors encore ils écoutèrent avec mépris les conditions proposées par Annibal, comme indignes de leur héroïque courage et de leur réputation. Croyant qu'il était plus honorable de vendre leur liberté et leurs vies au prix du sang des Carthaginois et de mourir en braves, plutôt que de périr par la faim, ils prirent la magnanime résolution de succomber en combattant, et de s'ensevelir sous les ruines de leur patrie. Ils allumèrent au milieu de la place un grand bûcher; livrèrent aux flammes leurs effets les plus précieux, et, profitant de l'obscurité et du silence de la nuit, ils firent un dernier effort de valeur en mourant dans une sortie impétueuse. Ils surprirent d'abord l'ennemi; l'attaquèrent avec rage, avec fureur, en firent un horrible carnage; le combat fut obstiné; les Espagnols se battirent comme des lions, et le massacre ne finit que lorsque les Carthaginois eurent ôté la vie à tous les Sagontins. Leurs femmes observaient du haut des tranchées cette sanglante bataille; et dès qu'elles connurent que le fer ennemi avait terminé les jours des derniers défenseurs de Sagonte, elles immolèrent leurs jeunes enfants, et périrent volontairement elles-mêmes, soit par l'épée, soit par le feu qui consumait leurs édifices. C'est ainsi qu'après huit mois de siége périt la célèbre Sagonte, victime honorable de sa constance et de sa loyauté, laissant au vainqueur pour dépouilles un monceau de cendres et un épouvantable squelette d'une grande ville. La mémoire de sa ruine sera perpétuellement glorieuse pour les Espagnols; pour le peuple romain, elle sera une tache éternelle pour l'avoir si indignement abandonnée.

CHAPITRE III.

La nouvelle de la ruine de Sagonte affecta tellement le sénat de Rome, qu'il envoya de suite des ambassadeurs à Carthage; exigeant impérieusement une satisfaction. Carthage se refusa avec hauteur à la donner, et ce refus devint l'étincelle qui alluma entre les deux républiques la seconde guerre punique, et conduisit Carthage à sa ruine complète. Annibal envoya un corps de quinze mille Espagnols en Afrique pour la mettre à l'abri d'une invasion des Romains; et, laissant en Espagne un pareil nombre de troupes africaines sous les ordres de son frère

Asdrubal, il se mit immédiatement en marche pour l'Italie à la tête d'une armée de cent mille combattants, tant Espagnols qu'Africains, avec le dessein de pénétrer jusque dans Rome même, et d'épargner à ses soldats la peine d'aller chercher l'ennemi en Espagne. Laissons cette jeunesse ardente, enflammée de colère et de fureur, s'ouvrir un passage à travers les Alpes, mettre consécutivement en déroute quatre armées romaines sur le Tésin, la Trébia, le Trasimène et à Cannes, et perdre bientôt après le fruit de ses victoires dans les délices de Capoue; bornons-nous à reporter notre attention sur l'imprudence des Espagnols, qui, au lieu de rester paisibles spectateurs d'une contestation si favorable au rétablissement de leur liberté perdue, firent la faute de s'immiscer dans les intérêts des deux puissances rivales, se donnant ainsi beaucoup de peine pour se forger de nouvelles chaînes que Carthage ou Rome devait infailliblement leur imposer selon son bon plaisir.

A peine eut-on connaissance à Rome des dispositions hostiles de Carthage, que l'on nomma général de l'armée d'Espagne le consul Publius Cornélius Scipion, qui, mettant immédiatement à la voile avec une escadre de soixante vaisseaux et une armée assez nombreuse, débarqua bientôt à Marseille dans le dessein d'obtenir quelques renseignèments sur la marche d'Annibal. Là il apprit que le général ennemi avait l'intention de traverser le Rhône à la tête d'une nombreuse armée qu'il conduisait en Italie ; craignant que les Romains ne pussent être surpris par cet ennemi redoutable, P. Scipion laissa le commandement des armées destinées contre l'Espagne à son frère Cnéus, et avec peu de monde s'embarqua pour Gênes, dans l'intention de se réunir aux troupes cantonnées sur les rives du Pô, et de s'opposer aux Carthaginois au pied des Alpes. Cnéus Cornélius continua sa navigation, et abordant à Ampurias, colonie grecque de la Catalogne, débarqua ses légions.

Les premiers mouvements du général romain furent plutôt ceux de quelqu'un qui cherche à faire des découvertes, que d'un guerrier disposé à combattre. L'opinion peu favorable que les Espagnols avaient des Romains depuis la ruine de Sagonte, le rendit circonspect et prudent. Il parcourut les côtes de la Méditerranée depuis les Pyrénées jusqu'à l'Èbre, prenant terre tantôt dans un parage, tantôt dans un autre, selon l'espérance qu'il avait d'être bien accueilli ; son affabilité et ses manières prévenantes dissipèrent promptement la défiance avec laquelle l'amitié romaine était reçue, et fomentèrent aussitôt une haine profonde contre l'orgueil et la puissance de Carthage. Cette réunion de circonstances si favorables mit dans les intérêts de Rome une grande partie des contrées de ces côtes ; plusieurs troupes valeureuses se réunirent aussi à Cnéus Scipion, s'offrant à combattre volontairement contre des maîtres abhorrés. L'armée romaine ainsi renforcée par un corps nombreux d'Espagnols, Scipion eut la satisfaction de pouvoir leur confier la conquête de leur propre patrie, sous le prétexte de la libérer de l'oppression et du joug de Carthage. Le général carthaginois Hannon, auquel Annibal avait commis la défense et la garde de cette province, réunit aussitôt ses forces à celles d'Andobal, prince espagnol, ami et allié des Carthaginois, et se porta à la rencontre des Romains ; mais la bataille fut bien vite décidée par la mort de six mille Carthaginois, la prise de deux mille autres, parmi lesquels se trouvèrent deux de leurs chefs, et tout le reste ayant été mis en déroute, les vainqueurs restèrent ainsi les maîtres du riche bagage qu'Annibal avait confié à Hannon, en partant pour l'expédition d'Italie. Cette victoire fit gagner facilement aux Romains l'amitié des Catalans.

Le bruit de la déroute des Carthaginois se répandant, quoique confusément, dans tout le royaume de Valence, parvint aux oreilles d'Asdrubal qui était à Carthagène avec le commandant supérieur de la province ; ce général part comme un trait avec neuf mille hommes seulement, traverse l'Èbre, rencontre dans les environs de Tarragone les équipages et les soldats de marine de Cnéus Scipion, dispersés sans précautions, et se reposant après leur récente victoire ; il les surprend, les taille en pièces, et ceux qui purent échapper à sa fureur, se réfugièrent précipitamment sur les vaisseaux. Il ne crut cependant pas prudent de mesurer ses forces affaiblies avec le gros de l'armée romaine, qui, à la vue de ses mouvements, était sortie à sa rencontre ; il retourna dans le royaume de Valence ; mais à peine eut-il appris que Scipion, à la nouvelle de son départ, s'était retiré à Ampurias, qu'il repassa l'Èbre, et dans le seul but de se faire un parti puissant parmi les Espagnols de ces contrées. Il y réussit en effet. Les Ilergètes, peuple considérable qui s'étendait au loin, depuis la Sègre jusqu'au nord-ouest de la Castille (*El Gallego*), et qui avait signé un traité d'alliance avec Cnéus Scipion, en lui livrant des ôtages pour garants de sa fidélité, séduit par Asdrubal, et parjure à ses serments, prit les armes, et mêlant sa jeunesse avec les Carthaginois, commit différentes hostilités dans les pays voisins alliés des Romains. Le Carthaginois, satisfait de ce petit avantage, retourna à Carthagène pour continuer ses préparatifs de guerre ; et le général romain, se mettant immédiatement en marche contre ce peuple en défection, repoussa les mutins venus au-devant de lui, et, après l'avoir réduit à l'obéissance, il s'empara d'Anatagie, leur capitale, leur imposa une contribution, et entreprit la conquête d'autres pays voisins de l'Èbre qui s'étaient aussi déclarés pour Carthage. Cnéus Scipion assiégea leur capitale, dont on ne connaît pas exactement le nom ; mais les Lacétains, leurs voisins et leurs amis, essayèrent d'y introduire un bon secours à la faveur des ténèbres de la nuit. Les Romains, qui épiaient leurs mouvements et les attendaient dans une embuscade, les attaquant à l'improviste, leur tuèrent douze mille hommes sur le champ de bataille, et obligèrent le surplus à une fuite précipitée. Cependant la place soutint un siége obstiné de trente jours, et sa résistance aurait été plus longue encore, si ses valeureux défenseurs n'avaient été abandonnés par *Amusite*, leur prince, qui, oubliant tout honneur, passa lâchement dans le camp ennemi. Cette honteuse action de leur chef obligea les Espagnols à capituler moyennant une certaine somme d'argent ; et Scipion, qui, par la violence du froid et par tant de combats périlleux avait perdu beaucoup de monde, ne pensant point à tirer de plus grands avantages de sa victoire, rentra à Tarragone pour y passer l'hiver.

Il était temps, pour l'honneur de Carthage, qu'Asdrubal se déterminât à marcher lui-même pour prouver aux peuples espagnols qu'il ne le cédait point en valeur à son courageux ennemi. Dans l'année suivante 217, une puissante armée navale, composée de quarante vaisseaux, sortit du port de Carthagène sous la conduite d'Amilcar ou Himilcon, qui, côtoyant les plages de Valence en se dirigeant vers celles de Catalogne, arriva jusqu'à l'embouchure de l'Èbre, protégée par l'armée que conduisait le long des côtes, Asdrubal lui-même, prêt à attaquer son compétiteur partout où il pourrait le rencontrer. Le général romain, auquel on ne pouvait pas cacher ce mouvement, résolut d'aller à sa rencontre; mais, considérant la disproportion de ses forces de terre avec celles de son ennemi, il mit à la voile avec trente-cinq vaisseaux, et eut le bonheur de surprendre l'escadre carthaginoise avant que les vedettes de la côte pussent l'instruire de sa présence. C'est en vain qu'Asdrubal avisa, avec la plus grande activité, aux moyens d'en transmettre la nouvelle dans les terres, pour que les marins et les soldats épars se hâtassent de regagner leur poste; en vain encore ses ordres étaient transmis avec une promptitude extrême;

la confusion, le désordre et le tumulte retardaient leur exécution. Les troupes de la marine n'étaient pas encore complètement embarquées, que les Romains commencèrent audacieusement le combat, prirent deux vaisseaux, en submergèrent quatre autres; et, fermant l'embouchure du fleuve, ils rendirent inutiles les efforts de l'armée ennemie pour sortir et se battre en pleine mer. Une situation si critique fut un nouveau stimulant pour chaque Carthaginois; les prodiges de valeur se multipliaient; on essayait de tous les moyens; mais malheureusement dans cette extrême confusion la populace contrariait les opérations militaires, et les soldats celles de l'armée navale. Dans ce conflit, n'imaginant pas d'autre moyen que de tourner les proues contre le courant, les Carthaginois parvinrent à pénétrer dans l'intérieur des terres; mais la précipitation avec laquelle cette manœuvre s'exécutait, fit que les navires se heurtaient les uns contre les autres, se barraient mutuellement le passage, et que la plupart d'entre eux échouèrent. Il n'y eut donc pas d'autre ressource que de gagner la côte et de se placer sous la protection de l'armée. A travers mille dangers, quelques guerriers parvinrent ainsi à échapper à la mort ou à l'esclavage; mais leurs vaisseaux furent abandonnés aux ondes, ou, pour mieux dire, aux

Romains, qui, bravant les efforts de l'armée des Carthaginois rangée sur les côtes, s'emparèrent aisément de vingt-cinq de leurs vaisseaux; les seuls qui fussent restés en état de servir; et maîtres de la mer, ils abandonnèrent leurs voiles au vent.

Cette action mémorable, d'autant plus glorieuse et d'autant plus utile qu'elle avait coûté moins de monde, inspira aux vainqueurs une audace extraordinaire. Carthagène, capitale des possessions ennemies, était l'objet le plus capable de tenter l'ambition du général romain; il y porta ses regards, et dirigea sur ce point la marche de son armée, voulant profiter de l'absence de l'armée carthaginoise et de son chef. Honosca, ville située, d'après l'opinion commune, à la place qu'occupe aujourd'hui Valence, ou dans ses environs, fut la première qui souffrit des terribles conséquences d'une résolution aussi imprévue. Scipion aborda sur ces plages, débarqua ses troupes et saccagea la ville qui ne s'attendait à rien moins qu'à cette surprise. Carthagène cependant lui présenta des difficultés qui en partie déconcertèrent ses projets; les inexpugnables fortifications de la place l'empêchèrent de s'en emparer, mais il ravagea ses campagnes jusque sous ses murs; il incendia ses faubourgs et se dirigea contre *Loguntica*, avec sa flotte chargée d'un riche butin. Il paraît que cette ville était l'entrepôt du sparte (genêt d'Espagne) amassé par Asdrubal pour les cordages et les agrès de ses vaisseaux. Scipion fit main basse sur cet approvisionnement, livra aux flammes ce qu'il ne put pas emporter, et se dirigea sur *Ibiza*, menaçant ainsi les Carthaginois d'une ruine certaine. *Ereso*, l'un de leurs principaux *établissements*, qui comptait cinq siècles d'existence, avait mérité de ses maîtres une attention si particulière durant tout cet espace de temps, qu'ils n'avaient rien négligé pour rendre cette ville inexpugnable. Elle parut telle au général romain, qui, comprenant après deux jours de siége que ses efforts et ses tentatives seraient absolument sans fruit, ne voulut pas s'obstiner imprudemment à un blocus dont le danger était si certain et l'issue si douteuse. Il était trop avare du sang de ses soldats pour le répandre avec profusion et peut-être si inutilement; mais il manifesta sa fureur en pillant les campagnes, les villages et les fermes; la richesse de la contrée, siége d'un commerce très florissant, lui procura un butin d'une richesse extraordinaire, et, satisfait d'avoir terminé si heureusement son expédition, il retourna à Tarragone.

Dans cette circonstance Cnéus éprouva la satisfaction la plus grande à laquelle puisse prétendre un général sensible à la gloire et à l'honneur. La renommée des victoires et de la supériorité des Romains, dans leurs rencontres avec les Carthaginois, jointe à sa réputation d'humanité, se répandit dans toutes les provinces de l'Espagne, depuis la Méditerranée jusqu'à l'Océan, et amena sous la tente de Scipion les ambassadeurs d'un grand nombre de peuples qui lui offraient amitié et alliance. Alors plus de cent vingt villes, bourgs ou villages se confédérèrent avec Rome. Tous les peuples de la rive droite de l'Èbre, quelques uns de la rive opposée et d'autres des plus reculés de l'Espagne, ayant ainsi augmenté son armée d'un nombre considérable de troupes auxiliaires, et voyant son ennemi privé du secours de tant de gens aguerris, Scipion se flatta dès lors que rien ne pourrait plus lui résister.

La facilité avec laquelle ces peuples s'allièrent avec le général romain, n'eut pas l'approbation générale : les uns l'appelaient lâcheté, les autres bassesse, et d'autres encore au moins imprudence ; mais ceux qu'on distingua particulièrement parmi ces mécontents, furent les deux frères *Andobal* et *Mandonius*, princes du pays des Ilergètes. La noblesse de leur origine leur inspirait plus de bravoure et leur donnait plus de liberté pour désapprouver ce qui n'était pas de leur goût. Leurs discours avaient aussi une grande influence sur leurs sujets, et sur les personnes de condition inférieure. Facilement excitée, cette foule qui, en d'autres occasions, avait donné des preuves de son opposition aux Romains, alla en tumulte ravager les campagnes des peuples voisins; mais ce n'était qu'un seul peuple, entouré de beaucoup d'autres, attachés à Rome et à leurs alliés, sans ordre, sans discipline, entraîné inconsidérément par la fureur, dans une entreprise peu méditée; cette multitude fut attaquée avec succès par les nations voisines aidées d'un corps de trois mille Romains, qui la battit facilement, tua ou fit prisonnier le plus grand nombre et mit le surplus en déroute. Les Ilergètes cédèrent enfin à la force; cependant Asdrubal, informé qu'il se manifestait une inquiétude favorable à ses intérêts, accourut pour la fomenter, et vint à cet effet camper dans le pays des *Ilercaoniens* ou *Ilergavons* qui habitaient les deux rives des bouches de l'Ebre. Scipion, par son activité et par sa prudence, sut obliger le général carthaginois à renoncer à ce projet, en excitant d'un autre côté un incendie plus considérable que son ennemi chercha vainement à éteindre. Les Ilergètes avaient pour voisins les *Celtibères*, peuple ami de Rome, nombreux, fort et vaillant, occupant une grande partie de l'Arragon et de la Castille-Vieille, et dont la valeur, qui, plusieurs fois, avait éclaté dans les guerres contre Carthage, retentissait alors en Italie, tout occupée de la gloire d'Annibal. La difficile entreprise de conquérir les possessions des Carthaginois auprès de Carthagène, et dont Cnéus Scipion avait jusque-là redouté l'attaque par la force des armes, fut néanmoins confiée à la bravoure de ce peuple; les *Celtibères*, dont la fidélité était le principal caractère, et portés d'inclination à la guerre, forment aussitôt une armée considérable, marchent contre Carthagène, s'emparent de trois villes, livrent deux batailles à Asdrubal, répandent la terreur dans l'armée carthaginoise, lui font quatre mille prisonniers, et détruisent quinze mille hommes sur le champ de bataille.

CHAPITRE IV.

Tandis que la guerre celtibérienne se poursuivait avec ardeur, le vaillant Publius Cornélius Scipion, destiné par le sénat à continuer la conquête de la péninsule, quoique le temps de son consulat fût expiré, arriva en Espagne à la tête d'un secours considérable de troupes et de vaisseaux; l'armée romaine, renforcée par ce moyen; et conduite par deux grands capitaines, se crut alors de beaucoup supérieure à toutes les forces d'Asdrubal et à tous les obstacles qu'on pourrait opposer à la gloire et à la splendeur du nom romain. Leurs premiers mouvements furent dirigés contre Sagonte, cité déjà fameuse, détruite, rétablie par Annibal, et destinée à servir au dépôt des otages espagnols que les Carthaginois avaient reçus pour garants de la fidélité des villes alliées. Cette honorable prison de la fleur de la jeunesse espagnole était le frein le plus puissant pour retenir les peuples dans la dépendance de Carthage; c'est pour cela même que les Scipions estimèrent de la plus haute importance la conquête de cette place; et pour l'effectuer, il n'était pas d'occasion plus favorable que celle où se trouvaient les Carthaginois, déjà opprimés par les armes des Celtibères. Les légions romaines avaient passé l'Ebre, et se dirigeaient vers elle, quand se présenta devant eux un certain noble sagontin appelé *Abélox* ou *Abilux*, qui, impatient et dégoûté de la domination de Carthage, désirant aider sa patrie à secouer leur joug, et jaloux d'illustrer son nom par quelque action d'éclat qui lui conciliât l'estime de sa nation et des Romains, offrit de livrer aux Scipions les otages qui étaient dans Sagonte, à la condition de leur rendre ensuite la liberté.

On ne pouvait faire aux deux généraux une proposition plus agréable : sans répandre de sang et sans nul péril, ils privaient les Carthaginois du seul gage qui assurait leur domination en Espagne. Ils la délivraient des chaînes qui, bien malgré elle, l'assujettissaient à la république africaine, et faisant aux peuples espagnols le don généreux de ses prisonniers, ils se conciliaient enfin leur amitié et leur considération. D'accord avec les Scipions, l'intrépide Espagnol se rend à la tente de Bostar, gouverneur de Sagonte, alors campé sur la plage pour s'opposer à tout débarquement, et affectant de la sincérité et du zèle, Abélox sut lui peindre avec des couleurs si vives la proximité des Romains et le danger qu'il courait que les otages espagnols, durant le siége de la ville, vinssent à tomber au pouvoir de l'ennemi, que Bostar donna incontinent dans le piége, adhérant sans hésitation à l'idée de les rendre à leur patrie. « La valeur suf-
» fisante pour repousser toutes les forces des Ro-
» mains ne manque, lui dit-il, ni aux Cartha-
» ginois, ni aux Sagontins ; mais qui nous pré-
» servera de la révolte des prisonniers, ou qui
» pourra empêcher leur fuite dans le camp en-
» nemi? Sagonte, délivrée de l'inquiétude, des
» agitations internes, se moquera des efforts de
» Rome, et votre générosité vous attachera plus

» étroitement les Espagnols, qui ne seront ja-
» mais plus vos esclaves que dans le moment
» où vous leur rendrez la liberté. J'offre de con-
» duire moi-même les prisonniers dans leur
» pays; leur présence consolera leurs familles;
» j'exalterai la clémence des Carthaginois et vous
» gagnerai tout à fait le cœur des Espagnols. »
Les Romains, instruits secrètement par Abélox
de l'état de sa négociation, attendirent en embuscade la nuit où l'astucieux médiateur devait
sortir de la place, conduisant les otages escortés
par un corps de troupes; il arriva enfin, et à
peine étaient-ils à quelque distance de la ville,
qu'ils furent inopinément surpris et conduits
prisonniers au camp. Les Scipions, cependant,
fidèles à leur parole, manifestèrent leur reconnaissance, en remettant ces Espagnols dé-
livrés à la conduite d'Abélox, pour qu'il les
accompagnât dans leur patrie; et ayant rempli
l'objet de leur expédition, ils abandonnèrent
leur projet de pénétrer dans l'intérieur de la péninsule, jusqu'à ce que la saison, devenue meilleure, leur permît de reprendre la campagne et
de jouir du fruit de la reconnaissance des peuples
favorisés par ce récent bienfait.

Les Scipions prirent de nouveau les armes
dès l'entrée du printemps de l'année suivante
215, partageant entre eux le commandement de

leurs forces. Cnéus se mit à la tête de l'armée de terre; Publius monta le vaisseau amiral, et concertant le plan de leurs opérations, ils se flattèrent que bientôt il resterait à peine en Espagne quelque peuplade qui ne reconnaîtrait pas l'autorité de Rome. Le succès qui accompagnait toutes leurs entreprises, la situation des choses, la pusillanimité de l'ennemi, leur annonçaient le sort le plus favorable; un heureux événement acheva de les confirmer dans leurs espérances.

Asdrubal, dont les forces avaient souffert considérablement, accablé par une suite d'événements désastreux, et qui pour cela même n'avait pas osé s'opposer aux progrès de l'ennemi, résolut néanmoins, secouru par un petit nombre de troupes carthaginoises, de tenter de nouveau les caprices de l'inconstante fortune, et sortit de Carthagène avec l'intention d'attaquer les Romains dans leur propre camp; mais un accident imprévu arrêta ses pas, déconcerta ses projets, et rendit nuls tous les efforts de sa valeur. Quelques uns de ses officiers de marine (qui, vivement offensés de la sévérité qu'ils avaient essuyée pour le malheureux résultat de la bataille des bouches de l'Ebre, renfermaient en eux-mêmes le plus vif ressentiment), se voyant obligés de reprendre leur service, préférèrent une désertion honteuse aux risques d'une seconde bataille et de nouveaux reproches. Peu satisfaits encore par cette vengeance, ils pénètrent dans les contrées voisines du détroit de Gibraltar, soulèvent contre Carthage les *Carpésiens* et quelques villes voisines, s'emparent de vive force d'une place qui faisait résistance, et choisissent pour leur chef un noble du pays, appelé *Galbo*. Asdrubal, étonné que la fermentation du parti romain commençât par les provinces qui paraissaient les plus sûres, à cause de leur grande distance, partit immédiatement pour étouffer l'insurrection, et rencontra les Espagnols, partie campés avec leur chef sous les murs de la place conquise, et partie répandus dans ses environs. Une manœuvre du général carthaginois empêcha la réunion des uns avec les autres; mais les Carpésiens sortant de leurs retranchements, attaquèrent avec une telle fureur ceux qui envahissaient leur pays, qu'ils les obligèrent à prendre la fuite, forçant Asdrubal lui-même à se retirer, et à se retrancher derrière une colline inaccessible par sa situation. L'expérience avait appris à ce général la supériorité de la cavalerie espagnole sur celle des Numides, et la prépondérance en valeur et en force de l'infanterie du pays sur les Africains. Mais toutes les tentatives des Espagnols pour lui faire abandonner une position aussi avantageuse furent inutiles, et ne pouvant pas l'attirer au combat, ils se portèrent sur la ville d'*Assena*, où les Carthaginois conservaient quelques magasins de vivres et d'approvisionnements de guerre, la prirent d'assaut, et s'emparèrent en même temps de toutes les terres environnantes. Les rapports immédiats de cette place avec le retranchement d'Asdrubal, lui firent observer que les Espagnols, se réjouissant de la victoire et éblouis de leurs succès, marchaient en désordre. Descendant alors de la colline, il les attaqua avec intrépidité, avant qu'ils pussent se réunir sous leurs drapeaux : le premier choc remplit cependant les Carthaginois de terreur ; mais la valeur ne put pas tenir long-temps contre le nombre ; le courage dut céder à l'art et à l'expérience militaires.

Les Espagnols, formant un corps de leurs pelotons dispersés combattirent avec la plus grande persévérance pour repousser une armée nombreuse, qui s'était développée sur une ligne très étendue, afin de les entourer ; mais, s'embarrassant eux-mêmes, et serrés de tous côtés par les bataillons qui les cernaient, ils se virent réduits à cette extrémité de ne pouvoir ni se mouvoir, ni se servir de leurs armes. Tous auraient été misérablement passés au fil de l'épée, si, en se portant spontanément du même côté, ils n'étaient parvenus à rompre les escadrons ennemis, et à s'ouvrir un passage; sauvant ainsi, à la faveur des bois, le petit nombre de ceux qui ne tombèrent pas sous le fer meurtrier du vainqueur.

Cette insurrection n'était pas encore bien apaisée, lorsque Asdrubal reçut l'ordre de se porter avec ses forces dans l'Italie, où la fortune commençait à abandonner son frère et à ternir la gloire de ses armes; cette nouvelle, en se répandant aussitôt dans la péninsule, renouvela les inquiétudes des peuples, et les engagea à prendre le parti des Romains, comme les seuls qu'ils pouvaient dorénavant redouter le plus. Le général carthaginois représenta en vain à son gouvernement les inconvénients de son départ, le tort qu'avait déjà fait aux intérêts de Carthage la seule espérance de son éloignement, et le risque évident de perdre toute l'Espagne, si le sénat ne s'empressait de lui envoyer un successeur avec des forces suffisantes pour contenir les Espagnols et faire face aux Romains. La seule chose qu'il put obtenir, ce fut qu'on enverrait en Espagne une armée considérable sous la conduite de *Himilcon*, chargé de son commandement; et après avoir communiqué les instructions au nouveau général, il se mit en marche, se dirigeant vers l'Ebre, avec l'intention de s'ouvrir de ce côté le passage des Pyrénées. Les Scipions, dont les forces étaient en Catalogne, les réunirent pour s'opposer au projet des Carthaginois ; si Rome avait si difficilement résisté à Annibal seul, qui pourrait la préserver de subir la loi de Carthage, si les deux redoutables Carthaginois parvenaient à réunir leurs armées? Les légions romaines s'avancèrent donc jusqu'au royaume de Valence, et, après avoir passé l'Ebre, se portèrent sur la ville d'*Ibera*, située sur ses rives, dans le but d'exciter quelque diversion qui obligeât Asdrubal à suspendre sa marche. Mais Asdrubal pénétra sans doute leurs desseins, et, satisfait de l'état des fortifications de la place et des dispositions de ses défenseurs, il assiégea une autre ville de plus grande importance, alliée des Romains, bien persuadé que ceux-ci ne manqueraient pas de venir la défendre.

En effet, les Romains, abandonnant le siége commencé, accoururent au secours de leurs amis, et campèrent aux environs de l'Ebre, à peu de distance des Carthaginois. Les deux armées s'observèrent pendant quelques jours sans manifester l'intention de s'attaquer, mais toujours prêtes à accepter le combat; enfin, l'ardeur militaire et l'impatience des soldats pour en venir plus vite aux mains, engagèrent l'action de part et d'autre en même temps. Les forces des deux armées étaient égales, la valeur des deux chefs était la même; mais l'esprit qui animait les troupes différait essentiellement. Les Romains combattaient pour l'Italie et pour Rome; ils croyaient que cette bataille serait celle qui déciderait du sort de la république; ils combattaient pour leur patrie, pour leurs foyers, pour leurs familles; ils étaient résolus de vaincre ou de mourir dans l'action. Leurs ennemis, au contraire, pour la plupart Espagnols, étaient peu jaloux de la conquête de Rome, dont les succès ou les revers n'amélioreraient pas leur condition, puisqu'ils devaient toujours porter la chaîne pesante de l'esclavage; ils préféraient être vaincus dans leur patrie, à la gloire de triompher dans des contrées inconnues et éloignées. Cette différence des dispositions ne laissa pas long-temps la victoire indécise : les Espagnols, attaqués impétueusement au centre de l'armée carthaginoise qu'ils occupaient, cédèrent aussitôt le terrain aux Romains; mais ceux-ci, resserrés entre les deux ailes ennemies, eurent besoin de toute leur valeur pour repousser l'attaque. La fortune cependant se déclarait pour eux, et les Carthaginois furent mis dans une déroute complète. Asdrubal, abandonné des siens, fit des prodiges de valeur; aidé d'un petit nombre de guerriers déterminés, il soutint la lutte avec une fermeté qui le couvrit de gloire, et il ne quitta le champ de bataille que lorsqu'il fut convaincu qu'en sauvant sa vie elle pourrait être utile à sa patrie en d'autres occasions. Dans cette action périrent vingt-cinq mille Carthaginois ; dix mille furent faits prisonniers, et le nombre fut très petit de ceux qui, par la fuite, échappèrent à l'un ou à l'autre sort. Une victoire si importante concilia aux Romains l'affection de quantité de peuples, empêcha les progrès de Carthage en Italie, humilia ses armées en Espagne et abattit leur puissance.

CHAPITRE V.

La nouvelle de ce désastre consterna tellement la république africaine, qu'incontinent elle envoya au secours d'Asdrubal, sous les ordres de son frère Magon, le renfort considérable en troupes et en argent destiné d'abord à secourir Annibal dans sa fâcheuse position en Italie. Les deux Scipions vainqueurs, mais étonnés de la promptitude avec laquelle l'armée carthaginoise, naguère en déroute, s'était récemment ralliée, craignirent de voir s'éclipser leur gloire, en se mesurant avec un ennemi aussi formidable, s'ils n'étaient immédiatement secourus. Rome, déjà épuisée, dut encore faire un effort ; mais ses libérateurs furent promptement en état de continuer la guerre avec succès.

Par bonheur les restes de l'insurrection des *Carpésiens* duraient encore; et ce feu mal éteint laissa échapper une étincelle qui, excitant l'insurrection de la ville d'*Iliturgi*, située sur les rives du Bétis ou Guadalquivir, la décida à prendre le parti des Romains. Les Carthaginois, instruits par l'expérience du précédent soulèvement, crurent important d'exécuter sur elle un châtiment exemplaire qui pût intimider les autres, et aussitôt ils partirent pour l'assiéger avec une armée de soixante mille hommes, commandée par les trois généraux Asdrubal, Magon et Himilcon; mais les Scipions se chargèrent de la secourir, et, surmontant les plus grandes difficultés, parvinrent à la mettre en état de faire une vigoureuse défense. Ils attaquèrent incontinent l'armée ennemie, et, après un combat sanglant et opiniâtre, dans lequel, des deux côtés, on fit également preuve de valeur, la victoire se déclara pour eux, et ils restèrent les maîtres du champ de bataille.

Les Carthaginois perdirent dans cette action plus de vingt mille hommes, morts ou prisonniers. Mais loin d'être abattus par ce nouvel échec, contraints de lever le siége d'*Iliturgi*, ils se portèrent contre *Intibile*, en Arragon, ville située sur les confins du royaume de Valence. Là les deux partis acharnés en vinrent encore aux mains; et là encore l'armée carthaginoise, composée des restes d'une déroute et de nouvelles recrues, rassemblée uniquement par l'espérance du butin, ne put ou ne sut pas résister à la force et à l'expérience de vieilles troupes électrisées par la dernière victoire.

Les fréquentes désertions des Espagnols qui abandonnaient le parti de Carthage pour grossir celui des Romains, sous les enseignes desquels des provinces entières venaient aussi se ranger, irritèrent tellement les Carthaginois, que, résolus à une vengeance terrible, ils se répandirent avec impétuosité dans les plaines au delà de l'Ebre, dévastant les campagnes, incendiant les villages, et couvrant toute la contrée de ruines. En vain Publius Cornélius Scipion essaya de contenir avec une partie de ses troupes ce torrent impétueux : repoussé par la cavalerie carthaginoise, et obligé pour se défendre de gravir une montagne que l'on appelait *de la Victoire*, aucun des siens n'aurait échappé à l'esclavage ou à la mort, si son frère ne fût accouru à son secours avec toutes les troupes qu'il avait sous ses ordres. Les Carthaginois respectèrent alors leur formidable vainqueur ; mais trop irrités pour laisser impunie l'inconstance des peuples qui, si facilement, avaient oublié leurs serments et leurs promesses, ils tournèrent toute leur colère contre les villes où l'insurrection se prolongeait avec le plus de ténacité.

L'issue malheureuse du siége d'*Iliturgi* ne les ayant pas encore rendus assez prudents, ou peut-être conservant l'espoir de réparer l'affront qu'ils avaient reçu dans cette journée, les Carthaginois campèrent leurs bataillons devant cette place, qui, alors mal approvisionnée de vivres, paraissait dans l'impossibilité d'opposer une longue résistance. Cnéus Scipion, qui ne se dissimulait pas le danger des habitants, vint la défendre avec un escadron d'élite, pénétra avec une incroyable audace au milieu des assiégeants, secourut la place, et, en sortant le lendemain avec la même intrépidité, s'ouvrit un passage à travers des milliers de combattants. Ce trait d'audace aussi imprévu détruisit les espérances des Carthaginois; ils levèrent le siége, marchèrent contre *Bigerra*, située, à ce qu'il paraît, sur l'emplacement de la ville actuelle de *Villena*, et ils l'auraient aussi assiégée si les Romains, engagés à la défense de leurs amis, ne les avaient contraints d'abandonner cette entreprise, et à se retirer à *Munde*. Ici s'engagea entre les deux armées une sanglante bataille, dans laquelle, après un combat acharné de près de quatre heures, les Carthaginois furent repoussés jusqu'à leurs propres retranchements; mais l'intrépide Cnéus Scipion, ayant été blessé dangereusement à la cuisse, les Romains furent si atterrés par ce funeste accident, que, sur le point de proclamer la victoire, ils perdirent presque courage, se croyant tous frappés en leur propre chef, et vaincus, tandis qu'ils étaient vainqueurs. Cet événement sauva les Carthaginois d'une destruction complète; toutefois la perte de dix-huit mille hommes et de trente-neuf éléphants les laissa si consternés, qu'ils prirent précipitamment la fuite, et se réfugièrent dans *Auringe*, aujourd'hui *Jaen*, ville dépendante de leurs possessions. La bataille recommença bientôt, et la victoire se décida. Les Romains, entraînés à la poursuite des fugitifs et animés par la présence de leur chef qui se fit porter au milieu d'eux dans une litière, donnèrent avec une telle intrépidité sur ces bataillons disséminés, qu'en peu de temps ils inondèrent le champ de bataille du sang africain.

Cet enchaînement de malheurs réduisit les Carthaginois à la situation la plus critique. Leurs armées étaient presque détruites; les Espagnols, avec lesquels ils auraient pu les rétablir, leur étaient suspects, et Carthage, après tant d'efforts, ne pouvait plus leur envoyer de secours. Mais Asdrubal, supérieur à tous les revers, implora la protection des Gaulois, amis d'Annibal, et, avec leur secours, partit de nouveau pour chercher ses ennemis, bien décidé à venger l'honneur de Carthage. Cependant ses forces ne répondaient pas à sa valeur. L'armée qu'il commandait, composée en majeure partie de recrues gauloises, sans discipline et sans expérience, ne pouvait pas rivaliser avec celle des Romains qui se battaient avec plus d'ordre, avec plus de constance et avec la valeur qu'inspire l'habitude de la victoire. Les Carthaginois furent donc défaits avec une perte considérable; les principaux chefs de leurs auxiliaires perdirent la vie, et les vaincus abandonnant le champ de bataille et un très riche butin, se réfugièrent promptement à Carthagène.

Les Romains victorieux et sans crainte d'ennemis qui s'opposassent à leurs desseins, se souvinrent, non sans rougir, de la très fidèle Sagonte qui déjà comptait cinq années de domination carthaginoise. Se poster devant ses murs et réduire sa garnison à la nécessité de capituler, fut l'ouvrage de très peu de temps. Le vaillant Cnéus, déjà maître de la ville, se procura par ce moyen la douce satisfaction de rendre à leurs foyers les enfants malheureux et dispersés de ses anciens habitants morts victimes de leur loyauté ; et tournant ensuite ses armes contre la capitale des *Turbulètes*, peuples qui, comme nous l'avons dit, avaient pris tant de part à la ruine de Sagonte, il la punit de sa perfidie en la détruisant de fond en comble, en vendant ses habitants pour esclaves en enchère publique, et en rendant son territoire tributaire des Sagontins.

Mais en l'an 212 avant l'ère chrétienne, le sort fatigué d'être favorable aux deux frères Scipion, commença à se montrer envers eux capricieux et contraire. Depuis sept années ils accumulaient les lauriers sur leur tête, et n'avaient passé que les deux dernières sans prendre les armes, comme s'il ne restait plus d'ennemis à combattre ni de provinces à subjuguer dans une si vaste étendue de pays. Peut-être les dernières défaites des Carthaginois avaient-elles trop enorgueilli les Romains, en leur inspirant une excessive confiance en eux-mêmes; peut-être aussi leurs généraux commirent-ils une grande faute en suspendant la guerre quand ils auraient pu la continuer avec succès, certains de la victoire, et l'ennemi étant dépouillé de toutes ses possessions. Quoi qu'il en soit, les Carthaginois, naguère battus et consternés, rétablirent leur armée, réparèrent leurs forces, et se mirent en mouvement pour porter en Italie les secours que sollicitait Annibal, et que jusque-là les Romains avaient retenus. Ceci fit sortir les Scipions de leur léthargie ; ils coururent de nouveau aux armes, et, comme l'armée ennemie se trouvait divisée en deux corps, l'un sous la conduite de Magon et d'Asdrubal-Gisgon, campé à cinq journées de Tarragone, et l'autre commandé par le fameux Asdrubal, posté dans le voisinage d'*Anitorgi*, les généraux romains divisèrent aussi leurs forces dans la proportion de celles de l'ennemi. Publius Cornélius, avec les deux tiers composés de soldats romains et de divers alliés, prit l'engagement de vaincre Magon ; et Cnéus, avec le reste de l'armée et vingt mille Celtibères qu'il avait à sa solde, celui d'attaquer Asdrubal qui était le plus redoutable. Les deux frères suivirent la même route jusqu'à la ville d'*Anitorgi*, sous les murs de laquelle Cnéus fit halte, le long d'une rivière qui séparait son camp de celui des Carthaginois ; Publius quitta son frère pour chercher l'ennemi.

Asdrubal remarqua que l'espoir de Cnéus se fondait principalement sur les troupes de la Celtibérie ; l'expérience lui avait appris à craindre la bravoure de ces soldats qui l'avaient mis en déroute cinq ans auparavant. Il lui importait donc beaucoup de les faire retirer de l'armée. La fidélité et la constance formaient le caractère des Celtibères ; il était impossible de les

4.

corrompre par des présents et des promesses : et pour les porter à une infidélité, il devenait nécessaire de la couvrir du voile de la vertu. Par l'entremise de quelques compatriotes qui servaient sous ses drapeaux, il leur fit entendre que la Celtibérie se trouvait compromise, parce qu'ils avaient pris parti dans l'armée romaine, et qu'il dépendait d'eux de rétablir la tranquillité dans leur patrie; en y rentrant, personne ne pourrait leur faire un reproche de s'être, pour ce motif, retirés avec honneur, surtout, lorsque ce n'était pas pour prendre les armes contre la puissance sous laquelle ils avaient servi. Ces raisons répandues adroitement produisirent tout l'effet qu'espérait Asdrubal. Les Celtibères, séduits par un apparent amour de la patrie, demandèrent leur retraite; et Cnéus, sans moyen pour contenir cette multitude mécontente, se vit dans la nécessité de leur accorder, quoiqu'à son grand regret, la permission qu'ils sollicitaient. Alors, déjà inférieur en forces à son enhemi, et sans espérance de pouvoir se réunir à son frère, il prit l'unique parti qui lui restait, celui de se retirer avec ses troupes pour chercher une position avantageuse, où il pût éviter la bataille dont les Carthaginois le menaçaient.

L'embarras de Publius Scipion n'était pas moins grand. A peine séparé de son frère, il se trouva surpris par Massinissa, fils du roi des *Massyliens*. Ce jeune homme intrépide, arrivé depuis peu de la Numidie au secours des Carthaginois, à la tête de la formidable cavalerie de son pays, se mit à l'obséder jour et nuit avec une ardeur si extraordinaire qu'il réduisit les Romains à la plus grande détresse, ne leur accordant pas le moindre répit. Tantôt il fondait sur les soldats qui sortaient du camp pour chercher des vivres, ou il surprenait les sentinelles avancées, et détruisait les palissades et les fortifications ; tantôt il pénétrait de nuit dans le camp romain, et, semblable à la foudre, disparaissait, le laissant couvert de cadavres. Au milieu de cette agitation et de ces alarmes, le bruit se répandit qu'Andobal, ce prince espagnol, qui, cinq ans auparavant, avait soulevé les Ilergètes dans les plaines de *Mandonio*, venait en toute diligence avec quinze cents hommes qu'il menait au fils de Massinissa et aux Carthaginois ; et comme rien n'était plus urgent pour les Romains, dans des circonstances aussi critiques, que d'éviter la rencontre de tant de forces combinées, Publius Cornélius prit la hasardeuse résolution de défiler, protégé par les ténèbres de la nuit, avec le gros de son armée, et de surprendre Andobal avec l'espérance de le prendre au dépourvu. Les Romains, vainqueurs dans les premières rencontres, touchaient presque au moment de proclamer la victoire, quand ils se virent attaqués par la cavalerie du fils de Massinissa, qui, informé du secret mouvement de Scipion, vola au secours des Espagnols. Le général romain, présentant le front au Numide, déploya toutes les ressources de sa valeur et de son talent militaire; mais, pendant l'ardeur du combat, on aperçut les drapeaux des bataillons de Magon, qui, à marches forcées, arrivant sur le champ de bataille, attaquèrent avec intrépidité l'arrière-garde des Romains, dont l'avant-garde contenait avec un courage extraordinaire l'impétuosité des Massyliens. Cernés, assaillis de toutes parts et impuissants pour se défendre contre une multitude d'ennemis qui les accablaient, les Romains tentèrent, à diverses reprises, mais en vain, de s'ouvrir un passage pour une retraite honorable. Publius Cornélius était le premier à s'exposer aux plus grands dangers, donnant l'exemple et animant les siens sans ménager sa propre vie; mais, pendant qu'il courait de tous côtés, faisant des prodiges de valeur, il fut tué d'un coup de lance qui lui perça le flanc et le précipita de son cheval. Ce funeste événement fut le coup décisif. Les Romains consternés fuirent en désordre, et poursuivis vivement par la cavalerie numide, nul n'aurait échappé peut-être à sa fureur, si la nuit qui survînt n'en eût soustrait quelques uns aux vainqueurs acharnés.

CHAPITRE VI.

Les chefs des Carthaginois, impatients de tirer tout le parti possible de la victoire signalée qu'ils venaient de remporter, accordèrent à peine un court repos à leurs troupes, et se hâtèrent de se réunir à Asdrubal qui poursuivait Cnéus dans sa retraite. On n'avait pas encore reçu au camp romain la nouvelle du premier désastre, mais il y régnait partout un morne silence, qui semblait le présage de son infortune; et l'augmentation subite de forces tirée par les Carthaginois de tant d'auxiliaires qui se joignaient à eux en bon ordre et sans obstacle, dévoila à Cnéus toute l'étendue de son malheur. Après une mûre délibération, il ne douta plus que sa seule ressource fût celle d'une retraite secrète, en trompant l'ennemi, si cela lui était possible. En effet, il profita de la nuit sans que les Carthaginois s'en aperçussent avant le point du jour. Immédiatement ils détachèrent Massinissa avec sa cavalerie légère, en le chargeant de harceler l'arrière-garde ennemie, et de retarder sa marche jusqu'à ce qu'on pût atteindre l'armée avec le reste des forces et l'amener à une bataille. Le jeune Numide obséda tellement les Romains sur leurs derrières et sur leurs flancs, qu'ils se virent obligés de lui présenter le front et de se battre en reculant pour éviter un engagement général. Ils se maintinrent dans cet état jusqu'à la nuit, pendant laquelle le général, gagnant une colline peu élevée, s'y renforça en rangeant ses troupes de manière à soutenir le choc impétueux de la cavalerie africaine.

La position n'était pas très avantageuse; mais enfin, à défaut d'asile plus sûr, l'éminence de ce terrain ne laissait pas que de leur être favorable; et Massinissa fut constamment repoussé jusqu'à l'arrivée des troupes commandées par Asdrubal, Andobal et Magon. Alors Cnéus Scipion, reconnaissant que les armes seules n'étaient pas suffisantes pour se défendre contre un ennemi si puissant, tâcha de se fortifier; mais une colline dénuée d'arbres et de buissons, un terrain ferme, résistant à la bêche, ne permettait ni de former des palissades, ni d'ouvrir des fossés en aussi peu de temps qu'il eût été nécessaire : il fallut donc recourir au seul expédient que laissaient des circonstances si pressantes. Les selles des chevaux, les bâts, les couvertures et les ballots d'équipages, confusément amoncelés, formèrent un retranchement nouveau et inusité, capable de contenir un instant l'impétuosité de l'ennemi, mais non pas d'opposer une vigoureuse résistance. Les Carthaginois occupèrent le pied de la colline, mais étonnés de cette nouveauté et craignant quelque stratagème extraordinaire, ils n'osèrent attaquer ce retranchement extravagant, jusqu'à ce que leurs chefs, blâmant leur pusillanimité et tournant en ridicule la frayeur que leur avait occasionée cette méprisable fortification, parvinrent à stimuler leur amour-propre et à les engager à effacer par leur intrépidité la tache de lâcheté qu'ils s'étaient attirée. La colline fut attaquée avec une bravoure singulière : en un moment ce rustique rempart fut détruit, et les Carthaginois pénétrant avec fureur dans le camp, le remplirent de terreur et de morts. Ceux des Romains qui eurent le bonheur de se sauver du carnage, incapables de contenir ce torrent dévastateur, s'enfuirent dans l'épaisseur des bois voisins, d'où ils passèrent au camp dont Scipion avait laissé le soin à *Titus Fonteïus.* D'autres avec leur général se réfugièrent dans une tour voisine, résolus de s'y défendre jusqu'à la dernière extrémité ; mais les Carthaginois, s'étant mis à leur poursuite, bloquèrent la tour, incendièrent ses portes, et, s'en emparant de vive force, passèrent tous ses défenseurs au fil de l'épée.

Ainsi moururent glorieusement ces frères illustres qui, pendant sept années de lutte continuelle, avaient rempli d'admiration et de crainte leurs ennemis mêmes; ainsi s'évanouirent en un moment toutes les espérances que Rome avait fondées sur les talents militaires des Scipions. Cependant il lui restait encore en Espagne un Lucius Marcius qui vint pour venger la mort de ses deux chefs valeureux. Ce brave et intrépide jeune homme, qui avait appris l'art de la guerre à l'école du grand Cnéus Scipion, et, sans contredit, le seul digne de lui succéder, au lieu de se laisser aller au découragement qu'il voyait dans l'âme de tous ses compatriotes, rassembla les soldats errants et intimidés, qui étaient parvenus à se sauver des derniers désastres, réunit ceux qui étaient dans les garnisons des confédérés, et, appelant les troupes qui étaient restées sous la conduite de *Fonteïus*, parvint à mettre sur pied une armée assez considérable. Elle semblait renaître des cendres éparses des morts, et, d'une voix unanime, elle proclama Lucius son général. Deux victoires consécutives sur les Carthaginois effrayés de cet effort inattendu de la part d'ennemis qu'ils croyaient réduits au dernier degré d'abattement, le couvrirent de gloire et firent applaudir à son choix. Mais Rome, ingrate envers ce chef valeureux qui avait préservé ses intérêts d'une ruine totale, récompensa ses importants services en le dépouillant du commandement, et en envoyant à sa place pour l'exercer provisoirement, le propréteur Claude Néron. L'élection de Lucius Marcius par les soldats fut regardée par le sénat et le peuple, comme une usurpation de leurs droits exclusifs, et comme un attentat qui pouvait par la suite devenir un funeste exemple; et Rome, pour ne pas laisser dire qu'en aucune occasion elle fut capable de céder, préféra maintenir sa dignité, en blessant les lois de la reconnaissance et du bien public.

Il est certain que les talents du nouveau général étaient bien inférieurs à ceux de son prédécesseur dédaigné; et lorsque Claude Néron aurait pu, par un coup décisif, ruiner toute la puissance de Carthage, il se laissa honteusement tromper par l'adroit Asdrubal qui, resserré dans les défilés de la forêt des *Pierres-Noires* proche de *Jaen*, fut assez rusé pour mettre en défaut la vigilance de Claude et sauver toute son armée. Une faute si grave obligea le sénat de Rome à penser sérieusement à trouver un homme plus digne du poste illustre que les Scipions avaient occupé avec tant de gloire. Toutefois, ne pouvant fixer leur choix, et l'affaire ayant été remise à la décision du peuple, dans le moment même où chacun se regardait étonné et honteux de ne reconnaître dans aucun citoyen les talents nécessaires pour une telle entreprise, un jeune homme de vingt-quatre ans, héritier du nom et de la valeur de son père, Publius Cornélius Scipion, rompant spontanément le morne silence qui régnait dans toute l'assemblée : « Je suis, dit-il, prêt à continuer la guerre d'Espagne, si la nation me témoigne cette confiance et me confère cet honneur. » Il ne put en dire davantage. Aussitôt retentit le bruit de tout le peuple qui le proclamait général et lui prédisait bonheur et succès dans les armes; et en effet, à lui était réservée la gloire de chasser les Carthaginois de toute la péninsule.

A peine eut-il pris possession de son honorable emploi, qu'il fit connaître sa valeur et la supériorité de ses talents militaires dans une entreprise d'autant plus glorieuse qu'elle était plus difficile. Les Carthaginois avaient en Espagne trois armées cantonnées sur divers points, et chacune d'elles très formidable. Empêcher leur réunion, les attaquer séparément et les vaincre était tout ce que les Romains avaient fait jusque-là ; mais les idées du nouveau chef étaient plus vastes, et il ne se contentait pas de victoires partielles qui ne décident point du sort d'une guerre. Carthagène, la métropole et la cour des Carthaginois, le chef-lieu de leur commerce, le dépôt du trésor public, l'arsenal, le magasin d'armes, le lieu où l'on gardait les prisonniers et les otages, le meilleur port de la Méditerranée; voilà ce qui était l'objet de son attention. Résolu à sa conquête et à ruiner avec elle la puissance de Carthage, il anima ses soldats par un discours éloquent, encore bien qu'il ne leur communiquât pas ses projets, et traversa l'Èbre avec une armée de vingt-cinq mille guerriers; s'avançant le long de la côte à la vue de la flotte qui longeait les terres, il se dirigea avec rapidité vers le but de son expédition. Aussitôt il poussa vivement par mer et par terre l'attaque de la place, mais ses fortifications étant inexpugnables quoique sa garnison ne passât pas mille hommes soutenus par un nombre égal d'habitants armés, les efforts des assiégeants furent constamment infructueux. Enorgueilli par ces petits avantages, son gouverneur médita une sortie. Il lui paraissait d'autant plus facile et d'autant moins hasardeux de repousser les Romains, qu'il avait observé qu'ils combattaient avec la poitrine découverte, sans avoir élevé des retranchements, ni ouvert des fossés. En effet, ainsi l'avait ordonné le vaillant Publius, soit pour manifester à l'ennemi sa sécurité, soit afin que plus légères et dégagées de tout embarras, ses troupes pussent s'approcher ou s'éloigner des murs avec plus de facilité, selon les circonstances. Les citoyens armés furent ceux que l'on choisit pour cette expédition. Leur sortie fut impétueuse et hardie; mais attirés artificieusement par les Romains jusqu'à l'endroit où était campé le gros de l'armée, s'étant éloignés imprudemment de la place, et se trouvant par cela même dans l'impossibilité d'en recevoir du secours, ils furent repoussés avec une telle vigueur, que les assiégeants, confusément mêlés avec eux, auraient pénétré dans la place si le prudent Scipion ne les en avait empêchés.

Cependant ses soldats étant enhardis par la chaleur de l'affaire, et les ennemis consternés de ce coup inattendu, il crut ne devoir pas négliger une occasion aussi favorable pour donner l'assaut. Les échelles ayant été appliquées aux murailles, furent incontinent occupées par une jeunesse intrépide, qui affrontant les plus grands périls, n'aspirait qu'à se rendre digne de l'estime de son général. Des dards et des pierres énormes pleuvaient sur les Romains, mais ils méprisaient les blessures et la mort. Ceux qui étaient précipités étaient aussitôt remplacés par d'autres non moins vaillants, et ils ne se seraient pas désistés de l'entreprise, s'ils n'eussent trouvé les remparts infiniment plus élevés que les plus hautes échelles, et si leur chef, convaincu de l'inutilité de la tentative, n'avait désiré réserver leurs efforts pour les employer avec plus de succès.

Son génie observateur lui avait fait remarquer qu'à l'heure du reflux auquel ses eaux participaient, la mer en se retirant laissait le passage libre par la partie occidentale de la ville, et que les murailles étant de ce côté-là plus faibles et plus basses, l'assaut de la place y était moins dangereux et plus facile. Sa sagacité lui fit concevoir l'idée de profiter d'un phénomène aussi admirable que régulier, et l'annonçant avec un certain air de mystère à ses soldats grossiers et superstitieux, il leur persuada que le ciel changeait les lois de la nature pour leur aplanir le chemin de la victoire. Les Romains, qui ne connaissaient point ces prodiges ordinaires, considérèrent avec admiration et surprise l'accomplissement de la prophétie de leur chef, le crurent inspiré par quelque divinité, et, sans douter du succès de l'entreprise, coururent au rivage et se jetèrent bravement à l'eau, qu'un vent frais avait fait baisser considérablement. Cinq cents soldats des plus audacieux, bravant tous les obstacles qu'elle leur opposait, parvinrent par ce gué inusité, jusqu'aux murailles, dressèrent promptement les échelles, y montèrent avec un incroyable courage, et, combattant corps à corps avec les défenseurs, montèrent sur le mur, les repoussèrent avec une perte considérable, s'emparèrent d'un rempart, et proclamèrent la victoire avec un bruit qui retentit à la mer, à la ville et au camp. Les Carthaginois, occupés à contenir les efforts de ceux qui en même temps donnaient l'assaut à la place du côté de terre, furent facilement surpris par les hardis guerriers de Scipion, qui, les attaquant avec impétuosité par derrière et méprisant le danger, pénétrèrent à travers leurs lances et leurs flèches jusqu'aux portes de la ville et les ouvrirent au reste de l'armée. Confus et en désordre, les assiégés essayèrent de se renforcer au centre de la place pour repousser les Romains; mais après un court et sanglant combat, convaincus de l'inutilité de leurs efforts, ils se retirèrent précipitamment les uns avec le gouverneur dans le fort et les autres sur une colline des environs. Scipion divisant alors ses forces en deux corps fit investir en même temps ces deux points. Le coteau fut promptement enlevé : le fort opposa plus de résistance ; mais enfin il dut aussi se rendre à discrétion, laissant ainsi les Romains maîtres de la place, le quatrième jour de leur arrivée.

Le butin que firent les vainqueurs répondit à l'opulence d'une ville qui était la cour, le chef-lieu et la principale résidence des Carthaginois ; il passa même les espérances du général et de son armée. Mais ce qui par-dessus tout honorera constamment cette conquête, c'est la générosité avec laquelle Scipion sut user de la victoire. Les Romains avaient coutume, lorsqu'ils entraient de vive force dans une ville, de passer tous les habitants au fil de l'épée. Scipion, plus humain, oublia ce barbare usage ; en outre il rendit la liberté aux citoyens de Carthagène qui, par le droit de la guerre, avaient été faits prisonniers, leur fit restituer leurs biens, et se réserva seulement les esclaves, pour le service des vaisseaux. Il fit amener devant lui les otages espagnols gardés dans la place, parla à tous avec la plus grande bonté, les assura de leur liberté, leur distribua des présents et leur donna sa parole qu'ils seraient reçus au nombre des amis du peuple romain. Il y avait parmi eux quelques dames et quelques jeunes personnes de distinction ; mais les principales étaient la femme de *Mandonius* et les filles d'*Andobal*, deux illustres frères, que leur courage nous a donné l'occasion de nommer honorablement. L'épouse de Mandonius craignit que l'honneur des jeunes filles, auxquelles en cette circonstance elle tenait lieu de mère, souffrît quelque atteinte ; et se jetant aux pieds de Scipion, elle fondait en larmes, implorant sa clémence et sa générosité en faveur de ces jeunes vierges. Le général romain, voulant protéger la vertu et la pudeur des prisonnières espagnoles, les confia à la garde de l'homme le plus recommandable par ses qualités et le plus respectable par son âge avancé. Il ordonna qu'on les traitât avec le plus grand respect, les considérant comme un dépôt confié à l'honneur romain, jusqu'à ce qu'elles fussent ramenées dans leurs foyers et rendues à leurs familles.

~~~~~~~~~~~~~~~~~~~~~~~~~~~~~~~~~~~~~

CHAPITRE VII.

Les soldats, pénétrant jusque dans les lieux les plus cachés des maisons, avec cette licence militaire commune aux vainqueurs, remarquèrent parmi les diverses prisonnières une fille d'une beauté rare. En l'offrant à leur jeune chef, ils crurent lui faire l'hommage le plus agréable; mais celui-ci ayant appris qu'elle se trouvait promise à un prince celtibère, nommé *Alucius*, qui l'aimait tendrement, fit venir devant lui son père et son époux, et, avec une admirable générosité, « Jeune Espagnol, lui dit-il, les grâces qui ornent cette belle captive la rendent digne du sort le plus brillant. Je n'ai pu être insensible à ses attraits, sa possession me rendrait le plus heureux des mortels ; mais je sais que tu l'aimes avec la tendresse qu'elle mérite, et je renonce avec plaisir en ta faveur à un bien si précieux pour moi. Sois certain que son honneur a été respecté ; car je ne te ferais pas un cadeau qui ne serait pas digne de t'être offert par moi et d'être reçu par toi : seulement, j'exige en retour ton amitié pour le peuple romain, et je me persuade que tu n'auras jamais lieu de t'en repentir. » Le jeune prince, stupéfait d'une résolution aussi inespérée, se jeta aux pieds de son bienfaiteur, baisa mille et mille fois la main qui le rendait heureux, et demanda aux dieux de récompenser une action si généreuse d'une manière plus convenable qu'il ne pouvait le faire. Les parents de la jeune personne présentèrent à Scipion une somme considérable pour sa rançon ; mais le général romain, qui ne voulait pas laisser imparfait ce triomphe de son cœur, la mit, avec un désintéressement et une générosité admirables, dans les mains de l'époux, pour augmenter la dot de sa bien-aimée.

La réputation de cet acte d'héroïsme retentit dans toutes les provinces. Alucius, rendu à sa patrie, exalta la magnanimité, la bienfaisance, l'honneur de Scipion, et retournant à Carthagène avec quatorze cents cavaliers d'élite, il les lui présenta pour les incorporer dans ses formidables escadrons. La reconnaissance réunit aussi à ses drapeaux Andobal et Mandonius : un grand nombre de peuples, admirant les vertus du général romain, se déclarèrent avec enthousiasme pour une république qui produisait de tels héros. La puissance de Scipion s'accroissait par ces alliances; il se mit en marche contre Asdrubal, qui, avec un corps de Carthaginois, inquiétait les nations amies de Rome.

Près de *Bécula*, ville d'Andalousie, peu distante de *Castulon*, aujourd'hui *Cazlona*, les deux armées se rencontrèrent, s'attaquèrent avec acharnement; et après une lutte opiniâtre, qui fit couler des ruisseaux de sang, Asdrubal, complétement battu et mis en fuite, se dirigea vers les Pyrénées avec le petit nombre des siens qui avait pu le suivre. Le général romain distribua à son armée tout le butin de cette victoire, favorisant même les auxiliaires espagnols. Cette distinction s'étendit aussi sur les prisonniers. Les Africains furent vendus aux enchères publiques comme esclaves; mais les Espagnols, libres sans la moindre rançon, furent traités avec beaucoup d'égards et rendus à leur patrie. Publius avait appris, par l'expérience de ses prédécesseurs, le caractère de la nation, qui grossière et opiniâtre quand elle se trouve opprimée, est en même temps honnête, sensible aux bienfaits et docile à la raison. Effectivement, les Espagnols qui se trouvaient dans l'armée, tant alliés que prisonniers, furent tellement pénétrés de la bonté de Scipion, que, dans leur enthousiasme, ils le proclamèrent roi ; mais Scipion, refusant avec une héroïque magnanimité un titre aussi honorable, laissa ceux qui le lui offraient étonnés de sa modestie, et acheva par là de se concilier entièrement leur amitié et leur respect.

Scipion, toujours attentif à désarmer ses ennemis par des bienfaits, ne pouvait pas oublier une si sage politique lorsqu'il s'agissait de personnages dont la puissance rendait l'alliance plus utile. Parmi les prisonniers africains destinés à être vendus, le questeur remarqua un jeune Numide dont la beauté, la grâce, et un certain air de noblesse qui se manifestait dans ses manières, le distinguaient des autres esclaves avec lesquels il était confondu. Conduit en présence de Scipion, il lui apprit qu'il était neveu de Massinissa, et petit-fils du roi Gala, à la cour duquel, après avoir perdu son père, il avait été élevé jusqu'au moment où il passa en Espagne avec son oncle, mais qu'à cause de sa jeunesse n'ayant pu prendre part aux batailles, son ardeur l'avait porté à le suivre en secret, pour se trouver au dernier combat, où, tombant malheureusement de cheval, il avait été fait prisonnier. Le Romain, étonné de l'esprit que, dans un âge si tendre, manifestait ce noble jeune homme, lui demanda s'il désirait retourner au camp de Massinissa; mais les larmes et les sanglots furent sa seule réponse: alors Scipion, en considérant la naissance illustre du prisonnier, et l'intérêt qu'il y avait pour lui de gagner Massinissa, combla son neveu de riches présents, et le renvoya à son camp avec une escorte de cavalerie. L'expérience prouva bien vite la sagacité de ce trait de politique. Le prince numide ne put pas oublier la générosité de son ennemi; et, comparant cette conduite avec les procédés perfides qu'il éprouva de la part de ses alliés, il abandonna le parti d'une république qui récompensait si mal ses services, et il fit alliance avec celle qu'il savait respecter plus fidèlement les liens de l'amitié.

La position sur les Pyrénées qu'occupait Asdrubal depuis la bataille de *Bécula* était si favorable à son dessein de passer en Italie pour secourir son frère, qu'il n'en différa l'exécution que pendant le temps nécessaire pour mettre son armée en état d'intimider et même d'asservir Rome. Peut-être Scipion aurait-il pu et dû le déconcerter à temps; mais il se contenta d'envoyer quelques centuries pour épier ses mouvements, sans que l'on puisse deviner la cause de cette inaction, qui à la première vue paraît coupable et peu digne d'un si grand capitaine. Quoi qu'il en soit, le Carthaginois, renforcé par un nombre considérable de recrues des îles Baléares et des provinces septentrionales de l'Espagne, passa les Pyrénées sans opposition de la part des Romains, et, enrôlant de nouvelles troupes dans les Gaules, franchit les Alpes et pénétra en Italie avec cinquante-six mille guerriers. D'un autre côté, les Carthaginois restés en Espagne, renforcés par la puissante armée qu'avait amenée d'Afrique le général Hannon, successeur désigné d'Asdrubal, commencèrent à reprendre courage par l'espoir de la prospérité de leurs armes en Italie et par les brillantes promesses de leurs chefs, qui, au moyen d'un secours de neuf mille Celtibères, se flattaient de recouvrer une grande partie de leurs possessions perdues. Par malheur pour eux une si belle perspective s'évanouit bientôt. La défaite essuyée par Asdrubal sur le *Metro*, au moment de se réunir à Annibal, est bien connue. Scipion, remarquant que tout l'espoir des généraux ennemis était dans les troupes espagnoles, composées de nouvelles recrues qui venaient de quitter la charrue ou la bêche, et par conséquent sans aucune discipline, méprisant la supériorité de leur nombre, détacha contre eux une petite division de ses forces, sous la conduite de Marcus Silanus, son lieutenant. Celui-ci les surprit près de Ségovie, les attaqua avec un extrême courage, et remporta sur eux une victoire complète, célèbre parce que le nouveau général carthaginois y fut fait prisonnier.

Ce serait une entreprise par trop prolixe que celle de décrire pas à pas les campagnes du héros romain, et de raconter dans tous leurs détails les exploits qui rendirent son nom si fameux. Il suffit de dire pour sa gloire que le nombre de ses triomphes se compta par celui de ses expéditions, et qu'après avoir abattu, en cinq années de victoires continuelles, la formidable puissance des Carthaginois, il parvint à les expulser entièrement de l'Espagne, attachant ainsi à leur nom une éternelle ignominie. Débarrassé d'un si redoutable ennemi, Scipion s'attacha à subjuguer les peuples que sa rare valeur, son affabilité et sa douceur n'étaient pas parvenues à séparer de l'amitié de Carthage, ou qui, infidèles à leur serment, avaient honteusement abandonné la cause de Rome pendant le court espace de ses infortunes. Parmi ces derniers se trouvaient les *Castuloniens* et les *Iliturgitains*; mais ces derniers, joignant l'inhumanité à la perfidie, avaient lâchement assassiné les Romains qui, tentant d'échapper aux effets des funestes déroutes essuyées par Publius et Cnéus Scipion, s'étaient refugiés avec confiance sur leur territoire. Scipion, à la tête de ses troupes aguerries et victorieuses, se présenta devant *Iliturgi*, résolu de venger par un châtiment mémorable le sang de ses soldats ; cependant cette armée qui avait assujetti toute l'Espagne, repoussée plusieurs fois par les jeunes soldats d'une seule cité, trembla un moment aux pieds des murailles de cette capitale, et se serait couverte de déshonneur sans l'intrépidité et la constance de son général. Il prit lui-même une échelle, et l'appliquant au mur, il ouvrit à ses soldats le chemin de la gloire. L'exemple est le plus vif stimulant des grandes actions; à l'instant, le circuit entier des fortifications fut couvert d'échelles, et les Romains, pénétrant dans la place avec un acharnement et une fureur extrême, l'inondèrent de sang et la livrèrent aux flammes.

La destruction d'*Iliturgi* réduisit bien vite *Castulon;* mais *Astapa*, ville qui a donné le nom à la moderne Estepa, constante dans son amitié pour Carthage, malgré ses malheurs, opposa une si vive résistance, qu'en toute justice elle ne doit pas être moins célèbre dans l'histoire que celle de Sagonte et de Numance. Les habitants de ce lieu, ennemis irréconciliables des Romains, auxquels ils avaient voué une haine inextinguible, les regardant comme des usurpateurs, étaient bien convaincus de la difficulté de se défendre, d'après le mauvais état de leurs fortifications; mais, loin d'humilier leurs drapeaux devant un ennemi abhorré, ils prirent, pour ne pas se rendre, une résolution à la fois barbare et désespérée : ils élevèrent sur la place publique un amas considérable de bois et de fagots, au milieu duquel ils déposèrent toutes leurs richesses; ils placèrent au-dessus les vieillards, les femmes et les enfants, et confiant leur garde à cinquante jeunes gens bien armés, choisis parmi les plus robustes et les plus déterminés, ils en exigèrent l'horrible serment d'immoler tant de malheureux de leurs propres mains et de réduire en cendres ce funeste bûcher, dès le moment où, toute espérance étant perdue, l'ennemi parviendrait à compléter son triomphe. Les autres citoyens capables de manier les armes, s'étant aussi obligés par serment à combattre jusqu'à leur dernier soupir, et à se donner la mort plutôt que de se soumettre à une infâme captivité, firent une sortie si désespérée et si furieuse, qu'ils mirent en déroute les légions romaines et les remplirent de terreur. Mais, ralliés promptement, et soutenant, quoique avec une extrême difficulté, le choc d'ennemis qui fondaient sur eux comme des lions en fureur, un sanglant combat s'engagea, et il ne fut terminé que par la mort du dernier des Espagnols. Arriva par conséquent le fatal moment d'effectuer dans la ville cette épouvantable scène d'horreur et de barbarie si froidement préparée; et quand les Romains y pénétrèrent, ils ne purent envisager sans effroi ce trait d'inhumanité suggéré par une haine invétérée. Mais, revenus de leur première surprise, et voyant à travers les flammes briller l'or et l'argent, ils se jetèrent avidement sur le bûcher pour s'emparer des trésors. Victimes de leur infâme cupidité, plusieurs périrent dévorés par les flammes, et d'autres étouffés par l'épaisseur de la fumée.

La terreur ayant apaisé ces troubles funestes et assuré la conquête, le proconsul Scipion partit pour Rome, chargé des richesses carthaginoises et espagnoles, laissant le gouvernement du pays à Lucius Cornélius Lentulus et à Lucius Manlius Acidinus; mais son absence devait nécessairement produire des changements préjudiciables chez une nation noble, remplie d'honneur et amie de sa liberté, qui, tout en admirant l'humanité et la clémence de ce héros, voyait cependant avec une secrète honte sa protection changée en domination. Les Espagnols

Andobal et Mandonius, tantôt ennemis et tantôt alliés de Scipion, suivant que les circonstances les déterminaient à prendre le parti de Rome ou de Carthage, détestaient également les deux nations, et ne voyaient dans les Carthaginois et les Romains que des usurpateurs de leurs possessions et des perturbateurs de leurs droits héréditaires. Si la présence et la valeur de Publius les portèrent à secouer le joug de Carthage, l'absence de ce proconsul leur inspira l'audacieuse résolution de rompre les chaînes que Rome leur avait imposées ; et ne croyant pas trouver dans les commandants qui prirent sa place des compétiteurs bien formidables, ils excitèrent les Ilergètes à se soustraire à l'esclavage qui les avilissait. L'insurrection, se propageant avec une célérité extraordinaire parmi les peuples circonvoisins, fit aussi prendre les armes aux *Ausétains*, qui habitaient une partie de la Catalogne; les uns et les autres réunirent leurs forces, et avec une armée de trente-quatre mille hommes défièrent la puissance de Rome.

Les conséquences de ce noble enthousiasme furent malheureusement des plus funestes à la liberté de l'Espagne. Les légions romaines attaquèrent les insurgés dans leurs camps sédentaires, entre Aragon et Valence, et si, dans le commencement, elles reçurent une preuve terrible de la valeur espagnole, la supériorité de leur tactique leur assura en définitive une victoire qui leur fut long-temps disputée par le courage. Andobal, à la tête de ses intrépides bataillons, s'était couvert de gloire, mais, percé d'une lance, il rendit le dernier soupir; ce grand malheur inspira aux Espagnols une terreur panique, et, se mettant à fuir, ils périrent victimes de la fureur de l'ennemi, qui, répandant la terreur et la mort, les poursuivit à outrance. Le petit nombre de ceux qui s'échappèrent de la déroute, frappés d'épouvante, résolurent de se rendre aux Romains; mais ceux-ci menaçant de ne donner quartier à personne si on ne leur livrait Mandonius et les autres auteurs de la sédition, les Espagnols se virent dans la dure nécessité de les mettre à la discrétion des vainqueurs et de consentir à leur mort : aucune rigueur ne leur fut épargnée; elle devait servir d'avertissement aux autres rebelles.

CHAPITRE VIII.

Les Ilergètes et les Ausétains étant soumis, et la fidélité de quelques autres peuplades mécontentes d'une domination étrangère étant garantie, autant que possible, par leurs otages, l'Espagne fut pacifiée pour quelque temps; mais malheureusement cette époque fortunée ne peut être regardée que comme un point imperceptible dans la longue durée de son inquiétude et de ses agitations. La république romaine, qui dès lors regarda cette péninsule comme une province assujettie à sa domination, y envoyait annuellement deux préteurs, qui partageaient entre eux le gouvernement de l'Espagne, divisée en *citérieure et ultérieure*, depuis les premières contestations avec Carthage. Ces préteurs étaient les maîtres absolus dans les provinces qui leur étaient assignées; et comme la distance de la métropole leur donnait une certaine indépendance, ils s'érigèrent peu à peu en véritables tyrans, attentifs uniquement à s'enrichir du fruit de leurs exactions et à assurer leur impunité. La nation, qui souffrait déjà avec impatience un joug imposé par l'astuce et assuré par la force, vivement offensée des vexations de ces despotes, opprimée par les impositions dont on surchargeait les peuples, et qui détruisaient la subsistance des provinces, commença à murmurer et à se soulever contre la tyrannie de maîtres qui, après l'avoir plongée dans l'esclavage, cherchaient à la réduire à la dernière misère, et à la plonger dans le plus grand abattement. Les premières étincelles de la sédition se firent apercevoir en Catalogne et en Andalousie; mais bientôt, devenues un incendie dévorant, qui se propagea avec activité dans la Lusitanie, la Celtibérie, et sur les côtes de la Méditerranée, presque toute l'Espagne était en feu; les préteurs se virent obligés de recourir aux armes pour l'étouffer. La résistance de peuples qui, naturellement courageux, défendaient en cette occasion leur liberté, leurs biens et leur indépendance, les engagea dans une guerre qui fit trembler Rome, et dans laquelle, tandis que les Espagnols donnaient les preuves les plus éclatantes de leur valeur nationale, les Romains se signalaient par des traits horribles, et souvent répétés, de bassesse, d'inhumanité et de barbarie. L'insurrection, mal éteinte sur quelques points, éclatait en d'autres avec la même fureur; et l'histoire de ces temps malheureux, gravée sur tous les points en caractères de sang, offre une série continuelle d'événements qui se ressemblent, et tous également plus déplorables. A chaque pas, l'attention s'arrête sur des batailles sanglantes, des siéges obstinés; et sans autre différence que l'inconstance de la fortune, favorable tantôt aux Romains, tantôt aux Espagnols ; mais tout respire l'horreur, la férocité, le carnage et la désolation. Le lecteur approuvera sans doute que nous jetions un voile épais sur un si épouvantable tableau, et que, pour lui donner une légère idée d'aussi cruels événements, nous nous bornions à parler de ceux qui sont devenus si malheureusement mémorables.

Parmi les peuples qui, comme nous l'avons dit, prirent les armes pour se venger de l'oppression et des injures de quelques gouverneurs inhumains, les Lusitains ou Portugais se distinguèrent le plus par leur valeur et leur constance extraordinaires. Ces braves habitants, tour à tour vainqueurs ou vaincus, luttèrent pendant longtemps avec un admirable héroïsme contre toute la puissance de cette Rome si aguerrie, et lui donnèrent plusieurs fois des motifs de se repentir d'une guerre suscitée par l'ambition et maintenue par la cupidité. Cependant, comme le bonheur n'a pas toujours été la récompense de la valeur, les Lusitains, affaiblis par des efforts inouïs, et manquant d'un chef capable de les diriger avec prudence, se crurent dans la nécessité de demander la paix à leurs ennemis, et d'implorer le pardon de tout ce qui s'était passé. Cette partie de l'Espagne était alors gouvernée par le préteur Sergius Sulpicius Galba, homme exécrable, dont les méfaits finirent par exciter l'indignation et l'horreur de ses propres compatriotes; trompant les députés par de feintes démonstrations de bienveillance, il leur promit l'amitié de Rome, la protection de ses préteurs, et de plus leur offrit de distribuer des terres à ceux qui voudraient, par ce moyen, s'assurer une existence commode et tranquille. Séduits par de si belles espérances, trente mille Espagnols passèrent dans son camp; mais l'inique et perfide tyran, divisant en trois corps cette troupe imprudente, sous prétexte de l'établir en différents lieux, et la désarmant, au moyen de mensongères protestations d'amitié, la fit cerner à l'improviste par ses troupes, l'assaillit avec une férocité barbare, et renouvela impunément une de ces scènes atroces qui, à chaque page, ensanglantent l'histoire romaine. Neuf mille hommes furent passés au fil de l'épée; plus de vingt mille demeurèrent prisonniers; mais le petit nombre de ceux qui parvinrent à s'échapper de cette horrible boucherie, loin d'être intimidés par ce trait de cruauté, se réfugièrent dans les montagnes, bouillants de colère et animés du plus juste désir de se venger de tant de perfidie.

Il ne manquait à un peuple aussi exaspéré et aussi brave qu'un chef valeureux, intrépide, instruit dans l'art de la guerre, et le hasard avait réuni tant de qualités éminentes dans la personne de *Viriate*. Aussitôt une multitude courageuse se rangea sous ses drapeaux. Les écrivains romains, qui, par l'effet de leur partialité nationale, virent toujours avec déplaisir les exploits de cet homme extraordinaire, ont pris à tâche d'en diminuer l'éclat et de le déprécier, en le représentant comme un brigand, dont ils cherchent à dégrader la valeur, en l'assimilant plutôt à la férocité des brutes qu'aux efforts militaires d'un guerrier; mais la vérité proclame que *Viriate*, né sur les côtes lusitaniennes, dont l'humble naissance fit un berger, le désespoir un voleur, le courage et l'adresse un chef de bandits, nourrissant dans son cœur des vertus supérieures à ce vil métier, avait des idées nobles et élevées, une âme intrépide, imperturbable; et admirablement favorisé par l'agilité et la force de ses membres, il avait su cultiver ce qu'il devait à la nature par un continuel exercice. Sans aucune instruction préliminaire dans l'art militaire, il se montra néanmoins digne de commander les armées, prouvant en plusieurs occasions que son génie lui dévoilait à un point éminent cette science qu'il n'avait apprise de personne. Tel était le chef destiné à venger ses compatriotes de la mémorable trahison de Galba.

Tandis que le feu de la guerre était industrieusement attisé, et dans le plus grand secret, les préteurs des deux Espagnes, sans s'attendre aucunement à de nouvelles hostilités ou à de nouvelles séditions, reposaient tranquillement dans l'oisiveté, la mollesse et les plaisirs, en Catalogne et en Andalousie. Les cruautés de Galba et de son digne collègue Lucius Lucinius Lucullus, qui avaient allumé la fureur et excité le courage des Lusitains, avaient produit des effets absolument contraires chez les autres Espagnols et leur inspiraient une terreur profonde. On changea les préteurs; mais cependant l'Espagne continua d'être plongée dans la stupeur et l'effroi, jusqu'à ce qu'enfin, après quelque temps de tranquillité apparente, l'orage éclata et tout retentit du bruit de la guerre. Animé de la plus noble ardeur, le vaillant Viriate descendit avec dix mille hommes de la Lusitanie jusqu'aux côtes méridionales de l'Océan, commença les hostilités par les Algarves et l'Andalousie, connus alors sous le nom de *Turdetanie*, et obligea le préteur Vétilius à se mettre en campagne pour s'opposer à

6.

ses incursions. Les soldats de Viriate, peu accoutumés encore à la subordination, et à la discipline militaire, s'occupaient en désordre à ravager le pays quand ils furent surpris par Vétilius. Il réussit sans peine à se défaire des uns, et à resserrer les autres dans un parage agreste et étroit où il leur fallait mourir de faim ou se rendre à discrétion. Les timorés, qui à l'ordinaire composent toujours le plus grand nombre, préféraient ce dernier parti et même se ravalaient jusqu'à vouloir implorer humblement leur pardon. Mais Viriate leur reprochant cette lâcheté, et leur rappelant les exemples répétés de perfidie avec laquelle les Romains avaient manifesté leur fureur vindicative contre ceux qui s'étaient rendus, parvint à ranimer ces esprits pusillanimes et à leur faire prendre la résolution de combattre au champ d'honneur. Tous en firent le serment; et satisfait de leur ardeur, ce chef intrépide fit ranger son monde en bataille, ordonna que lorsqu'il monterait à cheval comme s'il était sur le point de commencer une attaque, il restât avec lui mille cavaliers seulement et que le surplus de ses troupes, divisé en plusieurs corps, prît spontanément la fuite en diverses directions, avec la plus grande célérité, et se réunît dans la ville de *Tribola* où ils devaient l'attendre. Viriate monta bientôt à cheval, et aussitôt son armée se dispersant et se répandant par mille chemins différents, la surprise d'un succès aussi rare qu'inespéré, la variété des corps fugitifs, l'ardeur de la cavalerie lusitaine qui provoquait au combat, tout contribua à étonner le général romain, qui, hésitant sur cette nouveauté, ne sut ni se décider sur le parti qu'il devait prendre, ni sur quel corps il devait diriger ses coups. Cependant revenu de sa surprise, il tourna d'abord ses armes contre le petit nombre d'ennemis qu'il avait en face; mais le capitaine lusitain sut encore alors le contenir par un nouveau stratagème : tantôt il feignait de fuir avec crainte, tantôt il s'arrêtait, et immobile, l'attendait de pied ferme. Quelquefois il menaçait, d'autres fois il attaquait; de sorte que le préteur, promené dans un même lieu pendant l'espace de deux jours, sans être à même de combattre ni de se retirer, ne put pas empêcher que Viriate, profitant de l'obscurité de la seconde nuit, et assuré que son infanterie s'était déjà mise en sûreté, ne partît au galop avec sa cavalerie par des chemins détournés, laissant les Romains stupéfaits sans pouvoir suivre ses pas, à cause du poids de leurs armures, de leur ignorance des chemins du pays, et du peu de vitesse de leur cavalerie.

La renommée de cette ruse ingénieuse et son heureux résultat firent à Viriate une grande réputation et attirèrent sous ses étendards un nombre considérable d'Espagnols. Vétilius cependant, informé du lieu où il s'était retiré avec les siens, marcha à sa recherche dans l'intention de l'engager à une action décisive ; mais Viriate venant au-devant de lui comme par hasard, avec peu de monde, et simulant encore l'étonnement et la fuite, sut l'attirer par ruse dans un lieu marécageux dont l'expérience lui avait appris les issues et où s'était embusqué le gros de ses troupes. Les Romains embourbés, et sans moyen de se défendre de cette multitude qui fondit sur eux à l'improviste, furent aisément taillés en pièces et perdirent quatre mille hommes. Le préteur tomba dans les mains des vainqueurs, et le Lusitain qui le fit prisonnier sans le connaître, ne voyant en lui qu'un homme gros et vieux, le croyant absolument insignifiant, lui passa son épée au travers du corps.

Cette victoire fut suivie de deux autres également complètes, après lesquelles les Romains restèrent si abattus, que mille d'entre eux se laissèrent, dans une action, vaincre lâchement et tailler en pièces par trois cents Lusitains seulement. On pouvait aussi présager par l'événement suivant, arrivé dans la même affaire, quel courage reprendraient les Espagnols à la suite d'aussi grands succès. Un soldat lusitain, obligé en se retirant de l'action, et pour se réunir aux siens, de faire un assez grand détour, se vit tout à coup surpris par un parti de cavalerie romaine, qui, bien sûr de s'en défaire sans résistance, l'assaillit avec une fureur inexplicable. Cependant ce courageux guerrier, au lieu d'être intimidé, tomba brusquement et avec intrépidité sur l'un de ses ennemis, perça son cheval d'un coup de lance, et frappant le cavalier avec son sabre, lui trancha la tête. Une action si vaillante effraya tellement les autres qu'ils restèrent immobiles, le regardant avec étonnement, et laissèrent ce brave Portugais partir tranquillement en célébrant sa victoire.

Viriate, vainqueur en tant d'occasions signalées, suspendit, comme trophées de sa valeur, sur les monts voisins, les bannières, les aigles, les enseignes et les dépouilles des généraux vaincus; il voulait humilier par ce moyen ses formidables ennemis et donner plus d'ardeur à ses troupes. Le bruit de ses exploits porta la terreur de son nom jusqu'aux portes de Rome; et à peine cette fameuse république, si féconde en guerriers valeureux, trouva-t-elle encore des chefs et des soldats qui voulussent marcher contre Viriate. Elle chargea divers généraux de conduire en Espagne de nouvelles armées, et la guerre fut continuée avec des succès variés; mais enfin

Viriate, qui, ordinairement victorieux, n'avait pas laissé que d'éprouver quelques revers, préféra la paix aux triomphes, pensant avec prudence qu'il valait mieux la faire avec gloire, que de se voir obligé par l'inconstance de la fortune de recevoir la loi du vainqueur. Le proconsul Servilien, que les armes du Lusitain avaient réduit à la situation la plus critique, ne trouvant pas d'autre moyen de sauver son armée, accepta ses propositions, si modérées qu'il n'était pas possible d'en espérer de semblables de tout autre compétiteur même moins heureux. Assurer aux Lusitains la possession des domaines qu'ils occupaient alors, sans que ni eux ni les Romains pussent en dépasser les limites sous aucun prétexte, et établir entre les deux nations une amitié constante, telles furent les conditions auxquelles, après quatorze années d'une guerre sanglante, fut conclue entre les deux généraux une paix que le sénat et le peuple romain s'empressèrent de ratifier.

CHAPITRE IX.

A l'ombre de ce traité, les Lusitains vivaient tranquilles, religieux observateurs de leur parole, lorsqu'inopinément ils se virent surpris et attaqués par Quintus Servilius Cépion, successeur de Servilien dans le commandement. Cet homme méchant (pour lequel la paix aurait dû être un objet de satisfaction, comme pour tout gouverneur ami de l'ordre, animé de bonnes intentions), fut le seul qui crut entrevoir dans les articles du traité une usurpation anticipée de la gloire qu'il se flattait d'acquérir par les armes, et un obstacle à satisfaire sa cupidité. Il représenta au sénat que le traité de Servilien avec les ennemis était contraire à l'honneur de la république, et il reçut en réponse la permission d'envahir les possessions des Lusitains, mais de manière que les hostilités parussent spontanées de sa part et comme n'en ayant aucune autorisation ni du sénat ni du peuple. Cépion représenta fortement que la conduite qu'on lui prescrivait, sans produire les avantages d'une guerre formelle, exciterait toujours contre Rome la même haine, et le sénat tout entier se laissant persuader par des raisons aussi frivoles, il ne se fit aucun scrupule de violer la foi publique ni de manquer à la religion du serment.

Viriate, qui, à l'improviste, vit inonder de troupes romaines le territoire portugais, sans avoir donné le plus léger motif à cette rupture, envoya un ambassadeur à Cépion pour s'informer des nouvelles prétentions de Rome. *Aulacus, Ditalcus* et *Minurus*, trois de ses capitaines affidés, furent chargés de cette mission, et se laissant corrompre par les présents et les promesses du général romain, se rendant coupables de la plus infâme trahison, s'engagèrent à porter une main assassine sur Viriate. Ce grand capitaine, accoutumé à la méditation de ses desseins, accordait peu de temps au repos de son corps; encore restait-il armé aux heures destinées au sommeil, aussi long-temps que l'ennemi était à sa portée, et tous ses confidents et officiers avaient la liberté d'entrer dans sa tente à toute heure, lorsqu'ils jugeaient nécessaire de conférer avec lui. Les traîtres, bien instruits du temps de repos de leur général, trompèrent les sentinelles en prétextant l'importance de l'objet qui les obligeait à interrompre son sommeil, entrèrent en silence dans sa tente, et lui donnant un coup de poignard mortel dans la gorge, la seule partie du corps que ne couvrît pas son armure, ils laissèrent ce héros sans vie, et retournèrent en toute hâte au camp romain.

L'armée lusitaine ne pouvait pas soupçonner d'un tel crime trois confidents de son général ; mais le jour ayant paru, quelques soldats, étonnés de ne pas le voir de grand matin selon son habitude au milieu des tentes, visitèrent la sienne et le trouvèrent baigné dans son sang. Cette nouvelle se répandit aussitôt dans tout le camp ; la stupéfaction des troupes fut générale. Les soldats, transportés de la plus vive douleur, couraient de tout côté comme en démence et hors d'eux-mêmes ; les uns répandaient sur son froid cadavre des larmes, que donnaient en abondance leurs yeux inaccoutumés à en répandre ; les autres, animés d'une fureur extrême, cherchaient avidement, le fer en main, les infâmes homicides.

Ainsi finit Viriate, que la gloire accompagna jusqu'au tombeau ; la scélératesse de Cépion, opprobre perpétuel pour Rome, rendra cet éternel témoignage, que l'invincible Lusitain ne pouvait tomber que sous les coups de la trahison. La Lusitanie perdit tout en lui. L'armée nomma aussitôt un successeur; mais un tel homme ne pouvait pas être facilement remplacé, et le nouveau chef, privé de la valeur et de tous les avantages naturels de son prédécesseur, se vit bientôt dans la dure nécessité de capituler avec les Romains. Le lâche Cépion, qui naguère redoutait tant les troupes de Viriate, accorda la capitulation, désarma les soldats lusitains, et leur désigna des terrains qu'ils pusssent cultiver en paix.

Lorsque, par la mort de Viriate, l'Espagne ultérieure se trouvait déjà soumise et assujettie, la guerre se renouvela avec vigueur contre Numance. Cette ville, peu distante de la moderne *Soria*, sans autres remparts que les poitrines de ses habitants, sans autre défense que leurs épées, s'était rendue si formidable à Rome dans le soulèvement de la Celtibérie, que cette orgueilleuse république préféra de recevoir pour alliée celle qu'elle n'avait pu vaincre comme ennemie. Les Numantins, fidèles à l'un des traités de paix qui suspendirent pendant quelque temps la guerre celtibérienne, se maintinrent dans une neutralité scrupuleuse, au milieu des victoires de Viriate; mais ayant admis dans leur ville les restes d'une armée défaite de *Ségédaniens* et d'*Arévaques*, peuples de la Celtibérie, qui avaient récemment pris les armes, les Romains qualifièrent d'infraction au traité ce trait de la générosité numantine; et le consul Quintus Fulvius Nobilior, déclarant la guerre à la ville, vint l'attaquer avec toutes ses forces.

Les Numantins, qui n'avaient pas provoqué ce ressentiment de Rome, s'indignèrent en se voyant menacés d'un siége, seulement pour avoir donné asile à des compatriotes fugitifs, sans toutefois avoir pris part à leurs querelles; transportés de colère et pleins de courage, ils fondirent avec intrépidité sur le camp ennemi; et le laissant jonché de cadavres et rempli d'effroi, ils punirent la témérité de leurs injustes agresseurs. Cependant, loin de s'enorgueillir de cette victoire signalée, ils eurent assez de générosité pour oublier leurs motifs de plainte et pour faire des propositions de paix conformes à l'honneur et à l'équité, mais le sombre Fulvius répondit avec arrogance que *Rome ne capitulait pas, et que seulement elle accordait la paix à ceux qui se rendaient à discrétion* : réponse orgueilleuse qui exaspéra les Numantins offensés, alluma le feu de la guerre la plus obstinée et la plus injuste, mit le fer meurtrier dans les mains des Espagnols, porta la terreur jusque dans Rome, et fit détruire le peuple le plus vaillant de la terre.

Heureusement le courage de quelques Celtibères abattit tellement l'orgueil de l'imprudent consul, qu'accablé de revers, il se vit dans la nécessité de modérer son ardeur et de renoncer à la gloire de soumettre une ville aussi valeureuse. Les armées romaines, tournées d'abord contre Viriate, et occupées à réduire divers peuples de la Celtibérie, avaient laissé respirer Numance jusqu'à ce que le consul Quintus Pompéius Rufus obtint le gouvernement de l'Espagne citérieure. Cet homme, d'obscure naissance, élevé par l'intrigue à la dignité consulaire, aspirant à rendre son nom célèbre au moyen d'une action d'éclat, se présenta devant Numance avec trente mille hommes, se flattant de l'occuper aussitôt qu'il lui aurait intimé l'ordre de se rendre. Et de fait les forces de la place ne passaient pas huit mille guerriers vaillants et courageux, mais qui ne devaient vraisemblablement pas résister long-temps à une puissance aussi formidable. Numance capitula donc, les Numantins se soumettant volontairement à toutes les conditions honorables qu'on voudrait leur imposer; mais, lorsqu'ils virent qu'il était question de les désarmer, l'honneur et la vaillance de ces hommes belliqueux se réveillèrent; et ne pouvant pas consentir à la honte de se voir dépouiller de l'ornement le plus noble pour une nation courageuse, ils résolurent de se défendre jusqu'à la dernière goutte de leur sang.

Le moment de recourir à la violence arriva. Le consul attaqua vigoureusement la ville, croyant s'en emparer au premier choc, mais il ne connaissait pas bien la valeur des Numantins. Ces intrépides habitants, sous la conduite de leur chef Mégara, lui apprirent combien il s'était flatté vainement. Ses assauts furent constamment repoussés, et chaque jour il sortait de la place des escadrons courageux, qui, tombant avec furie sur les assiégeants, les poursuivaient l'épée aux reins jusqu'aux retranchements de leur camp et en faisaient un horrible carnage. Une pareille armée suffit pour ruiner celle de Pompéius, et le contraignit à abandonner son entreprise. Mais craignant le ressentiment de Rome, il pensa qu'un traité de paix à des conditions justes et honorables réparerait son honneur et le mettrait à couvert de toute accusation. Les Numantins, supérieurs à leur juste ressentiment, et quoique armés du glaive de la vengeance, admirent les propositions, et se prêtèrent à un accommodement. Le consul, affectant une pleine confiance, leur persuada que, pour satisfaire le sénat et le peuple romain, il était convenable de faire deux traités, l'un privé, à la satisfaction de la ville, et qui serait celui qu'on exécuterait; et l'autre public, avec des conditions avantageuses pour Rome, afin de contenter son orgueil. Les Numantins, loyaux et confiants comme les autres Espagnols, loin de soupçonner la perfidie que couvrait cette proposition, consentirent facilement à tout ce qu'on voulut, et signèrent les conventions sans la moindre résistance. Dans l'acte public, on stipula que, voulant établir une paix convenable à la majesté de Rome, les Numantins devaient livrer la ville à discrétion, ainsi que leurs biens, leurs armes et même leurs personnes ; mais, dans l'acte particulier, qui fut rédigé en présence de beaucoup de chevaliers, Numance fut solennellement reconnue peuple libre, ami et allié de la république, à la condition de rendre les prisonniers romains, de livrer plusieurs otages et de payer une certaine somme d'argent.

Les Numantins venaient de remplir religieusement ces conditions, lorsque Pompéius fut mandé à Rome et que le consul Marcus Popilius arriva pour lui succéder. Ces braves citoyens ayant exigé qu'avant son départ le traité conclu fût ratifié, Pompéius, justifiant par ses actions la bassesse de sa naissance et de son éducation, nia avec impudence les conditions du traité particulier. Les Espagnols attestaient la vérité, ils invoquaient le témoignage du ciel et celui des chevaliers romains présents à la stipulation. Mais Pompéius jurait aussi sur sa conscience; et Popilius ne sachant qui croire, et n'osant décider dans une affaire si délicate, renvoya la chose au sénat, en consentant une suspension d'armes jusqu'à la décision de Rome. Numance envoya ses députés, dont les raisons et les témoignages portèrent jusqu'à l'évidence l'explication des deux actes publics qui se contredisaient; mais l'obstination de Pompéius dans ses dénégations, ses viles adulations, ses instances, la bassesse des sénateurs, leur indigne faiblesse, et la mauvaise foi du peuple romain, donnèrent raison au citoyen parjure; et, se déclarant tous en sa faveur, il fut décidé *qu'il ne résultait des articles de paix rien qui pût confirmer les prétentions des Numantins.*

En conséquence on décréta la continuation de la guerre; et Popilius, fidèle aux ordres qu'on lui intima, attaqua avec toutes ses forces cette ville fameuse. Les Numantins, comme s'ils eussent perdu toute leur valeur, se tinrent cachés derrière leurs murailles; et le général romain, attribuant cette inaction à la pusillanimité et à la crainte, fit donner l'assaut. Ses troupes enhardies s'avançaient avec la confiance d'une victoire certaine; elles étaient sur le point d'entrer dans la ville sans qu'elles eussent encore aperçu un ennemi; le plus profond silence régnait parmi ses habitants, et Popilius, redoutant quelque dangereux stratagème, crut prudent de se retirer; les Numantins alors, sortant comme des taureaux blessés, tombèrent sur les légions romaines avec tant de bravoure et de courage, qu'ils les remplirent de terreur, les mirent en déroute, et les obligèrent à fuir avec une perte considérable.

CHAPITRE X.

Cette déroute sanglante, accrue du souvenir des deux autres que les Romains avaient précédemment éprouvées devant Numance, jeta Rome dans la consternation : la nature augmentait ses craintes par ses phénomènes, et la superstition par ses extravagances. L'épouvante était générale et paraissait une espèce de contagion dont ne se préservaient pas même les personnes qui se disaient supérieures au vulgaire. Le consul Caïus Hostilius Mancinus, successeur de Popilius, et en proie à la terreur des songes de son imagination exaltée et mélancolique, n'augura qu'une fin malheureuse de son expédition. Quelques poulets qui s'échappèrent de leur volière pendant qu'il faisait les sacrifices pour la prospérité de la journée, furent des horribles fantômes qui le consternèrent dans Rome même. Au moment de s'embarquer, il crut entendre dans les airs une voix qui lui disait :

Arrête-toi, Mancinus, arrête-toi. Le nom de Numance terrifiait son imagination ; il obéit à cette voix, et, débarquant aussitôt, résolut de choisir un autre point de départ. Mais encore ici les prodiges le poursuivirent. Etant monté sur son navire, il vit un serpent glissant de la main d'un homme qui cherchait à le retenir ; et ce fut pour le consul un troisième pronostic de son malheur. En effet, ces trois prodiges, selon les interprètes de la superstition romaine, paraissaient annoncer à Mancinus les trois disgrâces qu'il éprouva, savoir, un combat malheureux, une paix humiliante, et un honteux châtiment.

Avec ces sinistres présages, Mancinus entra en Espagne à la tête d'une armée si découragée, que ses ennemis, n'eussent-ils pas même été des Numantins, l'auraient mise sans peine en déroute. Renfermé dans son camp, sans confiance ni en lui-même ni dans ses troupes, n'osant se hasarder à une bataille, il vit lâchement diminuer chaque jour son armée et son énergie par les fréquentes sorties des intrépides assiégés. La vue seule ou la voix d'un Numantin faisait trembler les Romains, et il n'y en avait pas un seul qui osât le regarder en face. Il fut enfin nécessaire de lever le camp. Mancinus, à la faveur de la nuit, s'éloigna d'une ville qui ne lui présageait que catastrophes ; et le hasard fit découvrir sa fuite presque aussitôt. C'était à peu près l'époque de l'année à laquelle, selon la coutume de Numance, on célébrait les noces de ses habitants. Une jeune fille, parée de tous ses charmes, avait mérité l'amour de deux jeunes gens d'une naissance et d'une valeur égales, qui prétendaient ardemment à sa main. Son père, pour terminer le différend sans faire affront à personne, offrit de l'accorder à celui des deux qui lui apporterait la main droite d'un ennemi. Tous deux aussitôt, pleins d'ardeur, courent au camp des assiégeants. Étonnés de le trouver désert, ils reviennent avec chagrin annoncer à la ville ce qui venait d'arriver.

A peine informés de cette nouvelle, les Numantins prirent les armes et sortirent à la recherche de ces lâches fugitifs. Quatre mille guerriers composaient toutes leurs forces, et l'armée romaine comptait plus de quarante mille hommes. Mais telle était la valeur des premiers, et tel était le mépris qu'ils portaient à un ennemi vaincu si souvent, qu'ils n'hésitèrent pas à commencer une entreprise aussi hardie, et si téméraire pour tout autre. Ils atteignirent en effet l'arrière-garde des Romains, firent un ravage affreux dans les derniers rangs, communiquèrent la terreur au centre et à l'avant-garde, et après avoir passé plus de vingt mille hommes au fil de l'épée, ils poussèrent le reste de l'armée dans un lieu si resserré qu'il était impossible qu'un seul homme pût échapper. Le consul ne put pas se dispenser de se soumettre à une honteuse capitulation ; et les Numantins, qui n'avaient reçu des Romains que des outrages, qui avaient éprouvé leur perfidie et pouvaient anéantir toute l'armée, arrêtèrent le carnage au plus fort de l'action, et, se prêtant généreusement pour la seconde fois à une conciliation, accordèrent la vie à ces misérables, sous la condition qu'il devrait dorénavant régner entre Numance et Rome une amitié et une alliance perpétuelles, quoique avec une absolue indépendance d'un peuple envers l'autre.

Dès qu'on eut à Rome l'avis de la paix conclue avec Numance, Mancinus y fut rappelé, afin de répondre aux charges intentées contre lui, pour avoir consenti à un arrangement que cette orgueilleuse république qualifia d'ignominieux. Le malheureux consul essaya de justifier sa conduite ; les agents que Numance députa de son côté représentèrent au sénat, dans un discours véhément, que si Rome se refusait à accéder à un traité solennellement conclu, il fallait remettre les choses dans l'état où elles étaient au moment du traité, et à la disposition des Numantins les vingt mille hommes auxquels ils avaient eu la générosité de pardonner. Mais tout fut inutile. Cette assemblée partiale avait déjà pris une résolution avant d'entendre les parties, et prononça la sentence. Le sénat et le peuple, d'un commun accord, décrétèrent que le consul fût livré à la vengeance des Numantins, et que l'on continuât les hostilités contre cette ville, considérant la paix comme nulle. Mancinus, conduit en Espagne à la manière d'un criminel, éprouva le douloureux affront d'être exposé nu et les mains liées devant les portes de Numance; mais les Numantins, ou par pitié pour un innocent outragé par la fierté de son ingrate patrie, ou pour démontrer que ce n'était pas là une satisfaction suffisante de la rupture du traité, et parce qu'encore leur générosité leur faisait regarder comme une souveraine bassesse de se vénger d'un homme sans vêtements et sans armes, refusèrent de l'admettre ; et, depuis le matin jusqu'au soir, le malheureux Hostilius resta à la vue de ses concitoyens et de ses ennemis, méprisé par les premiers et repoussé par les siens mêmes.

Malgré cet exemple rigoureux et les ordres sévères et fréquents du sénat, la terreur qu'inspirait Numance était telle, que les successeurs de Mancinus tremblèrent à sa vue et la respectèrent. Rome, cette même Rome, opiniâtre dans son projet de la détruire, et qui s'indignait de la désobéissance et de la lâcheté de ses généraux, se trouvait si subjuguée par la crainte, que presque personne n'osait prononcer le nom de Numance. Jusque dans le sénat on ne la nommait que *terreur de l'empire*. Le sénat décréta que Publius Émilius Scipion irait avec une quatrième armée faire le siége de cette ville formidable : mais, dans cette capitale tant redoutée, il n'y avait pas de soldats qui voulussent aller en Espagne, où, au lieu de triomphes, ils ne trouvaient qu'une mort honteuse ; et toutes les légions ayant été invitées à servir dans cette guerre, aucune ne s'offrant, le sénat fut obligé de les tirer au sort, et de contraindre celles qu'atteignit cette destinée.

Scipion employa des moyens tout-à-fait différents de ceux de ses prédécesseurs. Voyant les Numantins en possession des moyens de mettre les armées romaines en déroute, il estima qu'il ne serait pas prudent d'en venir aux mains avec eux, et qu'il serait plus sûr de renoncer à la force pour les combattre et de les réduire par la faim. Dans ce but, il fit ravager les plaines des environs, ferma la ville de doubles retranchements bien fortifiés, et avec une armée de soixante mille combattants, se mit à même de pouvoir accourir promptement et facilement au secours des postes qui seraient attaqués par les Numantins. Dans cet état de choses, il attendit avec patience et tranquillité que le temps et la famine lui procurassent une victoire qu'il ne pouvait espérer ni de la force ni des armes.

Huit mille hommes tout au plus étaient le nombre de guerriers que renfermait Numance; mais dès qu'ils se virent environnés, et qu'ils reconnurent qu'on avait l'intention de les réduire par la nécessité, ces braves soldats redoublèrent leurs efforts et firent mille prodiges de valeur. Plusieurs fois ils forcèrent les lignes des assiégeants; plusieurs fois, sortant rangés en ordre de bataille, ils défièrent avec intrépidité toute l'armée romaine : mais Scipion, se contentant de défendre ses retranchements sans les quitter, opposait presque huit assiégeants à chaque assiégé. Cette prudente constance déconcerta les Numantins; pressés par la faim, ils demandèrent à se rendre à des conditions honorables : mais les Romains altiers, qui dans les siéges précédents avaient éprouvé, sans la mériter, la généreuse humanité de ces Espagnols, leur répondirent avec orgueil qu'il ne leur restait d'autre ressource que de se rendre à discrétion ou de périr. Ce dernier parti fut celui qu'ils choisirent; et, déterminés à vendre chèrement leur vie s'ils ne pouvaient la sauver, ils retrouvèrent dans le désespoir les forces qu'ils avaient perdues par la famine. Hommes et femmes, ranimés par une espèce de bière dont ils faisaient usage à l'entrée des combats, sortirent impétueusement, et comme des tourbillons, par deux côtés différents, détruisant tout ce qui s'opposait à eux, et cherchant la mort au milieu des armées ennemies. Ils combattirent avec tant d'acharnement et de fureur qu'il n'y eut qu'un Scipion qui pût empêcher la fuite de ses légions; mais enfin la supériorité du nombre devait l'emporter. La plus grande partie des Numantins périrent glorieusement au champ d'honneur. Le peu qui en étaient restés voulurent s'ouvrir un passage, l'épée à la main, à travers les retranchements ruinés de l'ennemi; mais les femmes, ou pour ne pas mourir seules et abandonnées de leurs maris, ou parce que la haine chez elles est plus aveugle et plus sanguinaire, coupèrent les sangles des chevaux, et les obligèrent à renoncer à leur projet. Alors, avec une présence d'esprit admirable, ils se retranchèrent en bon ordre, fermèrent les portes de la ville, celles des maisons, et préférèrent devenir victimes de la faim, plutôt que de souffrir la honte de se rendre à discrétion.

La mort venait à pas lents, et la fureur ne permettait pas à ces hommes courageux de souffrir de si longs délais : les uns prirent du poison, d'autres s'ôtèrent la vie avec leurs propres armes; plusieurs mirent le feu à leurs maisons et furent consumés dans les flammes; les familles les plus distinguées, voulant périr d'une mort plus glorieuse, établirent des combats singuliers, dont le résultat etait de couper la tête au vaincu, et de livrer son corps aux flammes, le vainqueur renouvelant le combat avec un autre champion. C'est ainsi que, livrés au désespoir, ils se tuaient les uns les autres ; et le dernier n'ayant plus personne à combattre se jeta parmi les cadavres que consumait l'incendie. Embrasée de tous côtés, une grande partie de Numance étant réduite en cendres, et tous ses habitants ayant été sacrifiés sans pitié, les ruines, le sang, la solitude et l'horreur furent les trophées de Scipion ; son indignation, à la vue d'un triomphe aussitôt évanoui qu'obtenu, explique la fureur vindicative avec laquelle il fit détruire le petit nombre de maisons qui avaient échappé aux flammes.

Ainsi fut anéantie la fameuse Numance après quatorze années de guerre et quinze mois d'un blocus rigoureux. Sa chute, arrivée cent trente-trois ans avant l'ère chrétienne, frappa l'Espagne d'une terreur profonde, et peu à peu elle plia tout entière sous le joug romain, à l'exception des pays septentrionaux, qui trouvèrent dans leur pauvreté un abri sûr contre l'avarice, et dans leur valeur le moyen de se défendre contre l'ambition des conquérants.

A la ruine de Numance succédèrent quarante années d'une paix non interrompue, si ce n'est par de légères altercations. Après ce temps, s'éleva dans Rome, entre Marius et Sylla la funeste discorde qui ensanglanta l'Italie. Sylla, triomphant de son compétiteur, s'empara de la capitale, s'érigea en maître de la république; et sa cruauté n'étant pas satisfaite par la destruction d'innombrables familles, il publia un édit de proscription dans lequel étaient compris deux mille citoyens ou chevaliers. Quintus Sertorius, un des proscrits, eut le bonheur de fuir avant la dernière bataille décisive qui fut livrée entre ces factieux. Avec quelques amis il s'embarqua pour l'Espagne, où ses nombreuses relations lui promettaient un asile, se flattant qu'aidé de ses valeureux habitants il pourrait élever une digue puissante contre les coups et les efforts de ses ennemis. Pour cette raison, il désirait ardemment se concilier leur bienveillance; et rien n'était moins difficile pour un homme rempli de sagacité et qui connaissait les moyens infaillibles de gagner toute leur confiance.

Les Espagnols étaient opprimés sous le joug de quelques gouverneurs avides, qui, à l'imitation de leurs prédécesseurs, grossissaient leurs trésors en exténuant les peuples par mille contributions onéreuses. Sertorius affecta de compatir à leur sort, leur offrit de les seconder contre les personnages qui les tyrannisaient, et parvint à allumer dans leur sein la même haine qui brûlait dans le sien contre Sylla, en leur faisant redouter la prépondérance de cet homme superbe et ambitieux. En peu de temps, diverses villes se déclarèrent pour Sertorius et le reconnurent de leur propre gré pour préteur de l'Espagne citérieure, dignité qui lui avait été, l'année précédente, conférée par les consuls Marius et Carbon. Il diminua les impôts ; caserna les troupes dans les faubourgs des villes, pour libérer leurs habitants de l'incommodité de leur logement, et des insultes d'une soldatesque licencieuse ; assura des avantages aux Espagnols qui se rangèrent sous ses drapeaux, fit en sorte de gagner plusieurs des Romains qui étaient en Espagne, et parvint ainsi à former une armée de neuf mille hommes.

L'expérience prouva à Sertorius qu'il n'avait pas eu tort de se précautionner en prenant les armes. Les Lusitains se mirent sous sa protection : menacés qu'ils étaient de la fureur du préteur Didius, il était naturel que des hommes vaillants s'associassent à l'entreprise d'un homme supérieur. Sertorius se chargea de la défense de ces Espagnols, attaqua Didius sur les rives du Bétis, et remporta une victoire complète ; les ennemis perdirent deux mille hommes. En même temps ses armes obtinrent un triomphe non moins glorieux sur Lucius Domitius, nommé par Sylla préteur de l'Espagne citérieure et qui s'avançait avec des forces considérables en Lusitanie au secours de son collègue. Ces deux victoires mirent aux ordres de Sertorius les deux provinces d'Espagne ; il fut dès lors le compétiteur le plus formidable du dictateur romain. Assuré du dévouement de tous les Espagnols, il lui fut facile d'établir un gouvernement à l'instar de celui de la république ; il arma ses soldats à la romaine, les divisa en légions, cohortes et centuries, leur donna des préfets et des tribuns, et les instruisit dans la discipline des troupes d'Italie. Pour dissiper tout soupçon d'aspirer à une souveraineté absolue, il convoqua les Romains nobles de son parti, et forma un sénat de trois cents personnes dans lequel résidait la puissance suprême ; il créa des magistrats, des préteurs, des questeurs, des tribuns du peuple, pour gouverner les deux provinces et les villes sous les mêmes lois et police que Rome ; il fonda des écoles publiques : évidemment son but était de former une république qui pût rivaliser avec la dominatrice du monde et l'intimider par l'extension de sa puissance.

CHAPITRE XI.

On ne laisse pas que d'être surpris au premier coup d'œil qu'autant de nouveautés si considérables fussent favorablement accueillies dans un pays où tout ce qui était romain, jusqu'au nom même, était en horreur ; mais, outre que les Espagnols ne pouvaient pas s'empêcher d'admirer les vertus de Sertorius, et d'être reconnaissants de la sollicitude et du zèle de ce grand homme pour opérer leur indépendance, il était trop adroit pour omettre d'employer en faveur de ses desseins deux puissants ressorts que le hasard mettait à sa disposition, l'ignorance et la superstition des peuples. Les Espagnols simples et ignorants, par conséquent crédules et superstitieux, écoutaient avec respect et admiration un homme dont les songes fréquents, les actions extraordinaires et les inspirations, leur persuadaient qu'il était aimé des dieux et admis à une secrète et presque continuelle communication avec le ciel. Le principal agent de cette supercherie était une biche blanche, dont lui avait fait présent un chasseur espagnol, et qui était devenue si familière qu'elle le suivait partout, comme l'aurait fait un chien, sans quitter ses côtés à la ville, aux tribunaux, sous les tentes, même au milieu du bruit des armes. Le vulgaire, facilement trompé par l'astucieux romain, se persuada que ce doux et jeune animal était un don reçu de Diane qui, par son entremise, l'avertissait de succès futurs et cachés. Les renseignements que donnaient à Sertorius ses espions, sur les démarches et les mouvements de l'ennemi, passaient pour être révélés par la biche avec des insinuations sur ce qu'il devait faire. S'il recevait secrètement quelque avis prompt d'un événement favorable, la biche apparaissait couronnée de fleurs, comme un pompeux augure de la félicité prochaine. En un mot, c'était l'oracle qui présidait à ses discours et à ses actions, et qui l'aidait à subjuguer la multitude.

Sylla, informé de cette révolution, crut nécessaire de s'opposer à ses progrès, et chargea Quintus Cécilius Métellus de la direction de la guerre contre Sertorius; mais les succès de celui-ci et les défaites des deux préteurs persuadèrent à Métellus que rien n'était plus important que de conduire lui-même, en personne, les forces avec lesquelles l'Italie prétendait soumettre ce rebelle. Métellus était un soldat vaillant et expérimenté, mais l'âge, les fatigues avaient épuisé une grande partie de sa vigueur; déjà il avait besoin d'une vie plus commode et plus régulière. Sertorius, au contraire, jeune, alerte et ardent, se trouvait en état de supporter sans peine la faim, les veilles, les travaux; il était à la tête de soldats espagnols également hardis, sobres, patients, forts, et accoutumés à toute sorte de fatigues. Cette différence des chefs et des armées fut la cause que les Sertoriens, se moquant fréquemment de Métellus, déjouaient les efforts par lesquels il espérait les amener à une bataille décisive, et mettaient ses troupes en déroute toutes les fois qu'elles se trouvaient en présence.

Cependant la lenteur d'une guerre de ce genre était peu compatible avec l'ardeur des soldats de Sertorius. Les Espagnols, principalement, impatients d'en venir aux mains avec un ennemi abhorré, désapprouvaient la prudente lenteur du général, et demandaient avec importunité à être conduits au combat; mais Sertorius, inflexible dans son système, après avoir permis que ses troupes reçussent dans quelques petites rencontres la preuve de l'imprudence de leur ardeur, leur donna, par un exemple sensible, une leçon admirable. En présence de toute son armée, il fit amener deux chevaux, l'un jeune, d'une force et d'une vivacité remarquables, et l'autre vieux, faible et quasi sans vigueur; le premier devait être peu à peu dépouillé par un vieillard de tous les crins de son épaisse queue; tandis qu'un jeune homme robuste et vigoureux ferait la même opération, mais d'un seul coup, sur le cheval maigre et exténué. Comme cela devait arriver, pendant que le vigoureux garçon se fatiguait en vain pour arracher en une seule fois, en employant toute la force de ses bras, la queue du chétif cheval, le vieillard, avec patience, termina heureusement son ouvrage, laissant celle de l'animal vigoureux entièrement dépouillée de ses crins; Sertorius, tirant de cet exemple un motif de faire ressortir auprès de ses soldats les avantages de sa prudence et les conséquences de leur impétueuse ardeur : « Si, » de cette manière, leur dit-il, pour en finir » d'un seul coup avec nos ennemis, nous nous » livrons à une action téméraire, nous éprouve- » rons la punition de notre imprudence, nos ef- » forts resteront vains, et l'orgueil de Métellus » insultera encore hautement à notre valeur; si, » au contraire, par des attaques peu considéra- » bles, mais répétées, et en profitant des occa- » sions et des circonstances, nous les affaiblissons » peu à peu, nous les verrons à la fin tomber à nos » pieds, sans espoir de pouvoir se relever. » Sertorius parvint ainsi à modérer l'impétuosité de ses troupes, et, constant dans son système, il eut la satisfaction de détruire, par de petits combats la puissance de Métellus.

Ses succès et l'augmentation sensible de forces qu'il reçut progressivement, alarmèrent l'Italie et firent craindre qu'il ne portât ses armes jusqu'aux portes mêmes de Rome. Il était urgent d'opposer une barrière à ses projets, mais il n'y avait dans la république personne d'assez hardi pour oser lui tenir tête. Le jeune Cnéus Pompée, dont les exploits dans la guerre civile entre Sylla et Marius lui avaient valu le surnom de *Grand*, fut le seul qui voulût se charger de l'entreprise; déclaré collègue de Métellus, revêtu du pouvoir consulaire, il passa en Espagne avec une armée. Les Sertoriens se trouvaient devant *Lauron*, aujourd'hui Liria, royaume de Valence, lorsque Pompée s'avança avec des forces considérables au secours de la place; mais Sertorius, afin de lui faire connaître la supériorité de ses talents militaires, lui présenta la bataille, lui tua dix mille hommes, et, se rendant maître de la ville, la livra aux flammes à la vue même de Pompée, et afin de l'humilier davantage par cette nouvelle insulte. Malheureusement cette victoire ne put pas empêcher les progrès de ce chef si vaillant dans l'Espagne citérieure, ni que Métellus, battant complétement les troupes de Sertorius dans l'Andalousie, n'étendît considérablement ses conquêtes dans l'Espagne ultérieure, quoique même sur les rives du *Xucar*, Pompée perdît une bataille sanglante. Métellus parvint, néanmoins, à laisser indécise l'issue d'un autre combat, non moins acharné, livré dans les environs de *Sigüenza*. Cet ancien guerrier, enorgueilli des avantages que lui avait préparés la fortune, prouva par une présomption extravagante que sa raison se ressentait essentiellement de la faiblesse qu'occasionait en lui le poids des années. Dans toutes les villes par lesquelles il passait, il faisait son entrée avec pompe et somptuosité, au milieu des acclamations d'un peuple immense qui l'appelait *Empereur*, et le recevait à l'instar d'un dieu, avec de l'encens et des sacrifices. Il mangeait en public, orné d'habillements de triomphe, et pendant qu'il satisfaisait son appétit par les mets les plus exquis de toute la péninsule, des figures allégoriques distribuant des couronnes et des trophées, volaient autour de sa tête, et les plus belles femmes, ainsi que les plus habiles poëtes chantaient ses victoires.

Mais, tandis qu'à sa honte, et compromettant à la fois sa valeur et son jugement, Métellus s'enivrait de parfums et de flatteries, Sertorius, livré entièrement à ses pensées belliqueuses, renforçait son armée à l'aide des villes alliées, et il parvint à se mettre en état de réparer les échecs qu'il avait éprouvés, en inspirant de la crainte à Métellus et à Pompée. De tous côtés ils rencontraient des partis de Sertoriens, qui, parcourant le pays avec rapidité, arrêtaient leurs pas et contrariaient leurs plans. Les côtes étaient bien défendues, les places bien garnies, les routes principales fréquentées par la cavalerie légère; et Pompée, ne sachant quel parti prendre dans ces circonstances, se décida à réunir toutes ses forces devant *Palencia*, tandis que Métellus, avec les siennes, s'occupait à saccager les environs. Déjà les murailles de la ville assiégée étaient près de tomber, lorsque Sertorius arriva pour la secourir. La frayeur des Pompéens fut telle, qu'étant presque les maîtres de Palencia, ils s'enfuirent précipitamment au camp de Métellus. Sertorius, après avoir laissé la place dans le meilleur état de défense, fut à la recherche des fuyards, les trouva réunis sous les murs de Calahorra assiégée depuis l'année précédente, les attaqua avec intrépidité, et les contraignit à lui céder le terrain après une perte de trois mille hommes.

Métellus et Pompée, sensiblement affectés d'un tel changement de fortune, prirent le parti d'abandonner spontanément le théâtre de la guerre; Sertorius pouvait facilement les dépouiller de toutes leurs conquêtes, si des circonstances imprévues ne l'eussent réduit à la situation la plus critique. Malgré ses derniers revers, Métellus, par ses précédentes victoires, par son ostentation impertinente, les fêtes et les honneurs qui augmentaient sa réputation, éblouissait la plupart des soldats et des officiers romains au service de Sertorius; séduits par ces brillantes apparences, ils commencèrent à déserter ses drapeaux et à joindre ceux de ses rivaux. Métellus, d'un autre côté, avait mis à prix la tête de Sertorius, et des soupçons tombaient naturellement sur les troupes qui donnaient des preuves si répétées de leur désaffection et de leur déloyauté. Ces craintes bien fondées mirent Sertorius dans le cas de traiter les soldats romains plus sévèrement que de coutume, de les éloigner de sa personne, et d'en confier la garde aux soldats espagnols dont la fidélité lui était bien connue. Il est difficile de dire combien les esprits des premiers s'exaspérèrent par cette nouveauté; les mauvaises plaisanteries des Espagnols, qui leur reprochaient constamment la méfiance du général, augmentaient leur indignation, en sorte qu'en un moment l'armée de Sertorius se trouva divisée en deux factions. Les Espagnols rapportant à Sertorius les propos qu'ils entendaient contre sa personne, augmentaient sa crainte, et lui rendaient suspects tantôt les uns, tantôt les autres de ses officiers. Ceux-ci, de leur côté, animés du désir de la vengeance, et d'allumer la discorde entre les Espagnols et le général, troublaient l'Espagne par des injustices, des violences, des extorsions et des offenses continuelles, et les attribuaient à des ordres de Sertorius; et lui-même, demeurant interdit au milieu d'Espagnols amutinés et de Romains coupables de trahison, il s'indignait tantôt contre les premiers, tantôt contre les seconds, et traitait les uns et les autres avec une rigueur excessive.

Pompée et Métellus ne pouvaient pas trouver des circonstances plus favorables pour relever leur gloire; et tandis que Sertorius par la désertion, par les séditions et les trahisons fréquentes, se trouvait dans l'impossibilité de continuer la guerre avec honneur et avec avantage, ils firent de très rapides progrès en conquérant des villes et en assujettissant des peuples entiers sans la moindre opposition. Cependant les généraux vainqueurs se défiant de la stabilité de leur triomphe aussi long-temps que vivrait leur intrépide ennemi, fomentèrent en secret l'aversion des mécontents pour hâter le coup qui menaçait la vie de Sertorius. Par malheur le moment fatal arriva bien promptement; et Perpenna, son lieutenant, se mettant à la tête d'une troupe de conjurés, le poignarda dans un festin qu'on lui avait préparé à cet effet dans la ville de *Huesca*, en l'année 73 avant Jésus-Christ, la huitième du séjour de Sertorius en Espagne.

Les Espagnols, qui composaient la majeure partie de l'armée, et qui, malgré les derniers excès du général, ne pouvaient oublier ses vertus, l'aimaient avec tendresse et respect, restèrent immobiles d'indignation et d'effroi à la nouvelle d'un si affreux attentat. Leur fureur s'accrut en apprenant que par son testament le chef défunt avait nommé pour son héritier et son successeur ce même Perpenna, son principal assassin; et la barbare perfidie de cet homme, indigne des faveurs de son général, de son ami et de son bienfaiteur, les exalta au point que, révoltés et irrités, ils l'auraient mis en pièces s'il ne les eût apaisés par des présents, des flatteries, des promesses, et effrayés par le châtiment cruel des principaux mécontents. Par ce moyen, Perpenna réussit aussi à s'élever au commandement des armées, et se croyant doué des vertus et des talents du grand homme auquel il succédait, il se crut digne d'aspirer à la gloire de conquérant; mais Pompée, instruit de ses mouvements, alla au-devant de son imprudente présomption, le battit complétement, et l'ayant fait tomber dans ses mains, lui fit payer de sa tête, toute l'infamie de ses trahisons. Quelques uns de ses complices éprouvèrent le même sort; d'autres, qui se sauvèrent en Afrique, trouvèrent leur punition dans les flèches des Maures, et les moins malheureux traînèrent une existence pire que la mort même.

Cette dernière déroute de l'armée sertorienne aplanit le chemin aux armées de Pompée. Tous les peuples et toutes les villes s'empressèrent de lui prêter obéissance; deux seulement, *Osma* et *Calahorra* donnèrent par leur résistance un honorable exemple de leur fidélité aux mânes de Sertorius. L'une et l'autre furent rasées; mais cette dernière coûta à Pompée un siége opiniâtre, et il n'eut la gloire de s'en emparer que lorsque la faim eut détruit tous ses habitants. C'est ainsi que les provinces espagnoles furent rendues à la domination romaine. Jules César, qui, quelques années auparavant, avait obtenu le gouvernement de l'Espagne ultérieure, compléta ces avantages par la réduction de quelques peuples indépendants de la Lusitanie et de la Galice; depuis cet événement, une heureuse tranquillité succéda aux continuelles agitations de la péninsule.

CHAPITRE XII.

Dans ce temps, il y avait à Rome deux hommes d'une autorité et d'une considération supérieures : Marcus Licinius Crassus, par ses immenses richesses, et le grand Pompée, par la protection qu'il avait accordée au peuple contre la prépondérance des chevaliers. Cependant les inimitiés personnelles tenaient presque toute la ville divisée en deux grandes factions. César, ami de Crassus, et qui sentait le besoin de mettre ses projets ambitieux à l'abri de la puissante influence des deux autres, employa tous les moyens imaginables pour les réconcilier et eut la satisfaction de voir ses efforts couronnés du plus heureux succès. Alors naquit ce fameux Triumvirat qui commença à miner les fondements de la liberté de Rome. Crassus, César et Pompée, unis entre eux par l'amitié, le besoin et la reconnaissance, se rendirent maîtres du sénat, s'érigèrent en arbitres de la république et se distribuèrent pour cinq ans ses plus vastes et plus riches provinces. On adjugea à Crassus la Syrie avec les pays circonvoisins; les

Gaules et la Germanie à César; et Pompée obtint, dans cette répartition, le gouvernement de l'Espagne.

Heureusement cette division n'influa point sur la tranquillité de la péninsule. Sous la douce autorité d'Afranius, de Varron, et de Pétréus, lieutenant de Pompée, elle vit avec indifférence se former la tempête qui menaçait l'orgueilleuse dominatrice du monde; mais après six années d'un calme profond, la bonne intelligence entre César et Pompée fut détruite, et une inimitié irréconciliable éclata entre eux. L'ambition qui dominait chacun de ces deux grands hommes, ne souffrait pas dans l'autre un rival qui pût obscurcir sa gloire. César ne pouvait supporter un maître, ni Pompée un égal; et les digues qui jusque-là les avaient contenus dans certaines limites, étant une fois rompues, la véhémente passion du pouvoir absolu éclata dans tout son jour; ils commirent aux armes la décision de leur querelle et la dispute de l'empire du monde.

L'Espagne fut le premier et le dernier théâtre de cette guerre mémorable et sanglante, et le tombeau de la république sur lequel s'éleva la monarchie universelle. Le premier soin de Pompée fut de défendre un pays dont il avait le gouvernement, et la première résolution de César, d'envahir des provinces dont les riches mines, et les valeureux guerriers assuraient au vainqueur la possession du reste de l'univers. La force l'avait rendu maître d'une grande partie de l'Italie; les routes lui étaient ouvertes jusqu'aux Pyrénées, à travers les Gaules qui lui étaient soumises ou dévouées, et, au lieu de poursuivre son rival retiré en Macédoine, il se présenta en Espagne avec une armée formidable et aguerrie.

Afranius, Varron et Pétréus avertis et secourus par Pompée, réunirent leurs légions, allèrent à la rencontre de César jusqu'à Lérida, et, après un combat sanglant et opiniâtre, l'obligèrent à se retirer. Cette victoire fut immédiatement suivie d'une autre, quoique moins importante, qu'ils remportèrent sur les rives de la Segre, en détruisant un corps d'auxiliaires venu des Gaules; mais la scène changea promptement, et César soutenu par un nombre considérable d'habitants de l'Aragon et de la Catalogne, réussit non seulement à battre complétement les Pompéens entre Lérida et Mequinenza, mais encore, les poursuivant avec ardeur, à les enfermer dans une colline où il les obligea de se rendre tous à discrétion. Maître des légions romaines, assuré de la péninsule, il retourna en Italie, chargé de trophées et de richesses, battit encore Pompée à la fameuse bataille de Pharsale, et, le poursuivant jusque sur les frontières de l'Egypte, la fin malheureuse de ce redoutable compétiteur le laissa maître du camp, de ses forces et de l'empire qui lui était disputé avec tant d'acharnement.

Cependant les fils de Pompée, Cnéus et Sextus, réfugiés en Espagne, fuyant la puissance du maître de Rome, obtinrent du secours de plusieurs peuplades qui respectaient encore la mémoire illustre de leur père, et avec d'autres habitants exaspérés par les extorsions et les violences des gouverneurs de César, ils parvinrent à former un corps si redoutable, qu'en peu de temps une grande partie de la nation se trouva réunie sous leurs bannières. Jules César, qui avait déploré la mort du père, quoiqu'il l'eût redouté de son vivant, crut voir sa valeur ressuscitée ou transmise à ses deux fils; il se rendit aussitôt en Espagne pour s'opposer à leurs progrès et étouffer dans ses principes une faction qui pourrait avec le temps lui ravir le fruit de toutes ses intrigues et de ses victoires. Près de *Munda*, ville alors de quelque réputation, que certains auteurs supposent être celle qui porte aujourd'hui le nom de *Monda* près de Malaga, les deux armées, animées d'une fureur sanguinaire et de la plus grande animosité, se trouvèrent en présence. L'acharnement avec lequel commença la bataille, fut incroyable; des cris et des vociférations horribles ressemblaient au bruit du tonnerre ; mais au plus fort de la mêlée, un silence si profond succéda à ces clameurs, que dans ce nombre considérable de plus de cent mille combattants, on n'entendait plus que le fracas des lances et le bruit effrayant des armes. La victoire resta long-temps incertaine ; on ne gagnait ni de part ni d'autre un pouce de terrain ; on ne demandait ni ne fesait quartier ; cependant à la fin les Césariens commencèrent à céder, et César, désespéré et furieux de la pusillanimité de ses soldats, crut sa déroute si certaine, qu'il tenta de se donner la mort pour ne pas survivre à ce déshonneur. Rien ne put le contenir, que le serment de ses fidèles soldats qui, tout d'une voix, promirent de ne l'abandonner qu'avec la vie; alors profitant de leur enthousiasme, il mit pied à terre, se porta à la tête de ses légions, et chargea l'ennemi l'épée à la main, avec tant d'intrépidité, que jetant dans les escadrons ennemis la terreur et le désordre, il couvrit le champ de bataille de trente mille morts.

Les restes malheureux de cette armée battue, s'enfermèrent dans Munda, résolus à se défendre jusqu'à la dernière extrémité. Mais César, non content d'une victoire si glorieuse, assiégea la place avec la plus grande rigueur, en formant un horrible retranchement avec les froids cadavres recueillis de la dernière affaire. Il n'y eut pas de moyens que les assiégés ne tentèrent pour se sauver. Ils envoyèrent au camp du vainqueur divers conjurés, pour assassiner les soldats qu'ils trouveraient au dépourvu ; ils firent des sorties nombreuses et impétueuses avec une étonnante intrépidité ; tous se sacrifièrent plutôt que de se rendre, en sorte que César ne put devenir maître de Munda qu'après que le dernier soldat de Pompée eût cessé d'exister. Ces deux mémorables victoires rendirent à César la domination de l'Espagne romaine ; le malheureux Cnéus fugitif après la dernière bataille, et vivement poursuivi par les vainqueurs, périt victime de leur fureur, et quoique son frère Sextus, abandonné des siens, fût parvenu à se sauver, il se trouvait bien loin de pouvoir soutenir la lutte et inspirer la moindre crainte.

Cependant Jules César profita peu du fruit de ses triomphes ; car l'année suivante, Brutus et Cassius, derniers défenseurs de la liberté romaine, lui ôtèrent la vie au milieu du sénat. Octave, son neveu et son fils adoptif, non content d'hériter des richesses et du nom illustre de son oncle, porta aussi ses prétentions sur l'autorité souveraine, qui, acquise, ou pour mieux dire conquise par celui-ci à la pointe de l'épée, était considérée par son neveu comme une partie de son patrimoine. Marc Antoine et Marc-Emile Lépide, amis intimes du défunt, s'unirent de suite à Octave, et cette ligue nouvelle fut le second triumvirat, qui accomplit le plan conçu et en grande partie exécuté par le premier. Décidés à faire la loi à la république, à opprimer ses ennemis par les armes et leurs émules par leur pouvoir, ils partagèrent entre eux le gouvernement des provinces. L'Espagne échut à Lépide; mais en peu de temps le commandement divisé entre trois n'appartint plus qu'à Octave et à Marc Antoine. Eux seuls avaient poursuivi et vaincu leurs rivaux, et il leur parut qu'eux seuls avaient quelque droit au pouvoir suprême, par le droit de conquête. Lépide fut exclu de fait; enfin la mémorable bataille d'*Actium* et la mort d'Antoine, laissèrent Octave maître unique et absolu du monde romain.

L'Espagne, assujettie à sa domination, reçut immédiatement deux institutions nouvelles très remarquables : l'introduction d'un tribut perpétuel, qui, à cause de la monnaie de cuivre avec laquelle on le payait, fut l'origine de l'ère espagnole; et la nouvelle division de ses provinces en *Tarragonaise*, *Lusitaine* et *Bétique*. L'adroit empereur, affectant une modestie qui était bien loin de son caractère, céda au sénat le gouvernement de la dernière des trois, et se réserva celui des deux premières, sous prétexte qu'elles étaient plus remuantes, belliqueuses, et voisines des peuples chez lesquels les soldats romains n'avaient pu pénétrer; mais au fond, dans l'intention de s'emparer de toutes les forces de la république, avec le dessein secret de tenter de la soumettre, laissant pour cet effet les sénateurs désarmés, afin de les obliger à obéir, même quand ils ne le voudraient pas.

Quoi qu'il en soit, il était assuré que les *Cantabres*, les *Asturiens* et les *Galiciens*, non contents d'avoir pu se préserver de l'esclavage dans le temps des guerres sanglantes qu'avait soutenues le reste de la péninsule, engageaient et même excitaient à secouer le joug, les peuples voisins qui avaient eu le malheur de céder à la force. Les *Vaccéens*, les *Austrigons* et les *Turmodiges*, qui habitaient une vaste contrée depuis la Biscaye par Burgos, jusqu'au milieu du royaume de Léon, avaient déjà pris les armes pour l'accomplissement d'un aussi noble projet; et non seulement ils soutenaient depuis trois ans la guerre contre les armées romaines, mais encore leur exemple produisait des effets pernicieux sur les autres provinces. Octave se chargea de les soumettre, et en même temps la *Cantabrie*, les *Asturies* et la *Galice* furent investies par des forces considérables. Mais leurs habitants indomptables, pour lesquels la liberté était plus précieuse que la vie, soulevés autant de fois que vaincus, ne courbèrent la tête sous le joug qu'après que toute la jeunesse, qui pouvait faire résistance, eut péri par l'épée. Ce furent là les derniers efforts ou les derniers soupirs de la liberté espagnole. L'Espagne, cette nation valeureuse qui, pendant l'espace de deux cents ans d'une lutte sanglante avait défendu son indépendance avec le plus grand honneur, se vit enfin entièrement assujettie à une puissance dont elle avait rabaissé si souvent l'orgueil, à laquelle elle avait enlevé ses meilleurs guerriers et fait douter dans certains temps si elle donnerait ou recevrait la loi ; et peut-être tous les efforts de cette ambitieuse dominatrice auraient-ils été infructueux, si les Espagnols, connaissant mieux leurs intérêts, avaient réuni leurs forces pour la commune défense et n'avaient pas aidé leurs tyrans à leur propre destruction. A une époque si agitée et si malheureuse succéda pour longtemps une tranquillité profonde ; car si elle fut interrompue par les troubles de quelques provinces, ces interruptions méritent moins le nom de guerre que celui de sédition ou de plainte armée contre les vexations des gouverneurs. Dans ce siècle pacifique, l'Espagne devint si romaine, qu'elle reçut sans résistance et même avec plaisir différentes colonies qui fondèrent et peuplèrent diverses villes célèbres. Saragosse, Cadix, Cordoue, Mérida et plusieurs autres furent de ce nombre ; avec le temps elle s'identifia aussi avec l'idiome, les lois, les rites et les cérémonies de ses conquérants ; elle ne laissa pas non plus que de participer aux honneurs et aux premières dignités de l'empire, comme le prouvèrent les deux *Cornelius Balbus*, le premier élevé au consulat, et le second aux honneurs du triomphe, et les empereurs Trajan, Adrien, Maxime et Théodose II.

L'Espagne resta dans cet état sans aucun changement mémorable jusques au commencement du cinquième siècle de l'ère chrétienne, époque à laquelle elle eut une très grande part dans la révolution que causèrent dans tout l'empire romain, déjà en décadence, les irruptions des barbares du Nord. Théodose Ier mourut en 395, et ses deux fils Arcadius et Honorius se partagèrent ses états, ceux d'Orient pour le premier, et ceux d'Occident pour le second ; mais par malheur Théodose les laissa sous l'autorité de deux tuteurs ambitieux, dont l'infidélité sacrifia à leurs propres intérêts ceux de leurs souverains et ceux de la nation. Rufin en Orient, et Stilicon en Occident, aspirèrent à la place de leurs pupilles et ruinèrent l'empire. Le premier engagea secrètement Alaric, roi des Goths, à envahir la Grèce avec ses redoutables guerriers, espérant se servir un jour de leurs armes pour dépouiller l'imbécile Arcadius de son trône; mais Stilicon, plus adroit que Rufin, fit venir, des pays glacés et stériles du Nord, une nuée de Suèves, de Vandales et d'Alains sous le spécieux prétexte de chasser les Goths et de soutenir les droits de l'empereur d'Orient, mais au fond dans le but réel d'assurer par leur moyen la dignité suprême à son fils *Eucherius*. Heureusement on découvrit les mauvaises intentions de ces pervers, qui expièrent leur perfidie par les supplices. Néanmoins les féroces septentrionaux s'étaient emparés de la meilleure partie de l'Europe, et les Goths surtout, continuant en Italie leur fatale expédition, mirent à contribution Honorius, l'obligèrent à leur céder les Gaules et une partie de l'Espagne, s'emparèrent de Rome de vive force pour se venger d'un manque de parole; et l'on ne sait jusqu'où ils auraient porté leur fureur, si Alaric ne fût mort subitement à Cosenza, en l'an 410.

CHAPITRE XIII.

Cet événement et la paix conclue avec Honorius laissèrent *Ataulphe*, son successeur, en possession des Gaules; mais ce chef, soit à la prière de *Placidie*, sa femme, sœur d'Honorius, soit à la requête des Espagnols opprimés par la domination de Rome, et tourmentés par les hordes de barbares du Nord qui, comme un torrent dévastateur, avaient inondé la péninsule, ne tarda pas à abandonner la Gaule narbonnaise où il s'était établi, passa les Pyrénées et s'empara d'une partie de la Catalogne. Il régna peu cependant; toutes les bonnes qualités qui le distinguaient ne purent le sauver du poignard d'un domestique perfide, et il mourut à Barcelone, en 416, dans la seconde année de son règne.

Les Goths le remplacèrent par Sigeric, général valeureux, estimé digne de porter la couronne; mais à peine eut-il mis le pied sur le trône, qu'il périt de la main de ses sujets, mécontents de l'affection qu'il manifestait pour les Romains.

Il eut pour successeur *Walia*, homme remuant et belliqueux qui voulut se rendre maître de la Mauritanie, province alors réunie à l'Espagne. Une violente tempête qui le surprit dans le détroit déconcerta l'entreprise et le contraignit de capituler avec le comte *Constance*, général romain, qui dominait la côte avec une flotte considérable. Les conditions du traité furent que Walia livrerait Placidie, veuve d'Ataulphe, promise en mariage à Constance, et que les Goths feraient sortir d'Espagne les Suèves, les Vandales et les Alains qui avaient enlevé à l'empire la Galice, la Lusitanie et l'Andalousie. Walia les accomplit religieusement. Il fondit avec les siens sur les Alains, les battit en diverses rencontres, et les réduisit, en 419, à un tel point de détresse, qu'ils reçurent, pour gouverneurs, des hommes de la nation des Goths : les Vandales et les Suèves effrayés se soumirent aux Romains au nom desquels la guerre se poursuivait, quoique tout le danger, les frais et les fatigues fussent supportés par les Goths. Cette expédition terminée, Walia se retira en Aquitaine, province qu'Honorius lui avait cédée en récompense de ses exploits, et il mourut de maladie dans la même année 419, ou dans la suivante.

Après sa mort, les nations barbares, éparses en Espagne et surtout dans la Lusitanie et la Galice, commencèrent à se réunir, et formèrent le projet de dépouiller Honorius de la souveraineté de toute la péninsule. Les forces de Rome étaient trop débiles pour leur résister. Les Vandales, conduits par leur chef Gundéric, paralysèrent les Suèves, en les obligeant à se réfugier dans les cavités des monts *Ervases,* situés entre Léon et Oviédo, mirent en déroute les troupes romaines commandées par *Castinus*, passèrent dans les îles Baléares, et tous ceux qui essayèrent de défendre leur patrie périrent sous l'épée du vainqueur. Trois ans plus tard, c'est-à-dire en 425, Gundéric s'empara des villes de Carthagène et de Séville; mais sa mort inattendue arrêta les progrès de son ambition et de sa cruauté, et fit passer la couronne à son frère Genseric, en 426.

Celui-ci passa en Afrique pour secourir *Aetius* général romain; et les Suèves profitant de son absence se répandirent en Espagne avec une telle furie qu'ils obligèrent Genseric à revenir. Il les battit cependant complétement près de Mérida, les confina en Galice, et retourna en Afrique chargé de riches dépouilles. Toutefois les efforts des Suèves et des Alains contre Rome ne furent pas si malheureux. Ils rompirent la paix qu'ils avaient faite avec l'empire, mirent ses troupes en déroute près d'*Antequera*, se rendirent maîtres de Séville et des peuplades de la côte jusqu'à

Carthagène, et en 441 exterminèrent tous les barbares de ces provinces.

A cette époque Attila fondit avec une armée formidable sur les provinces romaines, pénétra dans les Gaules, incendia et saccagea Reims et parvint jusqu'aux confins d'Orléans. *Théodorède* roi des Goths (parent et successeur de Walia), qui ne possédait en Espagne que la Catalogne et avait la plus grande partie de ses domaines exposés à la fureur de ce féroce conquérant, chercha à se liguer avec les Romains pour faire face à l'ennemi commun. Les armées se joignirent dans les plaines de la Catalogne vers l'an 451, et par sa valeur Théodorède contribua puissamment à rabaisser l'orgueil d'Attila, en dirigeant la bataille en capitaine expérimenté et combattant comme un vaillant guerrier, jusqu'à ce que, tombé de cheval, il fut foulé aux pieds dans la mêlée.

Les soldats mirent à sa place *Turismond*, son fils aîné, qui remporta bientôt sur les *Huns* une nouvelle victoire complète, en sorte qu'Attila, honteux, poursuivi par la faim, par la peste et par des malheurs accumulés, dut se retirer avec un petit nombre des siens dans son pays, où il ne tarda pas à mourir. La vie de son vainqueur ne se prolongea pas beaucoup non plus. Ses frères, *Théodoric* et *Frigdarius*, las de souffrir son orgueil et son arrogance, armèrent le bras d'un domestique ; et celui-ci, profitant d'une maladie qui retenait son maître alité, l'assassina en 454, la seconde ou la troisième année de son règne ; quelques auteurs prétendent que ce fut en 452.

Théodoric, qui paraissait un prince fait pour régner, ternit l'honneur que lui avaient acquis ses bonnes qualités par le fratricide et par la faiblesse qu'il eut d'embrasser l'arianisme. Il battit complètement *Rechiarius*, roi des Suèves et de Galice, et son règne aurait vraisemblablement été heureux et long, s'il n'avait perdu la vie par les mains de son frère *Euric* en l'an 466 ou 467.

Le royaume des Goths resta sans contestation à Euric ; il en eut à peine pris la possession, qu'il conçut le vaste projet de dépouiller à la fois les Romains et les Suèves de ce qu'ils possédaient en Espagne et de fixer les limites de son empire à la Gaule narbonnaise. Il franchit, dans ce dessein, les Pyrénées en l'an 471 ; et, sans difficulté, l'Arragon, la Navarre et Valence tombèrent en son pouvoir, ainsi que tout le reste de l'Espagne, à l'exception de la Galice qui resta soumise à la domination des Suèves. Ensuite il porta ses armes dans les Gaules, étendit sa domination jusqu'à Marseille ; mais pendant que la renommée de ses exploits portait au loin la célébrité de son nom, la mort l'atteignit à Arles, vers l'an 483.

La cruauté avec laquelle il poursuivit les catholiques a rendu sa mémoire odieuse ; toutefois l'Espagne lui dut sa liberté après sept cents ans d'oppression sous le joug romain ; il fut aussi l'auteur de la compilation des lois des rois goths, ses ancêtres, qui, réunies aux siennes, forment le fameux Code connu sous le nom de *Fuero juzgo* (compilation des lois des Goths en vieux castillan.)

Par sa mort, la couronne passa à son fils Alaric, beaucoup plus belliqueux et arien bien plus déterminé que son père. Quelques écrivains disent qu'il donna de justes raisons à Clovis de lui déclarer la guerre ; mais la vérité est que le féroce roi des Francs ne pouvant voir sans crainte l'agrandissement des Goths ses voisins, entra avec une armée considérable sur les terres d'Alaric ; que les deux rivaux se rencontrèrent dans les plaines de *Vouglé*, non loin de Poitiers (*Campania Vocladensis*, Champagné-Saint-Hilaire-sur-le-Clain), et qu'ils en vinrent aux mains ; que les Goths furent mis en déroute, et Alaric tué par Clovis lui-même en 506 (507 selon la chronologie française.)

Le résultat de cette grande bataille fut que les principales villes du royaume des Goths, dans cette partie de la Gaule, tombèrent au pouvoir du vainqueur, et le petit nombre de Goths qui parvinrent à s'échapper de la mêlée se réfugièrent à Toulouse, où, profitant de la jeunesse d'Amalaric, légitime successeur d'Alaric, ils élurent pour roi *Gensaleic*, son fils naturel. L'Ostrogoth Théodoric, roi d'Italie, s'irrita gravement d'un choix qui lésait les droits de son petit-fils en plaçant un usurpateur sur le trône, et envoya contre *Gensaleic* une armée formidable sous les ordres du général Hibas. Le Goth se trouvait sans forces suffisantes pour lui résister, et se retira honteusement en Afrique pour demander du secours à Trasimond, roi des Vandales ; en sorte que Hibas parvint sans difficulté à réduire le royaume des Goths sous l'obéissance de Théodoric, et à y placer pour gouverneur, au nom d'Amalaric, l'Ostrogoth Theudis. *Gensaleic* étant revenu d'Afrique, put, avec les richesses que lui donna le Vandale, former une bonne armée pour l'opposer à son compétiteur; mais le sort lui fut contraire, et après plusieurs échecs, il dut fuir et se retirer en France. Selon les uns il mourut des mains de ceux qui le suivaient ; selon les autres, ce fut à Tarragone en 511.

Au sortir de sa minorité, Amalaric prit les rênes du gouvernement, et pour mieux cimenter son pouvoir, épousa la princesse Clotilde, fille de Clovis et sœur des rois francs ; mais une perfidie, née de l'esprit d'intolérance, le priva de la couronne et de la vie. Cette vertueuse princesse était catholique, et n'avait consenti à donner sa main à Amalaric que sous l'expresse condition qu'il ne l'inquiéterait aucunement pour cause de religion. Cependant le Goth, entraîné par un zèle inconsidéré pour sa secte, fit bientôt des efforts pour lui faire embrasser l'arianisme : persuasions, menaces, dédains, mauvais traitements, tout fut mis en œuvre pour la séduire ; mais la princesse, ferme dans les principes de piété qu'elle avait reçus par son éducation, supporta tout avec patience. Le sort de cette princesse étant enfin devenu insupportable, et voyant que le peuple même outrageait son caractère et sa dignité, elle en prévint ses frères. Aussitôt Childebert, roi de France, se rendit en Espagne avec une armée nombreuse, atteignit Amalaric près de Barcelone et le battit ; le Goth, errant et vaincu, voulant se réfugier dans un temple catholique, tomba frappé d'un coup de lance en 531.

Il ne laissa point de fils, et les grands du royaume élurent Theudis, homme avantageusement connu en Espagne, et généralement aimé pour la sagesse et la prudence avec lesquelles il dirigea la jeunesse d'Amalaric. De son temps les Francs firent une irruption du côté de la Navarre, prirent Pampelune et Calahorra, et allèrent faire le siége de Saragosse. On ne sait pas positivement le motif de cette expédition ; mais il est certain que, soit par crainte, soit par prudence, ils en levèrent le siége, et qu'au moment de retourner en France, Theudisèle, capitaine de Theudis, les surprit dans les gorges des Pyrénées et les défit complètement. Le bon ordre avec lequel ce prince gouvernait ses sujets, et l'attachement dont ceux-ci payaient ses soins, semblaient lui promettre la mort des hommes de bien ; mais un malheureux, feignant d'être en démence, parvint à s'introduire dans son appartement, et le poignarda en l'an 548.

Theudisèle lui succéda ; ses habitudes étaient différentes de celles de son prédécesseur. L'avarice, la cruauté et la luxure étaient ses passions favorites. Le lit conjugal n'était point à l'abri des insultes de son pouvoir ; la vie d'un mari honnête n'était jamais assurée quand il avait le malheur de posséder une épouse chaste, mais belle. Un monstre aussi abominable ne devait pas exister long-temps : quelques nobles insultés l'invitèrent à un festin comme il se trouvait à Séville, et au milieu du repas, ils éteignirent les lumières, et l'assassinèrent après dix-huit mois de règne.

Beaucoup d'hommes sont malheureux dans les charges publiques, qui auraient pu trouver le bonheur en vivant comme particuliers. C'est exactement ce qui arriva à *Agila*, dont l'incapacité pour gouverner fut cause qu'il paya la couronne de sa vie. Il prétendit assujettir, par la force, à son obéissance la ville de Cordoue, qui s'était soulevée. Il en fit le siége; mais dans une sortie des assiégés, ils tuèrent l'un de ses fils et s'emparèrent de ses richesses. Athanagilde profita du discrédit que donna parmi les Goths, à Agila, une entreprise si malheureuse; il se révolta contre lui, et pour mieux s'affermir sur le trône, offrit une partie de l'Espagne à l'empereur Justinien, s'il l'aidait contre son rival. L'empereur accepta la proposition, et lui envoya des troupes qui se réunirent aux siennes près de Séville; on livra bataille, et Agila vaincu fut tué bientôt après par ses propres soldats à Mérida, en l'an 554.

Athanagilde ne tarda pas à connaître le danger auquel l'exposait son engagement. Les mêmes armes qui lui avaient assuré la couronne pouvaient facilement l'en dépouiller. Le pouvoir de Rome avait acquis une nouvelle force par ses victoires sur les Goths, les Francs et les Allemands en Italie; et de plus, l'empire n'avait pas encore oublié que l'Espagne avait été sujette à sa domination. Athanagilde craignit donc que les Romains, qu'il avait appelés à son secours, ne voulussent profiter des circonstances ; il chercha les moyens de temporiser avec eux jusqu'à ce qu'enfin, voyant qu'ils visaient à s'agrandir peu à peu, il prit le parti de les chasser d'Espagne, et agit dans ce but, ayant dans diverses rencontres tantôt des succès et tantôt des revers. Sous son règne, la religion catholique se rétablit en Galice, ayant été embrassée par son roi Théodomire, qui engagea les évêques à se réunir en divers conciles pour régler les objets de discipline. Enfin Athanagilde mourut de maladie à Tolède, en l'année 567, la treizième de son règne, professant, à ce que l'on dit, le catholicisme, quoique secrètement, par la crainte d'irriter ses sujets.

Les Goths se divisèrent en factions pour l'élection d'un successeur, et ce ne fut qu'après cinq mois d'interrègne qu'ils purent réunir leur choix sur *Luiva*, vice-roi d'Athanagilde à Narbonne. Son histoire n'offre rien de mémorable, que le parti qu'il prit, dans la seconde année de son règne, d'associer à la couronne son frère *Léovigilde*, lui donnant le commandement des provinces sujettes aux Goths en Espagne. Lui-même se retira dans la Gaule gothique, afin de la mettre à couvert des invasions des rois francs, et il mourut en l'an 570, au moment où Léovigilde avait pris aux Romains tout ce qu'ils possédaient en Andalousie, et subjugué la Cantabrie qui s'était mise en révolte.

CHAPITRE XIV.

Le trône des Goths resta donc à Léovigilde, qui, désirant l'assurer à sa famille, employa le même stratagème par lequel les empereurs romains frustraient le peuple du droit d'élection. Il associa à la couronne ses deux fils Erménegilde et Récarède; mais le premier était très zélé catholique, et son père professait obstinément l'arianisme; la diversité de religion occasiona encore entre eux une guerre civile dont les conséquences furent des plus funestes pour Erménegilde. Battu en diverses rencontres, abandonné des siens, et vivement poursuivi, il tomba entre les mains de son père irrité, qui fut assez féroce pour le faire assassiner, après lui avoir fait souffrir les plus grandes ignominies. Semblables troubles, quoique pour des motifs bien différents, mettaient alors en combustion le royaume des Suèves. Un homme puissant, appelé *Andeca*, s'empara du trône; et le jeune *Eboric*, privé de moyens pour résister à la violence, se vit contraint de s'enfermer dans un monastère, en cédant à l'usurpateur la couronne de son père. Léovigilde profita de ces circonstances, et sous le prétexte de défendre les droits du malheureux opprimé, mit la Galice à feu et à sang, vainquit le tyran, le fit prisonnier, et, par là, mit fin à l'empire des Suèves en Espagne, en le réunissant à sa couronne. Il mourut en 587, ayant réformé le code d'Euric, et agrandi le trône qu'il laissait à son fils Récarède.

Celui-ci se déclara pour la religion catholique, en quoi il fut imité par la plus grande partie de ses sujets; mais aussitôt il se vit obligé de réprimer une quantité de conspirations qu'il eut le bonheur de découvrir à temps et de dissiper comme la fumée, en châtiant avec sévérité les conspirateurs. Le changement de religion servait de prétexte aux esprits ambitieux, pour essayer de le dépouiller de la couronne. Récarède le reconnut, et, pour calmer ces inquiétudes, convoqua le troisième concile de Tolède, célèbre dans tous les temps par l'importance de quelques uns de ses canons. La paix intérieure fut rétablie par ce moyen, et lorsque tout semblait lui promettre un règne tranquille, il se vit attaqué par les Francs, jaloux de laver l'affront qu'ils avaient reçu dans une invasion précédente. Il les défit néanmoins en diverses rencontres; la victoire qu'il remporta dans les champs de Carcassonne avec seulement trois cents hommes d'élite sous les ordres du duc Claude, sur plus de soixante mille combattants, étant l'une des plus signalées. Il mourut à Tolède en 601, la quatorzième année de son règne.

On aurait dit que la couronne des Goths était suspendue à un fil, puisqu'elle passait si rapidement de mains en mains, sans une longue jouissance. A Récarède succéda *Liuva II*, jeune prince de grande espérance et de qualités si recommandables, que depuis long-temps les Goths l'avaient choisi. Mais à peine fut-il monté sur le trône, que *Vitteric*, général de ses armées, conspira contre lui; et quoiqu'il n'eût pas réussi précédemment à faire perdre à Récarède le trône et la vie, comme il en avait fait plusieurs fois la tentative, il teignit enfin ses mains du sang de son fils et lui arracha le sceptre, en l'an 603.

Cependant il jouit peu du fruit de son crime; ses vices, sa tyrannie, son impiété, et peut-être plus que tout cela, le malheur qui accompagnait toujours ses entreprises militaires, excitèrent bientôt l'indignation et le mépris des Goths; quelques ambitieux mécontents conjurèrent, le poignardèrent dans un festin, et traînèrent ensuite ignominieusement son cadavre dans les rues de Tolède.

Ils mirent à sa place *Gundemare*; mais sa mort, assez prompte, détruisit les espérances qu'il donnait ; il eut à peine le temps d'apaiser les troubles de la Navarre.

L'élection de *Sisebute* apporta quelques consolations aux peuples affligés de cette perte ; car il était humain, généreux, protecteur des sciences, aimant la paix et tout à la fois un vaillant guerrier. Il battit les Romains en plusieurs occasions, et leur enleva les villes qu'ils possédaient en Andalousie ; mais il sut user de la victoire avec la magnanimité d'un héros. Il fonda, dit-on, la ville d'Ebora, et l'entoura d'excellentes fortifications ; il paraît aussi qu'il fit construire une flotte pour exercer ses soldats à la navigation, et pour leur faire acquérir sur mer la même supériorité que celle qui les rendait redoutables sur terre.

Toutefois, de si recommandables qualités furent obscurcies par une imprudence à laquelle il fut conduit par son zèle pour la religion catholique, ou plutôt par les insinuations de quelques courtisans fanatiques. Il ordonna, sous peine de mort, que les innombrables Juifs qui peuplaient ses domaines se fissent baptiser. Il ne pouvait résulter de cet ordre, comme il n'en résulta effectivement, que des conversions apparentes et des émigrations réelles. Il mourut en 621.

A peine doit-on compter entre les rois goths

son fils Récarède II, très jeune encore, et qui ne régna que trois mois.

La réputation de capacité et de valeur qui avait distingué *Suintila* pendant le règne de *Sisebute* détermina les grands à l'appeler au trône; et en effet dans les premières années il ne démentit point les espérances qu'avaient fait concevoir ses bonnes qualités. Il réforma les abus qui s'étaient introduits dans les lois et les coutumes; il acheva de repousser les Romains de l'Espagne, et il assujettit les Vascons. Cependant les Goths trouvèrent très mauvais qu'il nommât pour le seconder et lui succéder son fils *Réchimir*, ce qui les privait du droit d'élection; dès cet instant se changea en haine tout l'amour avec lequel jusque-là ils avaient payé ses vertus. D'un autre côté, l'absence d'ennemis pour occuper son esprit belliqueux le plongea dans une telle inertie, que sa valeur et son courage en furent énervés. Les peuples, abandonnés à l'insatiable avarice de sa femme *Théodora* et de son frère *Geila* ou *Agilan*, gémissaient sous le joug de la plus grande oppression. Le mécontentement devint général, et *Sisenand*, homme vaillant et riche, profitant des circonstances, et forcé par Dagobert roi de France, mit *Suintila* dans la dure nécessité de lui céder une couronne qu'il ne pouvait pas défendre.

Cependant l'usurpateur ne se crut pas assez en sûreté; et désirant se mettre à l'abri de tout événement par une autorité respectable, il tint le sixième concile de Tolède, dans lequel d'un commun accord entre les deux pouvoirs ecclésiastique et séculier, *Suintila* fut déclaré indigne de la couronne; on décréta que personne ne serait admis au trône sans être reconnu par les grands du royaume, et que nul ne devait aspirer à la couronne, exciter des séditions, ni attenter à la vie des rois.

Il était très naturel qu'on établît et confirmât ces canons pour un roi qui, venant d'en détrôner un autre, devait craindre le même sort. Il paraît que dans ce concile on régla le missel et le bréviaire muzarabe, dont se servaient les catholiques espagnols lorsque, l'Espagne étant perdue, ils vivaient parmi les Arabes; et que l'on compila derechef les lois de *Sisenand* et ses prédécesseurs, en les incorporant dans le *Fuero juzgo*.

Après la mort de *Sisenand*, en 636, les Goths élurent *Chintila*, qui, comme son prédécesseur, crut nécessaire d'avoir la confirmation des Cortès du royaume. C'étaient alors les conciles nationaux; celui-ci, qui fut le cinquième ou le sixième de Tolède, reconnut le nouveau roi, et l'on promulgua les lois qui devaient être observées à l'avenir pour l'élection des souverains. Il mourut à Tolède vers l'an 640, après avoir expulsé les juifs de ses états, au moins ceux qui refusèrent d'embrasser la religion catholique, et laissant la couronne à son fils *Tulga*. Le zèle pour la religion, la prudence et d'autres vertus propres à un souverain, distinguèrent ce jeune prince, mais ne purent le délivrer de l'envie; car on prétend qu'il fut contraint d'abdiquer avant la fin de la seconde année d'un règne assez heureux.

En supposant la vérité de cette abdication, il est à présumer que *Chindasvinte*, homme intrigant et astucieux, qui déguisait son ambition sous le voile du bien public, y eut une grande part. Les lois fondamentales du royaume défendaient que nul ne pût ceindre le diadème sans le consentement de toute la noblesse; mais comment les grands pouvaient-ils s'opposer à l'usurpation d'un homme puissant, prêt à soutenir ses prétentions avec toutes les forces militaires et aguerries qu'il tenait sous ses ordres? La couronne resta donc à *Chindasvinte*, qui fit tonsurer Tulga, le rendant, par ce moyen, inhabile à faire valoir ses droits par la suite; et quoique de pareils actes n'annonçassent rien de bon pour l'avenir, la politique de *Chindasvinte* sut se gagner tous les esprits par sa prudence, sa modération, sa piété et son amour pour les lettres et pour la paix. Cependant il était à craindre que l'homme qui avait une fois sapé les lois fondamentales de la nation ne se maintînt pas dans les justes bornes de son autorité. Il associa donc à la couronne son fils *Récesvinte*; et les grands, privés des forces nécessaires pour réclamer contre cette nouvelle violation de leurs droits, ou craignant une guerre civile, consentirent à cette élection; en sorte que lors de la mort de *Chindasvinte*, en 649, son fils resta le maître de toute la monarchie des Goths.

L'histoire du règne de *Récesvinte* n'offre rien de particulier. L'Espagne jouissait des douceurs de la paix et réglait tranquillement dans les conciles la discipline et les usages, lorsque *Récesvinte* mourut, en 672, après avoir fait le bonheur de ses sujets pendant l'espace de vingt-trois ans et demi.

Les grands se réunirent pour choisir un nouveau roi ; tous jetèrent les yeux sur *Wamba*, homme distingué, brave et prudent, mais dont la modestie ne lui permettait pas d'accepter une charge qu'il regardait comme au-dessus de ses forces. Il résista de tout son pouvoir aux sollicitations répétées et aux larmes, tant des électeurs que du peuple : mais un hardi capitaine ayant tiré l'épée, lui dit : Le désir du bien public a été de te choisir; seras-tu par hasard assez osé, sous l'air de la modestie, pour préférer ton repos particulier et les douceurs d'une vie indépendante au bonheur de la patrie? Donne donc de suite ton consentement, ou, dans le cas contraire, tu passeras au fil de cette épée, puisque quiconque refuse de contribuer au bien de l'état est son véritable ennemi. *Wamba* se rendit et réalisa les espérances qu'on avait conçues de lui. Les Vascons se soulevèrent, et tandis qu'à la tête de son armée il partait pour les réduire à leur devoir, il apprit que *Hildéric*, comte de Nîmes, s'était emparé de la partie des Gaules qui appartenait à l'Espagne. La situation était critique : *Wamba* néanmoins, sans perdre la tête, envoya contre le rébelle, *Flavius Paul*, capitaine aguerri qui, par sa grande politesse, avait su gagner ses bonnes grâces. Mais ce perfide, qui ne cherchait qu'une occasion favorable pour découvrir l'ambition qu'il nourrissait dans son sein, eut à peine mis le pied dans les Gaules, que, trahissant la confiance dont le prince l'avait honoré, il chercha à discréditer son gouvernement, et, se joignant à *Hildéric*, se fit proclamer roi. Le bonheur avec lequel dans le court espace de sept jours *Wamba* parvint à assujétir les Vascons, lui permit de s'opposer aux progrès de cette révolte. Il marcha contre Paul, le pressa de toutes parts, et ce traître tomba dans ses mains après une résistance obstinée; mais *Wamba*, supérieur à son ressentiment, et suivant les impulsions de son cœur magnanime, se contenta de lui faire couper les cheveux et la barbe, et, lui reprochant publiquement sa perfidie, lui accorda la vie, toutefois en le condamnant, avec les autres coupables, à une prison perpétuelle : châtiment trop doux qui peut-être donna lieu à l'infâme attentat qui, par la suite, le priva de la couronne.

De son temps les Sarrasins firent une invasion en Espagne. Maîtres d'une grande partie de l'Afrique, depuis le Nil jusqu'à l'Océan Atlantique, et incapables par leur nombre et leur puissance de se borner à aucune limite, ils passèrent le détroit avec une flotte considérable et commencèrent à infester les côtes. *Wamba* s'opposant au torrent avec une armée navale non moins forte, détruisit la leur; et les Goths montrèrent dans cette occasion que ce n'était pas seulement sur terre que les triomphes leur étaient familiers. Des victoires aussi signalées, l'ordre avec lequel ce prince sage faisait fleurir ses états, sa modération et sa clémence, ne pouvaient que lui concilier l'amour de ses sujets; mais il ne manque jamais de gens inquiets et ambitieux : du sein de la paix et de la prospérité, on vit éclater la plus infâme conspiration, tant par son but que par ses moyens. Ervige, parent de Chindasvinte, ébloui par l'éclat d'une couronne dont le poids avait effrayé Wamba, se proposa de l'obtenir à tout prix, et fit donner au roi une boisson empoisonnée, qui, si elle ne lui ôta pas la vie, troubla du moins ses facultés intellectuelles. Chacun croyant sa mort prochaine, les confidents d'Ervige se hâtèrent de lui raser les cheveux et la barbe, en le revêtant d'un habit monacal, soit parce que cela se pratiquait ainsi avec les mourans, ou, ce qui est plus probable, parce que de cette manière il restait inhabile à continuer de gouverner, dans le cas où il ne mourrait pas; ils finirent par faire approuver l'élection d'Ervige. Lorsque Wamba reprit ses esprits le jour suivant, la grandeur de son âme ne lui permit pas de réclamer la nullité d'un acte si violent; profitant au contraire de l'occasion pour se décharger d'un poids qu'il avait toujours porté avec répugnance, il abdiqua en 680, céda la couronne à son ambitieux compétiteur, et se retira au monastère de *Pampliega*, où il finit ses jours après sept ans et trois mois de vie religieuse.

CHAPITRE XV.

Les rumeurs et le mécontentement dont le peuple accompagna l'élévation d'*Ervige* lui firent craindre les conséquences d'une commotion générale; et, pour légitimer en quelque sorte son attentat, il convoqua le douzième concile de Tolède dans lequel on approuva la cession de Wamba. Il s'efforça de faire oublier la tache de son infidélité, en gouvernant avec sagesse; il modéra les impôts, adoucit la sévérité des lois de son prédécesseur, fit remise à divers particuliers des contributions qu'ils redevaient, et établit tout ce qui lui parut favorable à l'ordre public. Peut-être ces dispositions bienveillantes provenaient-elles de son appréhension et du désir de gagner l'attachement de ceux qui paraissaient mécontents; quoi qu'il en soit, ses effets tournaient à l'avantage du peuple. Enfin, après avoir convoqué pendant son règne trois conciles nationaux pour régler le dogme et la discipline, il mourut à Tolède en 687, dans la septième année de son règne; nommant pour son successeur Egica, cousin ou neveu de Wamba, auquel il paraît avoir voulu donner par ce moyen quelque satisfaction.

A son avénement, Egica promit de protéger la reine veuve d'Ervige et ses enfants contre quiconque les poursuivrait dans leurs biens ou leurs personnes ; mais comme il avait aussi fait serment de défendre ses sujets de toute oppression injuste, et que plusieurs d'entre eux se plaignaient de la violence avec laquelle les fils d'Ervige usurpaient leurs propriétés, il remît à la décision d'un concile, qui fut le quinzième de Tolède, l'examen de la force de ses serments, et des moyens de les concilier entre eux. Les pères décidèrent que *la religion du serment ne devait pas protéger l'injustice;* en effet, il n'y avait aucune difficulté à protéger les enfants d'Ervige, sans permettre l'oppression de ses sujets ni tolérer les excès de ces premiers.

On convoqua encore de son temps les seizième et dix-septième conciles de Tolède. Dans le premier, fut destitué l'archevêque Sisbert, homme altier et remuant, complice d'une conjuration contre le roi; et on le remplaça par Félix, métropolitain de Séville, en excommuniant quiconque, manquant au serment de fidélité au roi, à la patrie et à l'état, conspirerait contre la personne du monarque. Dans le dix-septième, on représenta que les juifs du royaume s'entendaient avec ceux d'Afrique pour livrer l'Espagne aux Sarrasins : les complices furent condamnés à servir comme esclaves et à vivre répartis en diverses provinces, en remettant la garde et l'éducation de leurs enfants à des personnes catholiques. Enfin Egica mourut vers l'an 701, ayant déjà associé à la couronne son fils Vitiza, et lui ayant remis le gouvernement de la Galice.

Vitiza fut aussitôt reconnu par la noblesse, et ses débuts furent d'un très bon augure pour le royaume. Il modéra les tributs, fit cesser l'exil de ceux qui y étaient condamnés par l'ordre de son père, et leur rendit leurs honneurs, leurs biens et leurs titres. Il fit brûler les procédures, afin qu'il ne restât pas même de souvenir des délits dont on les avait accusés et distribua de tous côtés des récompenses et des bénifices : en un mot, on ne pouvait pas désirer un gouvernement plus doux. Cependant, si nous devons ajouter foi à l'opinion générale des historiens, il s'écarta bientôt de la bonne voie et prit le chemin du précipice. La lubricité, la tyrannie, le désordre, la corruption des mœurs, remplacèrent les vertus dont auparavant il avait ébloui la multitude. Craignant que ses vices ne produisissent quelque conspiration, il se déclara l'ennemi implacable de tous ceux qui paraissaient suspects à son autorité. Il assassina, à ce que l'on dit, Favila, duc de Cantabrie; ordonna que l'on crevât les yeux à Téodofrède, frère de Récesvinte ; et ni Pélage ni Rodrigue, les fils de celui-ci, ne se seraient soustraits à sa fureur sanguinaire, s'ils n'avaient trouvé un asile dans les Asturies et la Cantabrie. Ses sujets ne pouvaient voir avec indifférence tant de cruautés et de turpitudes ; mais Vitiza ne se lassa point de les contenir par la terreur, et en leur ôtant les moyens de se soulever et de se renforcer. Il fit convertir en instruments aratoires toutes les armes de fer et d'acier, démolir les murailles et fortifications de toutes les villes de son royaume; celles de Tolède, Léon, Astorga, et quelques autres restèrent seules, par hasard, intactes. Cependant l'Andalousie se déclara en état de révolte, et élut pour son roi, Rodrigue, qui, à l'aide des Romains, battit Vitiza, le fit prisonnier, lui fit arracher les yeux, et l'envoya à Cordoüe, où il mourut de maladie en 709 ou 711, car l'on varie sur ce point.

La conduite du nouveau roi Rodrigue ne fut pas meilleure. Abandonné à la crapule, à la licence et à tous les genres de vices, il paraissait insensible aux dangers qui le menaçaient de toutes parts. Le volcan fit enfin une telle explosion, qu'il ensevelit sous ses cendres toute la puissance et la gloire que les Goths avaient acquises pendant l'espace de trois cents ans. Les fils de Vitiza, conservant du ressentiment de se voir privés d'un trône auquel ils croyaient avoir quelques droits, exaspérés par l'exil auquel Rodrigue les avait condamnés, et ne trouvant pas d'appui dans la noblesse gothe, toujours opposée à la monarchie héréditaire, appelèrent secrètement les Sarrasins d'Afrique; qui n'attendaient qu'une occasion favorable pour subjuguer une péninsule sur laquelle ils avaient depuis long-temps fixé leur attention. *Muza* gouvernait alors au nom de Valid, calife de Damas. Les Mahométans passèrent le détroit sous les ordres de Tarik et d'Abouzara, généraux renommés pour leur valeur ; ils saccagèrent la *Bétique* et la *Lusitanie*, s'emparèrent de toutes leurs places, qui, démantelées et sans garnison, pouvaient à peine leur opposer une faible résistance, et taillèrent en pièces les troupes inexpérimentées qui prétendaient leur faire face. L'imminence du péril fit sortir Rodrigue de sa léthargie; en l'an 711, il réunit à la hâte une nouvelle armée très considérable, mais composée de gens mous et efféminés par les vices et l'oisiveté; il rencontra l'ennemi dans les champs de *Xerez de la Frontière*; lui présenta la bataille, et après huit jours de combats obstinés, dans lesquels on fit des deux côtés des prodiges de valeur, une trahison décida du sort des armes. Rodrigue avait commis l'imprudence de donner le commandement des ailes de son armée aux fils de Vitiza, qui devaient toujours lui être suspects, et dont il avait en vain cherché à apaiser le courroux. Mais pouvait-on s'imaginer que ces misérables, préférant leur ressentiment particulier aux intérêts de leur patrie, l'abandonneraient au moment du plus pressant danger? Ils passèrent à l'ennemi avec tous ceux qui étaient sous leurs ordres. L'armée des Goths, affaiblie, ne trouva plus d'autre ressource que la fuite; et après un horrible carnage, la victoire resta aux Sarrasins. On ne sait rien de positif sur le sort de Rodrigue. Les uns disent qu'il mourut en traversant le *Guadalète*; d'autres, qu'il se tua et se jeta à la rivière pour ne pas tomber dans les mains de l'ennemi; d'autres enfin, que, déguisé en ermite, il fut cacher sa douleur et sa honte sur les frontières de Portugal.

L'épouvante qui s'empara de toute l'Espagne fut telle, que personne ne résistait plus aux armes victorieuses des Sarrasins. D'un autre côté, l'Afrique vomissait des essaims de gens attirés par l'espérance du butin; en sorte que l'armée du vainqueur se trouvant prodigieusement grossie, il fut d'autant plus difficile de le repousser. Muza vint en personne; et, profitant de la terreur et du découragement des Goths, s'occupa de réaliser ses projets de conquête. A cet effet, il divisa ses forces en trois parties. La première, sous les ordres de son fils *Abdalasis*, se dirigea vers les côtes de la Méditerranée; la seconde, vers celles de l'Océan; il se réserva la troisième pour subjuguer, avec le concours de Tarik, l'intérieur du royaume. La victoire volait au-devant de ses drapeaux; les places se rendaient spontanément ou par la force, et bien heureuses furent celles qui, comme Tolède, obtinrent un traitement supportable. Les habitants consternés abandonnaient leurs foyers; et le petit nombre de ceux qui parvinrent à se soustraire à l'esclavage ou à l'épée meurtrière du vainqueur, ne se croyaient pas encore en sûreté dans les montagnes les plus inaccessibles. Enfin, après cinq ans de dévastations et de triomphes, toute l'Espagne resta aux Arabes, à l'exception de quelques lieux incultes et stériles des Asturies, de la Cantabrie et de la Biscaye, que, par l'âpreté de leur sol, on ne voulut ou l'on ne put pas soumettre.

La conquête étant achevée, Muza s'occupa de son retour à Damas avec tous ses généraux, et laissa pour gouverner l'Espagne son fils *Abdalasis*, prince aimable, qui, au milieu de ses victoires, s'était distingué par son humanité. Il s'occupa immédiatement d'établir l'ordre dans le pays conquis; fit le recensement des provinces pour la juste distribution des impôts; répara les murs et les fortifications détruites par Vitiza, ou qui avaient souffert pendant la dernière guerre; laissa de nombreuses garnisons dans toutes les places; promulgua diverses lois de police et de bonne administration, et établit sa cour à Séville. Mais l'attachement qu'il témoignait aux habitants, ou plutôt son excessive déférence à la volonté de la belle *Egilone*, veuve de Rodrigue, qui était parvenue à allumer dans son cœur la plus violente passion, et avec laquelle il s'était uni en mariage, le rendirent suspect aux siens. Ils crurent qu'avec l'aide des Espagnols, il prétendait à la domination de l'Espagne; et tandis qu'il priait dans la mosquée, il fut tué à coups de poignard, par ordre du féroce Ayoub, son cousin. Celui-ci, qui fut son successeur, voulut donner des preuves de son génie destructeur et sanguinaire. Il porta ses armes contre la Gaule gothique, s'en empara facilement, et toute l'ancienne monarchie des souverains visigoths, qui renfermait de si délicieuses contrées, se trouva réduite à quelques contrées âpres et montueuses.

Les Espagnols, réfugiés dans les profondes cavernes des monts des Asturies, et résolus non seulement à se défendre, mais ayant pris le héroïque engagement de reconquérir leur patrie, choisirent pour leur roi, en 718, suivant l'opinion la plus générale, *Pélage,* du sang de leurs princes, et qui réunissait la prudence à la valeur [1]. Il commença la guerre avec une poignée de soldats déterminés et vaillants; mais toujours vainqueur et jamais enorgueilli de la gloire de ses triomphes, il ne précipita rien imprudemment; et à mesure qu'il éloignait les Maures de son voisinage, il fortifiait les places conquises en les mettant à l'abri de quelque nouvelle invasion. De cette manière se formèrent les petits royaumes d'Oviédo et de Léon. Les mahométans s'efforcèrent de mettre des limites à cet agrandissement; les tentatives respectives des Espagnols pour avancer, et des Sarrasins pour les contenir, se prolongèrent en lutte continuelle

---

[1] Ceci est, comme chacun sait, l'opinion la plus générale, mais elle n'est pas tellement sûre qu'elle n'admette quelques doutes. Le critique *Masdeu* pense que le premier roi ou chef qu'élurent les fugitifs espagnols fut *Theudimère,* qui se trouvait gouverneur en Andalousie au temps de l'irruption; que le second fut *Athanaïlde,* et le troisième *Pélage,* qu'il ne fait commencer à régner qu'en 755. Les raisons qu'il en donne sont assez plausibles; mais ne voulant pas hasarder de décider cette question, il nous a paru prudent de ne pas nous éloigner de la façon la plus commune de penser parmi nos historiens sur ce point.

pendant plus de sept cents ans, et durant ce long espace de temps, l'Espagne se vit couverte de royaumes catholiques et musulmans. L'histoire de ces temps-là, surtout des plus anciens, se réduit en grande partie à des expéditions militaires et à des intrigues. Plusieurs des événements qui ont eu lieu jusqu'à nous sont semblables à beaucoup d'égards. Il suffira donc de faire mention des plus signalés ; et comme le voyageur qui, s'enfonçant dans les déserts, place des jalons afin de reconnaître son chemin, ainsi nous indiquerons quelques époques principales et suffisantes pour épargner toute confusion à nos lecteurs.

CHAPITRE XVI.

Pélage mourut en 737, laissant sur un trône raffermi Favila son fils ; mais celui-ci se trouvant à la chasse à la poursuite d'un ours, et s'étant éloigné des siens, fut mis en pièces par cette bête féroce en 739, sans que personne pût le secourir. Après sa mort, les grands élurent son beau-frère Alphonse I*er*, surnommé *le Catholique*, qui s'était montré digne de ce choix en contribuant aux victoires de Pélage. Il est fâcheux qu'il ne nous ait laissé aucune relation circonstanciée de ses exploits militaires et de ses grandes victoires sur les mahométans. Il est vraisemblable que, sans des actions de la plus haute valeur, il ne serait jamais parvenu à porter si loin les limites de ses états. Depuis l'Océan occidental jusqu'aux Pyrénées d'Aragon, et depuis la mer cantabrienne jusqu'à l'endroit appelé *Tierra de Campos,* dans la Castille-Vieille, on vit divers peuples se soumettre à ses armes triomphantes; c'est avec un zèle inexprimable qu'il s'occupa du bonheur de ses nouvelles provinces: il rétablit les pays ruinés, remit en état les villes et les forteresses, et répara les temples que n'avait pas même épargnés la fureur des conquérants.

Son fils *Fruela,* qui, après sa mort, lui succéda, en 757, obligea, à ce que l'on dit communément, les ecclésiastiques à quitter leurs femmes; abus introduit du temps de Vitiza, et qui, malgré les canons, continuait avec le plus grand scandale. Il battit en plusieurs occasions les Sarrasins, et surtout ceux qui, commandés par *Haumar,* mirent toute la Galice à feu et à sang; il laissa morts sur le champ de bataille cinquante-quatre mille hommes. Il apaisa les dissesnions qui, nées dans la Cantabrie, allaient croissant dans le pays des Vascons et en Galice, et auraient pu ruiner les espérances de tant d'années de victoires, de travaux et de fatigues; mais il ternit de si nobles actions par l'âpreté de son caractère et par l'assassinat de son frère *Vimaranus*, dont la douceur et l'amabilité de caractère lui avaient concilié l'affection du peuple. Un attentat si détestable ne resta pas long-temps sans vengeance. Son cousin *Aurèle*, en 768, conspira contre lui, le poignarda, et s'empara du sceptre.

Celui-ci régna pendant l'espace de six ans et demi; il vécut en paix avec les Mahométans, et mourut en 774, sans avoir rien fait de mémorable, si ce n'est d'avoir comprimé la révolte des esclaves et des affranchis, lesquels, profitant des révolutions de ces temps-là, avaient pris les armes contre leurs maîtres.

Comme il ne laissa point de fils, il eut pour successeur au trône son parent *Silo;* mais son grand âge et l'inaptitude qu'il se reconnaissait pour manier avec prudence les rênes du gouvernement, tourmenté par tant d'ennemis si fertiles en conspirations et en séditions, le décidèrent à s'associer Alonse, fils du roi Fruela, et après avoir réprimé une révolte des Galiciens, qu'il défit en bataille rangée, près du mont *Cebrero*, il mourut à Pravie en 783, après un règne de plus de neuf années.

Ainsi la couronne resta sur la tête de Alonse II, à la grande satisfaction de la noblesse, qui, sans se souvenir de la cruauté de son père Fruela, devait au moins avoir de l'admiration et de l'estime pour les vertus du fils. Mais son oncle *Maurégat*, qui prétendait qu'on lui avait fait tort par cette élection, se mit à la tête de quelques séditieux, implora avec bassesse l'appui des Sarrasins, et chassa du trône le jeune prince, obligé de se réfugier dans la Cantabrie. On a cru pendant long-temps que pour obtenir ce secours *Maurégat* s'obligea envers Abderramen, roi de Cordoue, à lui payer annuellement l'infâme tribut de cent filles chrétiennes; mais après avoir réfléchi sur l'inutilité d'un pareil tribut pour le Maure, on a regardé ce fait comme fabuleux, et seulement propre à servir d'argument aux crédules romanciers. Ce qui n'est pas douteux, c'est qu'il vécut en paix avec les Maures; qu'il fut intime ami du roi de Cordoue, et, quoique cette alliance le rendît odieux, il n'en occupa pas moins avec tranquillité, pendant six ans, un trône dont il s'était emparé par violence.

A sa mort, arrivée en 789, les électeurs auraient bien voulu réélire Alonse, légitime propriétaire de la couronne, mais, soit par la crainte du ressentiment, soit par quelque autre motif, ils lui firent une nouvelle injustice, en donnant la couronne à son oncle *Bermude*, appelé *le Diacre*, pour avoir reçu cet ordre dans sa jeunesse. Il paraît qu'il n'accepta le sceptre que pour donner à son neveu le temps de détruire par sa conduite les appréhensions que l'on avait conçues ; et lorsqu'il les vit dissipées, il lui céda volontairement le pouvoir, n'ayant pas de fils. Il paraît d'après cela que chez les Goths il était permis aux diacres de se marier, lorsqu'ils ne desservaient pas l'autel, ou au moins que Bermude avait obtenu des dispenses pour le mariage.

L'histoire donne à Alonse II le surnom de *Chaste* auquel on pourrait aussi ajouter celui de *Victorieux*. Il enrichit à Oviédo son palais, de magnifiques édifices, construisit la célèbre basilique du Sauveur, et dompta en plusieurs circonstances l'orgueil sarrasin. Cependant une imprudence, provenant de sa magnanimité, faillit lui devenir funeste. Il donna généreusement l'hospitalité au rebelle Mahamut qui fuyait la vengeance d'*Abderramen II*, roi de Cordoue, et vint se mettre sous sa protection; mais ce traître, oubliant le bienfait, se fortifia dans un château, et avec le secours des Maures d'Andalousie, commença à répandre la terreur et la dévastation dans le pays. Alonse en fut instruit, marcha aussitôt contre lui, prit la forteresse d'assaut, passa au fil de l'épée cinquante-quatre mille Sarrasins, et chargé de glorieux trophées, rentra à Oviédo, où il mourut en 842. A ce temps se rapportent les amours de sa sœur *Chimène* avec le comte de *Saldanna*, Sancho Diaz, et les singulières prouesses du célèbre *Bernard del Carpio*, fruit de leurs amours clandestins, vrai héros de nouvelles et de romans; mais ces événements manquent de fondements historiques; il est surtout douteux que *Chimène* ait jamais existé.

Quelques auteurs assurent qu'Alonse se voyant près de sa fin, et manquant d'héritier, recommanda aux grands du royaume, son neveu, Ramire. Ce qu'il y a de certain, c'est qu'effectivement il lui succéda, et que son règne fut une série continuelle de révoltes, d'invasions et de triomphes. Le comte *Nepocianus*, homme puissant et considéré, profitant d'une courte absence que Ramire fit pour aller en Castille, réunit ses partisans, et entreprit de lui enlever la couronne. Ramire accourut pour s'opposer aux progrès de la sédition: il rencontra le rebelle sur les rives du *Narcée*. Il fallut en venir aux mains: le comte, abandonné des siens, demeura vaincu et prit la fuite; mais trahi par deux de ses partisans, il fut livré au roi, qui lui fit arracher les yeux et l'enferma dans un monastère où il termina sa vie dans une éternelle obscurité.

Les Normands venant des glaces du Nord,

après avoir dévasté les côtes occidentales de France, allèrent sur celles de la Cantabrie, et essayèrent de débarquer à *Gijon*: ils trouvèrent la place bien défendue, et tout le monde sur ses gardes; remettant à la voile pour la Corogne, ils y débarquèrent, ruinèrent et dévastèrent toute la contrée. Ramire se présenta avec toutes ses armées, et, après une déroute complète, leur brûla soixante-dix navires près de la plage. Ceux qui, en petit nombre, parvinrent à se soustraire au carnage, dédaignant la leçon d'un si grand revers, prirent la route du midi en côtoyant la péninsule, doublèrent le cap Saint-Vincent, pénétrèrent dans la Méditerranée par le détroit; et, malgré la résistance des Maures, ravagèrent toutes ces côtes, et se retirèrent chargés d'un très riche butin.

Le foyer de la précédente insurrection étant mal éteint un nouvel incendie éclata, et s'il n'eut pas des conséquences très fatales pour le royaume, il contribua beaucoup à perpétuer les inquiétudes de Ramire; les comtes *Alderoit* et *Peniolo* avec leurs sept fils, principaux chefs de la sédition, reçurent le châtiment de leur crime, les uns par la perte de la vie, et les autres par celle de la vue. La valeur et la prudence dont Ramire fit usage pour délivrer le royaume de tant de maux, et son zèle vigilant qui le purgea de bandits et d'autres scélérats qui, sous le nom de magiciens, abusaient de la crédulité du peuple, lui concilièrent l'estime générale. Ce fut par cette voie qu'avant sa mort, arrivée en 850, il prépara le chemin du trône à son fils *Ordoño* I*er*. Celui-ci l'occupa en effet et s'en montra digne. Vaillant dans la guerre, habile dans l'administration du royaume, zélé défenseur de la religion, de mœurs irréprochables, d'un abord affable et doux, et véritable père de ses sujets, il eut la gloire d'étendre ses états, de rendre ses peuples heureux et de se concilier leur amour. On doit à sa piété la construction de plusieurs temples; à sa sollicitude paternelle pour le bien de l'état, la restauration de plusieurs villes détruites par les Maures dans les précédentes guerres; et, après un règne de seize ans, il mourut de la goutte en 866.

Il eut pour successeur Alphonse III, appelé *le Grand*, glorieux surnom que lui valurent ses exploits et la grandeur d'âme avec laquelle il supporta les coups de l'adversité. Son règne offrit des vicissitudes singulières de prospérité et de trahisons. Cependant il n'eut pas plus tôt ceint le diadème, que le royaume commença à fleurir; mais les révoltes et les séditions se multiplièrent avec une rapidité effrayante.

Durant les premières années de son règne,

Froïla, comte de Galice, profita de sa jeunesse pour s'emparer du trône par la rébellion; il le força d'abandonner les Asturies et de se sauver en Castille. Cependant Alphonse n'eut pas besoin de tirer l'épée pour rentrer dans ses droits. Les vassaux mêmes de Froïla, exaspérés par sa tyrannie, lui ôtèrent la vie et rendirent au jeune prince sa couronne usurpée. Une révolte des Vascons se termina de la même manière. Eylon, son chef, tomba au pouvoir d'Alphonse qui le fit enfermer pour le reste de ses jours.

Jamais l'esprit de sédition ne se manifesta avec autant d'impudence que dans les dernières années de sa vie. On peut dire que sur chaque point de ses états il paraissait un rebelle plus ou moins dangereux pour sa puissance, mais qui l'était toujours assez pour affliger un prince qui avait sacrifié son repos au bonheur de ses sujets.

Alphonse les soumit tous; et au milieu de ces tribulations ne laissa pas que d'agrandir le nom espagnol. Il chassa des rives du *Duero* les Maures qu'on tolérait, mais qui infestaient ses frontières. Sa puissance s'étant renforcée par son alliance avec *Don Sancho Iñigo Arista*, premier prince de Navarre, qui lui donna en mariage une de ses parentes appelée *Chimène*, il entra dans les domaines des Sarrasins, répandant de toutes parts le carnage et la terreur. Le château de *Déza* ou

Langa, la peuplade d'*Atienza*, les villes de *Coïmbre*, *Brague*, *Oporto*, *Auca*, *Emina*, *Viseo*, *Lamego* et plusieurs autres places et forteresses des frontières, tombèrent en son pouvoir; en sorte qu'accompagné de la victoire il parvint à étendre les limites de son royaume jusqu'aux rives du Tage et de la *Guadiana* : entreprise qu'aucun de ses prédécesseurs n'avaient conduite à une fin si heureuse, ou qu'ils n'avaient pas même tentée. Les fameuses journées d'*Orbigo*, de *Cillorico*, de *Pancorvo* et de *Zamora* rendront à jamais son nom célèbre, et l'on peut compter ses triomphes par le nombre de ses expéditions militaires.

Le front couronné de lauriers, Alphonse aurait désiré de se reposer au sein de la paix; mais sa famille même, qui, selon toute apparence, aurait dû chercher surtout à lui en faire goûter les douceurs, ne contribua pas peu, vers le déclin de ses ans, à remplir son cœur d'amères inquiétudes. Son fils aîné, *Garcia*, se révolta contre lui; il eut pour appui son beau-père *Nuño Fernandez*, chevalier tout-puissant de la Castille, ses frères et la reine sa mère. Le roi tint son fils renfermé pendant trois années dans le château de Gauzon; cette sévérité, loin d'apaiser l'incendie, ne fit qu'y donner un nouvel aliment. Tous se plaignirent ouvertement de cette rigueur; alors s'alluma dans cette famille une guerre civile et séditieuse qui, durant l'intervalle de deux ans, remplit le royaume de trouble et de confusion.

Alphonse, voyant qu'il ne pouvait se faire respecter sans qu'il en coûtât beaucoup de sang et d'un sang qui lui était précieux, prit la résolution d'abdiquer une couronne qui resterait par là même chancelante avant qu'on l'arrachât de son front. Il convoqua les cortès de son royaume en 910, et, en présence de ses fils ingrats, il s'exprima en ces termes : « Le » bonheur de mon peuple a été l'unique objet des » travaux et des fatigues de mon long règne; ma » conduite sera la même jusqu'à la fin : mais » puisque vous appelez Garcia au trône, je lui » cède ma couronne; je donne la souveraineté de » Galice à Ordoño et celle d'Oviedo à Froïla. » Personne ne s'attendait à cette détermination; et ses enfants, touchés du repentir d'avoir offensé un si bon père, se jetèrent à ses pieds, embrassèrent avec tendresse ses genoux, et le supplièrent instamment de ne pas se dépouiller du diadème; mais sa résolution fut inflexible. Il vécut encore quelques mois comme particulier; et dans une glorieuse campagne qu'il fit contre les Maures, il n'alla point au combat sans en demander la permission à son fils. On doit à ce prince une chronique des rois ses prédécesseurs.

Garcia jouit peu d'un royaume ardemment désiré et obtenu à force d'ingratitude et de violences. Il mourut après quatre années d'un règne assez glorieux, employé au bonheur des peuples; il repeupla des bourgs et des villes, dota des temples et des monastères. Comme il ne laissa pas de fils, la couronne de Léon revint à son frère Ordoño II, roi d'Oviedo.

CHAPITRE XVII.

L'histoire des premières années du règne d'Ordoño II est celle de sa gloire et de ses triomphes. Jamais il ne tira l'épée contre les Sarrasins sans être vainqueur ; si la victoire resta flottante à la bataille de *Junquera*, où il se trouvait avec ses troupes comme auxiliaire du roi de Navarre, *Sancho Abarca*, bientôt, pour ne point ternir l'éclat de sa réputation, il pénétra dans le pays occupé par les Maures; portant de tous côtés l'épouvante et la destruction, il s'empara de plusieurs contrées et forteresses de l'Andalousie. Cependant sa mémoire fut flétrie par une détestable perfidie. Il commença par regarder avec méfiance l'agrandissement des comtes de Castille. Ces seigneurs feudataires avaient conquis, du temps d'Alonse-le-Chaste, cette province par les efforts de leur bravoure; ils la gouvernaient sous certaine dépendance de la cour de Léon et la tenaient à l'abri des invasions des Sarrasins. Ordoño soupçonna que les comtes *Nuño Fernandez*, *Abolmondar-le-Blanc*, son fils Diégo et *Fernand-Anzures*, travaillaient de concert et avaient pris leurs mesures pour se rendre indépendants du royaume de Léon; il les convoqua pour une junte, sous prétexte de leur communiquer des affaires de grande importance. Les comtes se mirent en route sans aucune défiance; et, lorsqu'ils furent arrivés à l'endroit indiqué, il les fit emprisonner et conduire à Léon, où ils furent mis à mort par son ordre. Quelques peuplades de Castille, irritées d'une telle injustice, se révoltèrent contre lui; mais il les réduisit promptement: bientôt après, en 924, il mourut aux environs de Zamora.

Quoique Ordoño laissât quatre fils de son premier mariage avec Elvire, princesse galicienne, il eut pour successeur son frère Froïla II, qui n'occupa le trône que quatorze mois, mais avec si peu d'énergie et d'activité, que, suivant ce que l'on rapporte, les Castillans, déjà mécontents de la manière infâme dont on avait fait périr leurs comtes, profitèrent de l'indolence de Froïla, tentèrent de secouer le joug, et décidèrent de se gouverner à l'avenir par des juges, en mettant dans les mains de *Nuño Rasura* le gouvernement des affaires civiles, et de *Lain Calvo* celui des affaires militaires. Mais cette nouveauté, au moins incertaine, puisque tous les historiens ne l'admettent pas, devait durer peu de temps : nous voyons que durant le règne de Ramire II on rétablit l'ancien système de gouvernement sous la direction des fameux comtes Diégo Nuñez et Fernand-Gonzalez.

Après la mort de Froïla, le fils aîné d'Ordoño II, nommé Alonse IV, monta sur le trône; à la fin de cinq années et demie de règne, il abdiqua la couronne en faveur de son frère Ramire II, et choisit pour retraite le monastère de *Sahagun*; de là lui vint le surnom de *Moine*, sous lequel il est connu dans l'histoire : mais sa résolution fut suivie du repentir le plus prompt. A peine Ramire avait-il disposé ses armées pour marcher contre les Maures, qu'il apprit que le *Moine* s'étant repenti d'avoir échangé la pourpre contre le froc, se trouvait à Léon dans le dessein de réclamer un trône auquel il avait renoncé. Ramire, courroucé, revint sur Léon, fit le siége de la place et la soumit aussitôt. Alonse ayant été fait prisonnier fut jeté dans un cachot avec les fils de Froïla, qui avaient pris sa défense en soulevant par la révolte le royaume des Asturies.

La paix intérieure étant rétablie, Ramire tourna de nouveau ses armes contre les Maures : il entra dans le royaume de Tolède, marcha contre Madrid qui devait alors être une place importante, en rasa les murailles et mit le feu aux édifices afin d'empêcher les Maures de s'y fortifier. Abderramen III, roi de Cordoue, jaloux de tirer vengeance de ces dégâts, alla mettre à feu et à sang les terres de Castille; mais informé du danger où se trouvait Fernan-Gonzalez, comte de Castille, Ramire vola à son secours. L'ennemi, près d'*Osma*, fut mis en déroute par leurs forces réunies ; ils lui firent un nombre considérable de prisonniers.

Le bonheur de cette journée le conduisit à une autre action qui ne donna pas moins de réputation à ses armes ; comme il apprit que Saragosse n'avait qu'une faible garnison, aussitôt il se dirigea à marches forcées contre cette ville ; son gouverneur *Abu-Jahia*, par crainte ou par artifice se rendit avant d'être attaqué en prêtant hommage au roi de Léon. Celui-ci lui accordant plus de confiance que n'en méritaient ses démonstrations, lui remit les forteresses et les châteaux de la contrée pour les gouverner en son nom. Mais à peine Ramire se fut-il retiré qu'Abu-Jahia s'entendit avec Abderramen; ils réunirent leurs forces et se portèrent sur *Simancas* avec une armée considérable. Le vaillant Ramire accourut, les battit complétement, laissa quatre-vingt mille morts sur le champ de bataille, poursuivit le reste des ennemis jusque sur les rives du Tormès, où recommença le carnage, et après un massacre horrible la victoire resta à Ramire.

Les comtes de Castille, qui depuis long-temps souffraient avec impatience le joug des rois de Léon, voulurent à cette époque se rendre indépendants. Ils armèrent un grand nombre de Castillans pour soutenir leur parti, mais Ramire réussit à ruiner ce dessein en mettant en prison les comtes Fernan-Gonzalez et Diégo Nuñez: toutefois non-seulement il usa d'une prompte clémence envers eux, mais il crut devoir s'allier à leur sang par le mariage de son fils Ordoño avec *Urraca*, fille de Fernan-Gonzalez.

Depuis ce temps jusqu'à sa mort, arrivée en 950, il n'y a de remarquable que l'expédition de Talavera, dans laquelle la perte de dix-neuf mille Sarrasins tués ou prisonniers fit voir à l'Espagne que le nombre des années n'avait pas diminué la valeur de Ramire.

Ordoño III, son fils aîné, n'eut pas plus tôt pris le sceptre qu'il parut une insurrection du côté que l'on devait le moins l'attendre. Son frère Sanche, aidé du comte Fernan-Gonzalez et de Garcia, roi de Navarre, conçut le dessein de le détrôner, et se porta sur Léon avec une armée assez considérable; mais il trouva la ville si bien fortifiée, que, frappé de la difficulté de l'entreprise, lui et ses deux alliés retournèrent chez eux. Alors, soit ressentiment, soit passion pour la fille d'un seigneur de Galice appelée *Elvire*, on dit qu'Ordoño l'épousa après avoir répudié la princesse de Castille.

A peine l'orage était-il calmé que la Galice éprouva une autre commotion dont on ignore le motif : Ordoño la réprima promptement, et comme il avait des forces suffisantes pour faire quelques tentatives contre les Sarrasins, il entra en Lusitanie, ravagea les campagnes, massacra les habitants; après avoir saccagé Lisbonne, il retourna à Léon chargé d'un riche butin.

Cette victoire le rendit formidable à tous ses ennemis ainsi qu'aux rebelles; le comte son beau-père sollicita de rentrer en grâce auprès de lui, soit par crainte de sa puissance et de sa vengeance, soit pour obtenir son secours contre les Maures qui s'étaient avancés jusqu'à Saint-Étienne de Gormaz en couvrant la terre de sang et de ruines. Ordoño, doué d'une âme généreuse, ne lui refusa point son amitié; il lui envoya le secours nécessaire, et le Maure fut vaincu. Sa mort arriva l'année suivante 955, quinzième de son règne.

Enfin, Sanche, son frère, surnommé *le Gros* à cause de son embonpoint, parvint à occuper le trône, objet cher de son ambition; mais dès la seconde année de son règne il fut renversé par Ordoño, appelé *le Méchant*, fils d'Alonse le Moine, appuyé du comte Fernan-Gonzalez. Sanche se vit dans la nécessité de recourir à la protection de son oncle Garcia, roi de Navarre. L'oncle, sous le prétexte que les médecins mahométans trouveraient quelque remède pour diminuer l'excessive grosseur qui embarrassait le neveu, l'envoya avec une ambassade pompeuse à Cordoue demander à Abderramen du secours pour l'aider à recouvrer le royaume qu'on lui avait usurpé. Le Maure pouvait profiter des différends qui régnaient entre Castille et Léon pour étendre ses conquêtes et se venger des pertes qu'il avait éprouvées: non-seulement il eut la générosité de faire traiter par ses médecins Sanche avec un grand soin et même avec prudence, mais encore il lui prêta ses forces. Ordoño, généralement abhorré pour ses désordres et sa tyrannie, ne se crut pas en mesure de résister; il s'enfuit en Asturie; sans s'y croire davantage en sûreté, il se réfugia à Burgos chez son beau-père, mais nulle part on ne prit sa défense. Le comte Fernan-Gonzalez, honteux de la lâcheté de son gendre, et craignant la juste indignation du roi rétabli, retint la femme et les enfants d'Ordoño et le chassa de ses états; en sorte que ne trouvant aucun asile qui le mît à couvert du châtiment de son crime, il se retira chez les Maures et s'ensevelit dans l'oubli. Quelques auteurs soupçonnent qu'en reconnaissance de ce service Sanche s'obligea envers les Sarrasins de ne pas les empêcher de s'emparer de la comté de Castille : ce soupçon en effet est assez justifié par le ressentiment du roi de Léon contre le comte Fernan-Gonzalez, pour avoir aidé son compétiteur, par le contentement avec lequel naturellement il désirait voir humilié l'orgueil des comtes qui insensiblement s'acheminaient vers l'indépendance, et par la conduite que tint Sanche durant l'irruption.

Il est hors de doute qu'il ne fut pas plus tôt paisible possesseur de sa couronne, qu'on vit le roi de Cordoue fondre sur les états de Castille avec une armée formidable, sans que le roi de Léon fît la moindre démonstration de le secourir. Le comte, malgré le peu de forces pour être chargé lui seul du poids d'une guerre la plus critique qu'il avait eue à soutenir jusqu'alors, ne laissa pas d'attaquer le roi de Cordoue et de lui présenter le combat près d'*Hasinnas*. L'action commença vivement des deux côtés; mais en définitive, après trois jours consécutifs de dévastation et de carnage, la déroute fut entièrement du côté du Croissant.

Le roi de Léon ne pouvait pas regarder avec indifférence la gloire et la prospérité du comte de Castille; mais il sut dissimuler, et lui envoya une magnifique ambassade pour le complimenter, en l'invitant en même temps à assister à quelques cortès où l'on supposait devoir être traités divers points importants pour le royaume. Le comte, qui n'ignorait pas son ressentiment, craignit quelque piége; mais, sans pouvoir s'excuser raisonnablement, il se rendit à l'invitation bien accompagné, et par là déjoua pour le moment les perfides intentions de Sanche. Le comte se trouvait veuf; et le roi de Léon, d'intelligence avec Garcia, celui de Navarre, lui proposa en mariage sa tante Sanche, infante de Navarre; proposition qu'il accepta de suite et qui lui fit bientôt après reprendre le chemin de Pampelune. Comme il n'avait pas le moindre motif de se défier de Garcia et qu'il s'agissait d'une affaire agréable pour tous, il ne prit avec lui qu'une cour d'honneur qui servait plutôt à l'ostentation que de défense en cas de besoin.

Le roi de Navarre, à l'aide de cette circonstance, fit enfermer le comte dans une étroite prison dont il ne put se tirer que par l'amour de Sanche avec laquelle il prit la fuite jusqu'à Burgos, où se célébra un mariage dans lequel déjà la reconnaissance rivalisait avec l'inclination et la tendresse.

Furieux de ce que la victime qu'il avait résolu de sacrifier à sa jalousie et à celle du roi de Léon s'était échappée de ses mains, Garcia joignit l'injustice à la trahison, et lui déclara la guerre. Il se porta en Castille avec toutes ses forces, présenta la bataille au comte, qui l'accepta; le roi de Navarre la perdit et resta prisonnier. Pendant treize mois il pleura dans les murs d'une forteresse la perte de sa liberté; enfin elle lui fut rendue aux instantes prières de sa sœur Sanche, et par la générosité de son beau-frère dont l'âme s'élevait au-dessus des mouvements de la vengeance.

Le roi de Léon ne se laissa point abattre; au contraire, plus déterminé que jamais, il estima que la dissimulation avec laquelle il avait ourdi la trame précédente assurait son dessein; il ne se trompa pas. Le comte, appelé une seconde fois sous le prétexte du bien commun, et se méfiant moins qu'il n'aurait dû d'un ennemi d'autant plus à craindre qu'il était plus perfide, se trouva, par son imprudence, pris dans les filets qu'on lui avait tendus ; il aurait terminé ses jours dans un obscur cachot, si pour la seconde fois l'amour conjugal n'était venu à son secours. Sanche, cette femme courageuse, ornement de son sexe, se mettant au-dessus de son sexe, ne trouvant pas d'obstacles quand il s'agissait de la liberté du comte qu'elle adorait, feignit un pélerinage à Saint-Jacques de Galice, passa par Léon, obtint du roi la permission de voir son mari, et parvint à le décider, non sans peine, à changer de vêtements avec elle et à la laisser en prison : des chevaux préparés d'avance le mirent bientôt hors des états de Léon. Le roi, surpris et longtemps partagé entre le sentiment de l'admiration et celui de la colère, mit en doute s'il punirait cette action comme attentat contre la majesté, ou s'il y applaudirait comme une invention artificieuse de l'amour. Il se souvint enfin qu'il était né chevalier ; et tâchant d'effacer par la générosité, la turpitude de sa conduite antérieure, non seulement il mit la comtesse en liberté, mais relevant par les plus grands éloges son industrie, sa valeur et son ardent amour, il la fit conduire en triomphe jusqu'à la cour de Burgos.

Pendant que les rois de Léon et de Navarre jouaient sur le théâtre de l'Espagne des rôles si indécents, les Maures et d'autres mécontents préparaient des scènes plus tragiques. La même année que le comte Fernan-Gonzalez sortit de prison, les Maures entrèrent sur les terres de Léon et tinrent long-temps la capitale assiégée; mais ils furent repoussés, avec une perte assez forte, par le courage de ses habitants. Peu de temps après, le roi Sanche dut se porter en Galice pour apaiser les troubles excités par le comte *Gonzal* qui gouvernait la partie supérieure du *Duero*. Il les pacifia d'autant plus promptement, qu'il atteignit le comte sur les bords du fleuve; et celui-ci, dont la confiance reposait moins sur ses forces que sur sa perfidie, jeta les armes et sollicita son pardon. Il l'obtint facilement de Sanche, résolu de sacrifier sa juste indignation à la tranquillité des peuples; mais comme la clémence n'est pas toujours le meilleur moyen de réduire les méchants, cet infâme comte commit l'horrible bassesse d'empoisonner le roi avec une pomme, ce qui causa sa mort peu de jours après, en 967 : la couronne passa au jeune Ramire, troisième de ce nom.

CHAPITRE XVIII.

La première année du règne de Ramire III fut remarquable par la seconde irruption des Normands, qui débarquèrent sur les côtes de la Galice avec une formidable armée; ils ravagèrent toute la contrée jusqu'à *Cébréros*, sans laisser aucun hameau, bourg ou forteresse exempts du pillage et de la dévastation. Toute la province se réunit sous les drapeaux du comte Gonzal, et se porta au-devant de ces effroyables exterminateurs; on les attaqua avec tant d'intrépidité qu'ils furent tous passés au fil de l'épée ou consumés dans l'embrasement de leurs vaisseaux.

La Castille ne jouissait pas de plus de tranquillité. Les Sarrasins y pénétrèrent, commandés par le seigneur d'Alava *Véla*, jaloux de se venger du comte Fernan-Gonzalez, usurpateur de ses états; quoiqu'on ne sache pas qu'il soit parvenu à les recouvrer, au moins eut-il le barbare plaisir de décharger sur les peuples innocents les coups affreux de sa fureur sanguinaire; il exposa de nouveau sa patrie à gémir sous le joug intolérable des Sarrasins qu'elle commençait à secouer. Simancas, Dueñas, Sépulvéda, Gormaz, et plusieurs autres places, furent prises par les Arabes et saccagées avec la plus grande inhumanité ; enorgueillis de ces succès, ils oublièrent les traités qu'ils avaient faits avec Léon, entrèrent dans ses états avec la même fureur, assiégèrent Zamora et la rasèrent jusqu'aux fondations. En vain le valeureux Castillan essaya-t-il de s'opposer à ce torrent impétueux ; ses faibles troupes n'étaient déjà plus en état de le contenir : ainsi, exténué par son âge, ses travaux et ses malheurs, il mourut vers l'an 970, abandonnant en Castille la liberté et l'indépendance de Léon, que son fils Garcia Fernandez continua à défendre avec courage.

La prudence et l'ordre dirigèrent les premiers pas de Ramire, placé durant sa jeunesse sous la tutelle de sa mère et de sa tante, princesses dont les rares talents surent contenir une noblesse ambitieuse sans l'exaspérer. Elles marièrent leur pupille ; mais à peine se vit-il émancipé par le mariage, qu'il dédaigna leurs conseils, commença à se conduire d'après son propre caprice ; la hauteur et l'orgueil avec lesquels il outrageait les grands qui faisaient sa puissance et son appui, attirèrent sur lui leur ressentiment et le conduisirent à sa ruine. Ceux de Galice, plus particulièrement offensés que les autres, dissimulèrent jusqu'à ce que le moment de la vengeance fût arrivé; mais dès que l'occasion favorable se présenta, ils se déclarèrent contre l'inexpérience et l'imprudence de Ramire, et firent choix à sa place de *Vérémonde* ou *Bermude*, fils naturel d'Ordoño III.

Une nouveauté si dangereuse tira le roi de Léon de sa léthargie; et voyant le danger quand il ne dépendait plus de lui d'y remédier, il marcha contre la Galice, résolu de venger avec une puissante armée la dignité de son sceptre méprisée. Bermude vint au-devant de lui, près de *Portilla d'Arenas* : les deux compétiteurs se battirent avec le plus grand courage et avec acharnement; mais la victoire resta indécise et chacun d'eux retourna dans ses états. Il y eut sans doute quelque transaction entre les deux princes, puisque finalement, par la mort de don Ramire en 982, Bermude se trouva roi de Galice et de Léon.

Il semble que celui-ci ne prit le sceptre que pour être en butte au malheur. Les Maures qui ne laissaient échapper aucune occasion de reconquérir les domaines dont on avait eu tant de peines à les expulser, surent profiter des guerres intestines qui avaient mis en combustion les états de Léon et de Galice, des factions qui tenaient la Castille divisée entre les puissantes maisons de Velazquez et de Gustio, et de la faiblesse à laquelle la Navarre avait été réduite par les campagnes antérieures. Déjà ils ne se contentaient plus d'envahir les frontières comme ils avaient fait en d'autres occasions ; mais commandés par le cruel régent de Cordoue, Almanzor, ils pénétrèrent dans les provinces chrétiennes comme un torrent impétueux. Barcelone, Pampelune, Saint-Jacques et plusieurs autres lieux repassèrent sous le joug africain ; et même la cour de Léon n'aurait pas échappé à sa férocité si *Bermude* n'était allé à leur rencontre avec ses sujets ; cependant il fut battu ; mais le Maure, par une perte considérable qu'il éprouva, fut obligé d'ajourner ses projets de conquête jusqu'à l'année suivante 995, où avec de nouvelles forces il retourna sur Léon. *Bermude* s'était retiré à Oviédo, laissant pour gouverneur un chevalier galicien nommé *Guillen Gonzalez;* et ce chef, d'un mâle courage, quoique obligé de garder le lit, sut soutenir vaillamment et pendant près d'une année un siége, jusqu'à ce que voyant ruinés de toutes parts les murs de la place, il se fit transporter en litière à l'endroit où était le plus pressant danger, et mourut glorieusement avec tous ses intrépides soldats.

Léon n'était plus qu'un monceau de cendres

et de ruines ; les mahométans s'emparèrent d'*Astorga* et de *Valence de don Jaen*, ainsi que de diverses autres places. L'année suivante ils tournèrent leur fureur contre les Asturies. Mais trouvant ses places bien défendues, ils se portèrent contre la Castille. *Berlanga, Osma, Atienza,* et *Alcocer*, virent arborer sur leurs murs le croissant africain, et perdirent dans cette expédition leur comte Garcia Fernandez, qui voulut avec ses troupes s'opposer au progrès d'Almanzor. Celui-ci pénétra ensuite jusqu'en Lusitanie et en Galice. *Coïmbre, Viseo, Lamego, Brague, Tuy, Montemayor, Oporto*, et beaucoup d'autres forteresses et de peuplades importantes, tombèrent en son pouvoir. Almanzor répandait de toutes parts la mort, l'esclavage, le pillage et la désolation ; une horrible dyssenterie qui affligea ses troupes fut seule capable de contenir ses projets d'extermination. Néanmoins, à peine eut-il réparé ce mal qu'il se mit en campagne avec des forces qui paraissaient capables de soumettre le monde entier. On peut dire que déjà il ne lui restait plus à conquérir que des rocs escarpés et des montagnes inaccessibles ; et rien n'aurait pu lui résister, si les princes espagnols n'eussent pas oublié leurs haines héréditaires, origine de toutes leurs disgrâces ; la réconciliation réunit leurs forces pour la défense commune.

Le roi de Léon, le comte de Castille et le roi de Navarre s'étant confédérés, marchèrent contre le Maure. Ils le trouvèrent près de *Calatañazor*, sur les frontières de Léon et de Castille, et le battirent si complétement, qu'après un horrible carnage ils recouvrèrent la majeure partie des places qu'il leur avait enlevées. Almanzor, honteux de se voir vaincu, se laissa mourir de faim à *Medinaceli*, deux ans après la mort de Bermude qui termina ses jours en 999.

Le successeur de Bermude fut son fils Alonse V, enfant, et confié comme tel à la tutelle du comte de Galice, Melendo-Gonzalez, et de la comtesse Mayor, dont la prudence et la fidélité rendirent heureuses les années de leur régence. En ce temps arriva le démembrement du royaume de Cordoue qu'Abderramen Ier avait fondé en 758, et depuis cette époque commença la décadence du pouvoir mahométan, car il n'y a pas d'empire, tant solides que soient les fondements sur lesquels il s'appuie, capable de résister au mal rongeur de la discorde. Un fils d'Almanzor, appelé Abdelmelic, se souleva contre *Hissem*, roi de Cordoue; il mourut, et son frère Abderramen suivit ses traces; mais il ne tarda pas à être abandonné de tous ses partisans. Un autre Maure, plus hardi et plus astucieux, nommé Mahomad Almahadi, jouit d'un meilleur sort. Hissem tomba en son pouvoir; il l'ensevelit dans une prison secrète, et supposant sa mort, s'empara du sceptre sarrasin. Zuléma, parent de Hissem, accourut d'Afrique pour le défendre; il y eut, des deux côtés, beaucoup de sang répandu; lorsqu'on devait espérer que les princes espagnols profiteraient de ses dissentions pour exterminer la race mahométane, on les vit avec chagrin y prendre part. Les Castillans se déclarèrent pour Zuléma, les comtes d'Urgel et de Barcelone pour la faction de Mahomad. S'ils armèrent leurs bras, ce fut moins par le désir de les favoriser que par l'ambition d'étendre leurs domaines; jamais on ne pourra justifier en politique un moyen aussi imprudent. Cependant les dissentions s'accrurent au plus haut point; Hissem recouvra le sceptre; mais lorsque sa puissance n'était déjà plus que l'ombre de ce qu'elle avait été, tout l'empire mahométan en Espagne se trouva promptement changé en autant de petites souverainetés qu'il y avait de villes principales dont chaque compétiteur était parvenu à se rendre maître. Séville, Tolède, Valence, Saragosse, Orihuela, Murcie, Almeria et autres lieux reconnurent des chefs indépendants; et comme il n'était pas facile que les nouveaux souverains résistassent désunis à ceux qu'ils n'avaient pu contenir étant unis, les princes chrétiens connaissant mieux leurs intérêts, abandonnèrent l'esprit de rivalité qui aurait pu les conduire à leur ruine, et réunirent leurs forces pour achever l'ennemi commun. Ils mirent ses terres à feu et à sang, recouvrèrent les places usurpées : les royaumes de Cordoue et de Tolède furent livrés au pillage.

Alonse V tourna ses armes du côté de la Lusitanie, comme limitrophe de ses états; obligea les Sarrasins à repasser le Duero, et marcha sur *Viseo*, avec le dessein de les repousser de l'autre côté du Tage. Mais cette même année il reçut un coup de flèche dont il mourut en 1027, année aussi funeste pour Léon que la précédente pour Castille.

Sanche, comte de Castille, avait cessé de vivre peu de temps auparavant; une de ses filles, appelée Mayor ou Elvire, était mariée avec Sanche II, roi de Navarre. Sans doute les circonstances exigeaient qu'on resserrât les liens qui devaient unir les princes les plus puissants de l'Espagne, soit pour parvenir à chasser les mahométans de la péninsule, soit pour faire cesser les motifs de rivalité, toujours funestes, mais alors plus que jamais préjudiciables. Ainsi donc la seconde fille du comte, appelée Chimène, durant la vie de son père ou après sa mort; car on diffère sur ce point, épousa Bermude III, successeur d'Alonse V, et le nouveau comte de

Castille fut au moment de s'unir à Sanche, sœur de Bermude. On indiqua la ville de Léon pour célébrer ces mariages avec une magnificence extraordinaire. Garcia, empressé de voir son épouse, devança sa nombreuse suite, qu'il laissa à *Sahagun*, et parut dans Léon, accompagné seulement de quelques gentilshommes castillans. Les fils irrités de *Véla* ne négligèrent pas cette conjoncture ; avides de venger les offenses qu'ils supposaient que leur père avait reçues du comte défunt, ils assaillirent son fils Garcia sur le seuil d'un temple, et l'y assassinèrent.

Par sa mort, tous les droits à la comté de Castille retombèrent à la comtesse *Mayor*, qui, par ce moyen, augmenta la puissance du roi de Navarre, son mari. Cependant il paraît que son ambition n'était pas encore satisfaite. Bermude, roi de Léon, manquait d'enfants ; et comme, dans le cas où il mourrait sans successeur, la couronne devait nécessairement revenir à sa sœur Sanche, les naturels, qui craignaient de se trouver dans la nécessité d'obéir à un prince étranger, cherchèrent un moyen de parer à cet inconvénient qu'ils regardèrent comme un mal. Le roi de Navarre ayant été informé de cela, prévit que le sceptre de Léon, auquel il aspirait aussi, allait lui échapper; c'est pourquoi il entra dans les états de Bermude avec des forces imposantes, et s'empara, sans résistance, des contrées situées entre les rivières de *Cea* et de *Pisuerga*. Bermude, relégué en Galice, mais assuré de l'amour de ses sujets, comme de leur peu d'affection pour le roi de Navarre, fut bientôt en état de mesurer ses armes avec les siennes. Toutefois de respectables prélats se rendirent médiateurs, et l'on transigea sur ces différends par le mariage de Fernand, second fils de Sanche, avec Sanche, sœur de Bermude, celle même qui devait épouser le malheureux comte Garcia; le souverain de Léon leur permit de prendre le titre de rois, leur fit l'abandon de quelques terres que venait de conquérir Sanche, pour servir de dot à la mariée, et le roi de Navarre leur céda la comté de Castille.

Sanche survécut peu de temps à cette capitulation, partagea ses états entre ses enfants, et mourut en 1035. Bermude, débarrassé d'un puissant rival, eut le dessein de recouvrer les possessions cédées par le traité, avec une répugnance extrême, à son beau-frère et à sa sœur; en effet il les dépouilla de quelques contrées; mais Fernand ne lui permit pas de passer plus avant. Les armées castillanes et navarroises réunies en vinrent aux mains avec celles de Léon dans la vallée de *Tamara*, près de *Carrion*, en 1037; Bermude, emporté dans le plus fort du combat, passa au milieu des escadrons ennemis, cherchant les deux rois frères; mais il ne trouva que la mort, frappé d'un coup de lance qui lui traversa le corps. La victoire et la couronne de Léon restèrent un moment à Fernand, comme mari de Sanche; et de cette manière s'éteignit la seconde race mâle de rois goths, qui tirait son origine de Pélage et d'Alonse *le Catholique*. Elle travailla constamment, pendant l'espace de plus de trois cents ans, à délivrer l'Espagne du joug des Sarrasins. A peine avait-on recouvré dans un si long espace de temps la moitié des pays que les mahométans occupèrent en cinq années.

CHAPITRE XIX.

ROIS DE CASTILLE.

Dans la personne de Fernand Ier commença la dynastie des rois de Castille, nom que prit sans doute cette belle province des châteaux dont elle était couverte, et qui servirent d'asile à divers seigneurs espagnols pour résister aux efforts des mahométans, à l'époque de l'invasion. Il paraît que c'est à ces mêmes châteaux que l'on doit attribuer avec quelque fondement les progrès de la conquête, du temps d'Alonse *le Chaste*, qui, moyennant quelques reconnaissances de vasselage, permit à ces seigneurs de gouverner ces contrées, sous le titre de comtes, comme ils le firent pendant l'espace de plus de deux siècles, en agrandissant l'état par leurs exploits. S'étant rendus, avec le temps, puissants et redoutables, ils aspirèrent à l'indépendance de la cour de Léon. On ne sait pas positivement quand ils parvinrent à secouer complètement le joug; mais ils se maintinrent plusieurs années dans une lutte continuelle, jusqu'à ce que enfin la Castille les vît transformés en souverains, sans porter néanmoins le titre de rois. Leurs liaisons avec les principales têtes couronnées, leur puissance et leurs faits héroïques, les mirent en position de jouer un rôle important dans les agitations de ces temps malheureux ; et la mémoire de quelques uns se conservera éternellement et avec distinction dans les fastes de l'histoire.

Dès que Fernand fut bien affermi sur le trône de Castille et de Léon, il s'appliqua avec sollicitude à gagner l'amour de ses sujets ; la douceur d'âme et la prudence qui caractérisèrent son gouvernement lui firent goûter le doux plaisir d'être aimé. Il réforma les lois gothes, et les remplaça par d'autres plus conformes aux circonstances; il calma les esprits exaspérés des grands, peu dévoués à son service; sa puissance s'accrut de telle manière, qu'il excita l'envie de son frère Garcia III, roi de Navarre. Fernand alla le visiter, parce qu'il était tombé dangereusement malade à *Naxéra*. Il fallait espérer que des démonstrations aussi affectueuses dissiperaient la jalousie d'un malade; mais à peine Garcia le vit-il en son pouvoir, qu'il résolut de l'emprisonner, pour le contraindre à un nouveau traité de division et de partage de leurs états, pour réparer le préjudice qu'il prétendait avoir souffert. Ce projet vint à la connaissance de Fernand, qui s'enfuit et dissimula. Garcia, voyant son coup manqué, s'efforça d'apaiser le juste ressentiment d'un frère offensé, par mille protestations d'une innocence simulée. Comme il fut informé qu'il était malade, il saisit ce prétexte pour lui faire à son tour une visite; il se rendit donc à Burgos pour dissiper ses craintes et regagner sa confiance. Mais Fernand, connaissant la perfidie que couvraient des dehors trompeurs, le fit enfermer dans le château de *Céa* : l'or, qui pouvait ouvrir les portes des cachots de ce châtaeu, facilita son évasion. Alors il ne garda plus aucun frein. La soif et l'ardeur de la vengeance enflammèrent de nouveau la haine qu'il nourrissait dans son cœur. Brûlant de laver cette injure dans le sang même de son frère, il mit toutes ses forces sur pied, les réunit et les renforça par une alliance avec les petits rois de Saragosse et de *Tudela*. Comme un taureau blessé, il se précipita sur les terres de Castille; il campa dans la vallée d'*Atapuerca*, où déjà l'attendait l'armée castillane, prête au combat. Cependant le cœur généreux de Fernand prévoyait avec douleur les suites de cette impétuosité; dans le désir de les éviter, il envoya diverses personnes recommandables au camp de son frère, pour lui offrir des conditions raisonnables; mais Garcia, sourd à la voix de la raison, du sang et de l'humanité, se jeta avec fureur sur les armées castillanes, défit, mit en déroute, ou tailla en pièces tout ce qui s'opposait à lui; et il était sur le point de goûter le funeste plaisir de la vengeance, quand il tomba percé d'une lance ennemie. Sa mort, arrivée en 1054, décida de la victoire, qui mit tout le royaume de Navarre à la merci du vainqueur; mais le magnanime Fernand, au-dessus de tout ressentiment et touché de l'injustice d'envelopper un enfant innocent dans la ruine d'un père téméraire, eut la générosité de ceindre la couronne sur le front de l'orphelin Sanche.

A peine Fernand se vit-il libre de toute rivalité du côté de la Navarre, qu'il tourna ses forces contre les mahométans, qui tentèrent probablement une invsion dans la Galice, ou qui, tout au moins, provoquèrent la guerre par quelques incursions sur ses frontières. Fernand leur opposa ses valeureux bataillons : il entra dans l'Estramadure avec le fer et le feu, et s'empara de presque toutes les places qu'ils occupaient entre le Tage et le Duero ; ce qui ne contribua pas peu à rehausser son triomphe fut la vigoureuse résistance que lui opposèrent les forteresses de *Céa, Viséo, Lamego* et *Coïmbre*. Dès qu'il eut appris que les Maures de la province de Carthagène et du royaume de Saragosse infestaient par leurs courses les frontières de la Castille, il se mit en marche pour les contenir. Nouvelle guerre, nouveaux triomphes. Il se rendit maître de *Saint Étienne de Gormaz, Vado del rey, Berlanga, Aguilera, Sainte-Marie*, et de plusieurs autres forteresses. Lorsqu'il eut assuré les frontières de son royaume de ce côté-là, il dirigea ses armes victorieuses contre la province de la Nouvelle-Castille. *Talamanca, Uceda, Guadalaxara, Alcala de Hénarès* et Madrid, tombèrent en son pouvoir; et Tolède aurait éprouvé le même sort, si son roi, *Almamon*, voyant sa propre faiblesse, n'avait pas demandé, avec une soumission entière, la paix au vainqueur, avec l'offre de lui rendre son royaume feudataire de Castille. Fernand accueillit cette proposition; mais il ne tarda pas à trouver des motifs de se repentir de sa confiance et de sa bonté.

Des actions aussi signalées lui valurent le nom d'empereur, que ses sujets lui donnèrent par acclamation. Henri II, empereur d'Allemagne, regarda cet honneur comme une insulte faite à sa dignité; la cour de Rome, qu'il fit entrer dans ses vues, lui prêta les foudres du Vatican; il intima au roi de Castille de renoncer à ce titre et de se reconnaître son feudataire. Fernand répondit à des prétentions aussi injustes avec une armée de dix mille combattants, qui, sous les ordres du fameux *Rui Diaz*, passa les Pyrénées, et pénétra jusqu'à *Toulouse*, où un légat du pape et les ambassadeurs de l'empire obtinrent qu'il s'arrêtât. Là, on examina juridiquement la cause du différend; on discuta les droits des deux puissances et l'on déclara la monarchie espagnole exempte de vasselage de la part de tout prince étranger. Ce fait ne mérite pourtant pas une entière croyance.

A la faveur de cette diversion, il paraît que les Sarrasins feudataires essayèrent de secouer le joug. Le roi maure de Tolède se déclarait indépendant, et se disposait à soutenir sa rébellion avec des forces redoutables. D'un autre côté, les mahométans de Saragosse, de Murcie, de Valence et de la Manche allèrent porter partout sur ses terres la terreur et la mort. La position du royaume de Castille était extrêmement critique. Le trésor public était épuisé par des guerres répétées, les sujets se trouvaient surchargés de contributions excessives ; la résistance aurait peut-être été impossible, si Sanche n'avait pourvu à tout avec héroïsme : ses joyaux, ses pierreries, les revenus de ses propriétés, qu'il vendit ou donna en gage, mirent sur pied une armée excellente et nombreuse qui, conduite par Fernand, étendit ses domaines, et réduisit à leur devoir les vassaux sarrasins. Cette expédition terminée, il fut attaqué d'une maladie aiguë : il sentit que sa fin approchait, et distribua ses états entre ses enfans. La politique répugnait à ce démembrement ; mais il était père, et ne pouvait regarder avec indifférence que ses enfants cadets et innocents fussent privés de l'héritage paternel, par la seule circonstance d'être nés postérieurement, ce qu'il n'était pas en leur pouvoir d'éviter. Il mourut en 1065, ayant adjugé le royaume de Castille à Sanche, son fils aîné ; celui de Léon à Alphonse, et à Garcia, celui de Galice, laissant *Urraca* dame souveraine de Zamora, et Elvire aussi dame souveraine de Toro. Nous allons voir les funestes conséquences de cette division.

A peine la reine Sanche eut-elle fermé les

yeux, en 1067, que Sanche commença à manifester ouvertement sa résistance au démembrement disposé par son père, comme privé d'un héritage qui, d'après sa manière de voir, lui appartenait exclusivement par droit de primogéniture. Ainsi donc, résolu de dépouiller ses frères par tous les moyens, il se mit de suite en marche contre les états de Léon. Alphonse les défendit; et si la fortune l'abandonna à la bataille de *Liantade*, aidé de son frère Garcia, il parvint, à celle de *Volpéjar*, à rabattre l'orgueil de Sanche : toutefois son peu de précaution le perdit. Les armées castillanes, profitant de la négligence dans laquelle dormait leur vainqueur, l'attaquèrent avec intrépidité dès le matin du jour suivant, en répandant la terreur et le désordre dans le camp. Le brave Alphonse dut se retirer dans l'église de Carrion, où il fut pris et conduit à Burgos. Urraca se porta médiatrice, et obtint le pardon de son frère malheureux, mais sous la condition qu'il échangerait la pourpre contre le froc. Sa situation ne lui permettait pas de réclamer contre cette violence; il fut obligé d'y condescendre et de se retirer par force, vers 1071, au monastère de Sahagun. Il y resta peu de temps; car, à la persuasion de l'infante Urraca, il passa à Tolède, où le roi *Almamon* se déclara son protecteur.

Maître du royaume de Léon, don Sanche marcha contre la Galice, dont il s'empara sans résistance. Garcia détrôné s'enfuit à Séville, et proposa au roi Abenhamet de le secourir contre son frère, offrant de conquérir, pour celui-ci, le royaume de Castille. Mais ce dernier lui répondit : « Celui qui n'a pas su conserver son royaume » ne pourra pas faire abandonner par don Sanche » ceux de Castille et de Léon. » Ayant perdu tout espoir de ce côté-là, don Garcia passa en Portugal, et avec un petit nombre de maures portugais et quelques paysans qui se joignirent à eux, il se détermina à tenter la fortune : il entreprit de reconquérir quelques unes des places frontières de son royaume ; mais don Sanche accourut avec ses troupes, l'attaqua près de Santaren, et don Garcia fut vaincu et fait prisonnier.

Dès lors il ne manquait plus à l'ambitieux don Sanche, pour entrer en jouissance de la vaste monarchie de son père, que de s'emparer de Zamora et Toro, le reste du patrimoine de ses deux sœurs. Il marcha contre Zamora et l'assiégea ; mais il éprouva une résistance à laquelle il ne s'attendait pas, et qui mortifia sensiblement son amour-propre. Renfermée dans ses murs, l'infante Urraca soutint, avec un petit nombre de troupes choisies et avec les sages dispositions de son gouverneur Arias Gonzalo, un siége opiniâtre qui finit par la mort funeste de l'assiégeant. Trompé par un déserteur supposé qui promit de lui découvrir le côté le plus faible de la place, il s'éloigna des siens avec si peu de précaution que le prétendu fugitif en profita pour l'assassiner, et se réfugia immédiatement à Zamora. Peut-être n'y avait-il aucun complice de cette perfidie; cependant la ville, accusée de ce meurtre, présenta, dit-on, dans l'arène, trois vaillants chevaliers, dont le courage vengea son innocence.

Ce fut en 1072 que mourut don Sanche. Alors informé de ce qui se passait à Zamora, don Alonse quitta son hôte à l'amiable, et partit pour se réunir à sa sœur, qui, délivrée du Castillan, l'attendait impatiemment pour prendre les mesures nécessaires dans des circonstances aussi critiques. Don Alonse rentra bientôt en possession de ses états; ses sujets l'aimaient tendrement; fugitif et dépouillé, ils l'avaient pleuré; c'était avec joie qu'ils le voyaient réintégré dans tous ses droits. Cependant la Castille, qui par la mort de don Sanche retombait en son pouvoir, se refusa, dit-on, de le reconnaître, à moins qu'il n'affirmât par serment n'avoir eu aucune part à l'assassinat de son roi : délicatesse affectée et dangereuse qui ne pouvait avoir d'autre objet que de témoigner de la répugnance à se soumettre. Toutefois don Alonse y consentit : il se rendit à Burgos, et en présence de toute la noblesse castillane, prêta par trois fois, en mains du fameux Cid, ce serment solennel, au moyen duquel il demeura reconnu souverain de Castille et de Léon.

Comme successeur de don Sanche, il crut avoir des droits à la couronne de Galice, enlevée à son frère don Garcia. Mais il paraît que comme fils de don Fernand, il devait respecter ses dispositions dernières. Néanmoins, lui qui naguère qualifiait d'usurpation les conquêtes de don Sanche, commit l'inconséquence d'appuyer sur ces mêmes conquêtes de nouvelles prétentions ; il ne laissa pas pourtant d'éprouver quelque opposition de la part des Galiciens ; enfin l'emprisonnement et la mort de Don Garcia levèrent tous les obstacles.

Don Alonse, débarrassé de ses concurrents et paisible possesseur des trois principales couronnes de l'Espagne, employa sa puissance redoutable à défendre le généreux Almamon, qui se trouvait attaqué par le roi de Cordoue. Don Alonse avait reçu un asile contre les revers de la fortune dans la cour d'Almamon qui l'avait comblé de faveurs, qui avait épargné ses trésors lorsqu'il en aurait eu le plus grand besoin. Ils formèrent entre eux deux un traité d'alliance qui ne permit pas d'oublier la reconnaissance d'Alonse ; mais après la mort d'Almamon et d'Hissem, son fils se regarda comme dégagé de l'accord contracté. Ainsi, soit dans son propre intérêt, soit par les instances des habitants de Tolède, exaspérés par la tyrannie du nouveau souverain, il forma le projet de conquérir un royaume si considérable.

Une foule de guerriers, jaloux d'assister à ce drame mémorable, accoururent sous ses drapeaux, d'Aragon, de Navarre, de France, d'Italie et d'Allemagne. La faim, la mort et la désolation fixèrent, pendant l'espace de sept années, leur horrible séjour dans les contrées environnant la capitale, qui, après un siége opiniâtre, se rendit à la discrétion du vainqueur.

CHAPITRE XX.

La prise de Tolède fut suivie de celle de différentes places fortes : Talavera, Maqueda, Sainte-Olalla, Arganza, Madrid, Guadalaxara, Consuegra et diverses autres, depuis le Tage jusqu'au Guadiana, virent flotter sur leurs murs les bannières de Castille.

Cependant de si beaux lauriers ne tardèrent

pas à se flétrir. Alphonse était vaillant et guerrier, mais nullement politique; et lorsque la prudence ne dirige pas l'impétuosité d'un esprit belliqueux, il est bien difficile de conserver dans toute sa splendeur la gloire des triomphes.

Ses trois premières femmes, Inès, Constance et Berthe étant mortes sans lui laisser de successeur, il se maria en quatrièmes noces avec Zayde, fille de Abenhamet, roi de Séville, alliance qui enorgueillit si fort le Maure, qu'il conçut le projet de s'emparer de toute l'Espagne sarrasienne. A cette époque l'entreprise ne paraissait ni difficile, ni dangereuse. Les Maures d'Espagne étant divisés en autant de royaumes différents qu'ils occupaient de villes considérables, leurs forces se trouvaient affaiblies par cette division, et leur nombre étant extrêmement diminué par tant d'années de guerre continuelle, ils ne pouvaient s'opposer que faiblement au joug que voudrait leur imposer un vainqueur puissant. Alphonse cédant aux sollicitations de sa femme Zayde, entra dans les vues de son ambitieux beau-père, et l'on prétend qu'il envoya une ambassade à Jucef Téfin, roi des *Almoravides* africains, pour lui demander une forte armée auxiliaire; quoique le prince castillan ne se fît pas illusion sur les résultats d'une démarche aussi imprudente, son cœur n'était pas accoutumé à se défendre des enchantements du beau sexe. Effectivement le secours lui arriva sous les ordres d'Ali : les forces mahométanes se réunirent; mais bientôt les deux chefs étant divisés on en vint aux mains. Abenhamet perdit la vie dans le combat; tout ce qu'il avait possédé en Espagne resta à Ali, qui, fier de l'heureuse issue de cette affaire, s'érigea en maître indépendant et pensa qu'il lui serait facile de subjuguer les chrétiens. Il se porta dans le royaume de Tolède, y mit tout à feu et à sang; les campagnes, les villages, les villes furent abandonnées au ravage et à la désolation. Alphonse alla à sa rencontre, mais deux fois mis en déroute, ce ne fut qu'à sa constance qu'il dut de le faire sortir de ses états, de pénétrer jusqu'à Séville, de l'assiéger dans sa propre cour, de l'obliger à reconnaître la souveraineté de la couronne de Castille, et de payer les frais de la guerre.

Un nouvel événement, qui était comme une suite de sa faute, l'empêcha de jouir tranquillement de la gloire de ses triomphes. Téfin, courroucé contre le rebelle Ali, débarqua en Espagne avec une puissante armée, l'assiégea dans Séville, l'obligea à se rendre, et lui fit trancher la tête. Alphonse craignit que l'orage ne vînt à éclater sur lui et ses peuples; il se mit sur ses gardes, et avec le secours de différents princes, il contraignit Téfin à se réfugier dans l'intérieur de ses états, enfin à s'embarquer pour l'Afrique.

Ceux qui se distinguèrent le plus dans cette journée furent Raymond, comte de Toulouse, un autre Raymond qui était comte de Bourgogne, et Henri, son parent; le roi de Castille reconnut leurs services, en mariant les deux premiers avec ses filles Elvire et Urraca (cette dernière eut en dot la comté de Galice), et en donnant au troisième la main de Dona Thérèse aussi sa fille, avec la comté de Portugal en qualité de fief de la couronne de Castille.

Les soulèvements qu'occasiona en Navarre la catastrophe de son roi don Sanche III, assassiné par deux de ses frères, engagèrent don Alphonse dans une nouvelle guerre. Le fils, les autres frères et les parents du défunt, vinrent se mettre sous sa protection, fuyant la méchanceté des fratricides; et quoiqu'il eût renoncé aux droits de cette couronne, ils le supplièrent de venger la mort affreuse de son roi. Alphonse ne perdit point de temps, et à peine eut-il passé les frontières du royaume, que la Rioja, Alava, la Biscaye, Guipûzcoa et partie de la Navarre passèrent sous son obéissance. Don Sanche Ier, qui prétendait aussi avoir droit de prendre pour sa part ce qu'il pourrait, commença par reculer les limites de son royaume, s'empara de diverses places, poursuivit les assassins qui s'étaient réfugiés parmi les Maures, et mit le siége devant la ville de Huesca. Des progrès si rapides excitèrent la jalousie du roi de Castille, qui croyait qu'on enlevait à sa couronne tout ce que l'Aragonais ajoutait à la sienne; sous le prétexte d'aider son confédéré, le roi d'Huesca, il envoya contre don Sanche une nombreuse armée qui fut forcée de se retirer avec précipitation, sans pouvoir secourir la place, qui, après un blocus obstiné et sanglant, vit périr sous ses murs ce terrible guerrier; la place finit par tomber au pouvoir de son fils don Pierre Ier.

Cependant un coup bien cruel et des plus sensibles était réservé au roi de Castille. Il paraît qu'il était né pour être continuellement le jouet du destin; tantôt vainqueur, tantôt vaincu, son règne fut un enchaînement d'anxiétés capables d'épuiser la patience d'un monarque moins intrépide. Jucef Téfin mourut laissant sa couronne et ses états à son fils Ali, qui, tournant à son profit les révolutions de ce temps, débarqua en Espagne avec une armée prodigieuse que renforcèrent encore les Maures espagnols. La Castille fut le sanglant théâtre sur lequel deux partis rivaux et irrités se disputèrent avec acharnement la domination et la liberté; comme les infirmités d'Alphonse ne lui permettaient pas de se mettre à la tête de ses troupes, il remit le commandement à son fils unique don Sanche, jeune encore, accompagné de son gouverneur le comte don Garcia de Cabra et de six autres comtes, militaires de grande renommée. Le Sarrasin marchait victorieux au milieu d'un amas de ruines et de cadavres, précédé de l'épouvante et de la mort; il découvrit le Castillan dans les environs d'Uclès, l'attaqua avec fureur, le vainquit, et le malheureux Sanche avec les sept comtes et une multitude de chrétiens périrent sur le champ de bataille. Alphonse, inconsolable de la mort de son fils sur lequel il fondait toutes ses espérances, brûla du désir de la venger; il surmonta son âge, ses souffrances, se remit à la tête d'une armée assez considérable, entra dans l'Andalousie, et tout fut détruit par le fer et le feu; il poursuivit ses ennemis jusque sous les murs mêmes de Séville et se retira chargé des plus riches dépouilles. Ainsi fut réparé l'affront de la journée précédente; mais cela ne ferma point la blessure qu'avait reçue son cœur; chaque jour devenue plus incurable, elle lui occasiona une grave maladie dont il mourut à Tolède l'an 1109, laissant les états de Castille et de Léon à sa fille Urraca, veuve du comte Raymond de Bourgogne. Au temps de ce règne se rapportent les célèbres victoires du Cid sur les confins et dans le royaume de Valence.

Depuis la mort du roi de Castille, don Alonse Ier d'Aragon prit, comme maître, possession de ses terres, avec le dessein de s'emparer d'une couronne qu'il prétendait lui appartenir par droit de sang et à titre de descendant mâle. Il fallait que ses forces fussent bien considérables ou celles des Castillans bien peu redoutables, puisqu'il n'y eut d'autre moyen de désarmer sa fureur que de conclure son mariage avec la reine, malgré le degré de parenté et la répugnance avec laquelle cette princesse et toute la noblesse entrèrent dans cet arrangement. La tranquilité publique fut rétablie de cette manière; mais les suites d'une union aussi violente devaient devenir dangereuses. La reine feignit d'avoir des scrupules sur son mariage, ou peut-être eut-elle le dessein d'éviter les remontrances et même le châtiment dont l'Aragonais pouvait faire usage pour réprimer sa conduite qui, dit-on, n'était pas très régulière. Quoi qu'il en soit, elle abandonna le palais, la cour de son mari, et passa en Castille, où elle se forma un parti considérable de ceux qui étaient mécontents d'être gouvernés par un prince étranger. Soit pour parer aux inconvénients de ce désordre, soit pour assujettir les Galiciens qui, de leur côté, avaient proclamé roi le jeune Alonse Ramon, fils d'Urraca et de Raymond, le roi d'Aragon se rendit en Castille avec une armée capable de faire craindre et respecter son nom aux habitants de Léon et de Castille; il mit garnison aragonaise dans toutes les principales villes et forteresses; et enfin, ayant rencontré les troupes de la reine dans les plaines de *la Espina*, près Sépulveda, il se donna une sanglante bataille dans laquelle la Castille fut obligée de reconnaître la supériorité de l'ennemi. L'Aragonais, animé par la victoire, traversa le *Duero* par le territoire de *Campos*, entra dans Léon, mit tout à feu et à sang, détruisit une seconde armée qui tenta de s'opposer à son passage, et se rendit maître de Naxera, Burgos, Palencia et Léon, ainsi que de beaucoup d'autres places. Mais enfin la fortune changea : les Castillans, dans un dernier effort, parvinrent à battre en diverses rencontres un vainqueur, qui, voyant la diminution progressive de ses forces, prit la résolution d'acheter la paix, et dans sa soumission même il reconnut et déclara la nullité de son mariage. Comme il demeura de cette manière exclus du gouvernement de Castille, il tourna ses armes contre les Sarrasins qui infestaient les frontières de ses domaines et couronna son front de lauriers.

Les différends entre les deux époux ayant pris fin, il en survint d'autres entre la mère et le fils. Pendant les troubles antérieurs, l'infant don

Alonse avait été reconnu roi de Léon et de Galice; mais aussitôt qu'Urraca se vit délivrée de l'Aragonais, elle prétendit exercer son autorité absolue, même dans les états de son fils. La noblesse lui résista, exaspérée par la familiarité suspecte qui existait entre la reine et le comte Pierre Gonzalez de Lara; durant l'espace de six années d'inimitié et de haine, les royaumes de Léon, Castille et Galice se virent changés en un sanglant théâtre de vols, violences, assassinats, et de toutes les calamités que peut produire la discorde. La mort de la reine, arrivée en 1126, y mit un terme, les trois couronnes de Castille, de Léon et de Galice se trouvant réunies sur la tête de son fils Alonse VII.

Le jeune roi de Castille eut encore quelques obstacles à lever pour achever de renvoyer les Aragonais; qui, sous divers prétextes, continuaient à occuper quelques places; cependant les deux puissances finirent par tomber d'accord; la paix et l'amitié furent rétablies. Aussitôt Alonse tourna ses armes contre les mahométans; les dissensions qui existaient en Cordoue lui fournirent un motif pour entrer en Andalousie. Les Maures de Cordoue, conjurés contre leur petit roi Zafaola, formèrent le projet d'extirper jusqu'à sa descendance; mais il se défendit de tout son pouvoir, et finit par se mettre sous la protection du roi de Castille, en lui cédant tous ses domaines. En récompense, celui-ci lui donna de riches états en Tolède et en Estramadure, et envoya ses troupes contre les Cordouans, sous le commandement de don Rodrigue Gonzalez, qui revint triomphant et chargé de dépouilles. Texefin Abenhali, fils du roi de Maroc, se dirigea contre Tolède avec des forces considérables. Alonse, prévenu par Zafaola, les força de rétrograder et d'acheter la paix par une soumission de vasselage.

Nous ne nous arrêterons pas à raconter en détail les nombreuses victoires que don Alonse obtint sur les Maures. Il est bien connu qu'alors à peine on posait les armes, et que les trêves ne duraient que le temps nécessaire pour réparer ses forces et retourner au combat. Il suffit donc de dire que le roi de Castille rendit son nom redoutable aux Sarrasins; non seulement il franchit les limites du Guadalquivir, ce qu'aucun de ses prédécesseurs n'avait osé faire selon toute apparence, mais encore il poussa ses conquêtes jusqu'aux côtes de Grenade et s'empara de Cordoue et des importantes places de Jaën, Cadix, Baeza et Almeria; en un mot, s'il n'avait pas été détourné par ses ambitieuses prétentions aux couronnes d'Aragon et de Navarre, il serait parvenu, sinon à subjuguer complétement la puissance mahométane, au moins à la réduire à un état qui n'inspirât plus de crainte. Il mourut au village de Fresneda vers l'an 1157, en revenant d'une expédition contre les maures d'Andujar qui refusaient de payer les tributs qu'il leur avait imposés.......

A sa mort, les royaumes de Castille et de Léon se virent de nouveau désunis ; le premier choisit son fils don Sanche, surnommé *le Désiré;* le second voulut don Fernand pour roi : mésintelligence qui produisit les mêmes effets que les précédentes, c'est-à-dire désunion, affaiblissement des princes chrétiens et avantages des Sarrasins. En vain, pour remédier au mal, les deux frères se réunirent-ils par une alliance solennelle, les infidèles subjugués, non contents de refuser les tributs qu'ils devaient payer au roi don Sanche, chassèrent de leurs villes les garnisons qu'y avait mises Alonse VII. En un moment la Castille perdit les villes feudataires de Baeza, Andujar, Pédroches, Alarcos, et beaucoup d'autres conquises par le défunt roi.

Profitant de ces révolutions, don Sanche de Navarre entra en Castille sous prétexte de venger certaines offenses que lui avait faites don Alonse en d'autres temps. Il ne s'arrêta qu'à Burgos, détruisant tout sur son passage avec une barbarie extrême. Le roi de Castille, pressé de deux côtés, courut où le danger était le plus urgent, et envoya promptement ses troupes contre les Navarrois, sous les ordres de Ponce, comte de Minerva, chevalier catalan, quoique établi à Léon, ayant passé au service de Castille pour quelques humiliations qu'il avait reçues du souverain de Léon. Le comte trouva don Sanche dans la plaine de Valpiedra, près de Bañares, l'attaqua par surprise et le mit en déroute. Les Navarrois, renforcés par un corps considérable de Français auxiliaires, renouvelèrent le combat; mais ils furent vaincus une seconde fois, et plusieurs nobles restèrent prisonniers. Ponce leur rendit la liberté, disant : *Je suis venu seulement pour punir l'insolence de votre roi, mais non pour verser le sang de sujets fidèles.* La valeur de ce chef plein de générosité fit tant d'impression sur le roi de Castille, qu'il employa sa médiation auprès de celui de Léon son frère, pour qu'il lui pardonnât et lui rendît ses faveurs.

CHAPITRE XXI.

La paix se trouvant rétablie par la défaite de don Sanche de Navarre, le roi de Castille s'occupait à contenir dans leurs limites les mahométans andalous, dont l'insolence était allée jusqu'au point de s'emparer de différents lieux et forteresses de Castille, et qui menaçaient la place plus qu'importante de Calatrava. Les templiers-chevaliers, chargés de la défendre par le feu roi Alonse, qui l'avait conquise sur les Maures, regardaient comme impossible sa résistance ; mais deux moines de Cîteaux se présentèrent au roi de Castille : c'étaient Fr. Raymond, abbé de Fitere, et Fr. Diego Velazquez. Ce dernier avait été, dans le temps, un soldat rempli de valeur ; il conservait dans le cloître l'esprit qu'il avait montré dans la guerre. Ils offrirent de se charger de la défense de la place ; le roi accepta leur proposition, et pour mieux les engager il les fit seigneurs de Calatrava s'ils réussissaient à la conserver à la Castille. L'énergie de Raymond réunit aussitôt sous ses bannières plus de vingt mille hommes, moines pour la plupart, qui s'enfermèrent dans la place, et qui, liés par la règle de Cîteaux, surent contenir l'impétuosité des mahométans. En 1164, ils obtinrent d'Alexandre III une bulle qui sanctionnait leur règle et leurs statuts militaires. Ils rendirent, par la suite, de très importants services aux princes chrétiens dans les guerres contre les Sarrasins. Cette époque fut, à ce qu'il paraît, celle de l'établissement des ordres militaires ; peu d'années auparavant, deux chevaliers de Salamanque, nommés Gomez et Suero, avaient été excités contre les Maures par l'ermite Armand. Ils employèrent leurs richesses à construire un château fort auprès de l'ermitage de Saint-Julien del Pereyro, qui fut le berceau de l'ordre militaire d'Alcantara, ordre si dignement célèbre dans la constante entreprise de la restauration de l'Espagne, et auquel les moines de Cîteaux furent agrégés du temps et de l'autorité de Jules Ier. Peu de temps après, sous le règne d'Alonse VIII, on vit paraître l'illustre chevalerie de Saint-Jacques. Les incursions continuelles des mahométans qui infestaient les chemins de Compostelle et intimidaient les dévots pèlerins qui, de tous les pays de l'Europe, venaient avec ferveur visiter le tombeau de cet apôtre, portèrent les chanoines de Saint-Eloi à établir, de distance en distance, des hospices, pour protéger la sûreté des fidèles, à la pieuse reconnaissance desquels ils durent les rentes considérables qu'ils parvinrent à posséder avec le temps. Animés par cet exemple, quelques chevaliers castillans aguerris, riches, et jaloux de délivrer leur patrie du joug sarrasin, prirent la résolution de réunir leurs biens et leurs forces à ceux des chanoines de Saint-Eloi, embrassèrent leurs institutions, et obtinrent l'approbation du saint siége; ils élurent pour leur premier grand maître Pierre Fernandez de Fuente Encalada, chevalier léonais.

Le règne de don Sanche dura à peine un an, car il mourut, en 1158, laissant un fils de trois ans exposé aux suites de l'animosité avec laquelle deux factions puissantes se disputaient sa tutelle pour gouverner l'état en son nom. Le roi de Léon Fernand II prétendit faire cesser la cause de leur jalousie en prenant en main cette tutelle; mais les Laras parvinrent à s'emparer du jeune Alonse en l'arrachant des mains des Castros auxquels son éducation était confiée; ils le promenèrent de ville en ville, de forteresse en forteresse, et obligèrent ainsi don Fernand à renoncer à son dessein et à laisser son neveu sous la puissance de don Manrique de Lara. Les deux partis, débarrassés de ce troisième concurrent, poursuivirent leur entreprise avec toute la fureur que suggèrent l'inimitié, l'envie et l'ambition. Une guerre sanglante s'alluma de puissance à puissance; et les villes, tant des Castros que des Laras, successivement épuisées, désertes et ravagées, souffraient tous les maux que peut produire la plus horrible anarchie. De son côté, le roi de Navarre ne manquait pas l'occasion de s'indemniser des pertes passés, en envahissant les états d'un malheureux pupille devenu le jouet de la querelle de ses ambitieux tuteurs; encore le destin de la Castille aurait-il été plus funeste si les Maures andalous de Murcie et de Valance avaient su éteindre le feu de la division qui faisait négliger leurs véritables intérêts. La confusion et le désordre durèrent sept ans, sans qu'aucun des deux partis ne cédât, jusqu'à ce qu'enfin don Alonse, déclaré majeur pour régner avant de l'être, et marié à Léonore, fille d'Henri II, roi d'Angleterre, rendit à ses peuples le calme dont ils avaient tant besoin. Sa prudence et l'amabilité de son caractère lui gagnèrent rapidement l'amour de ses sujets. Les places usurpées par ses inquiets voisins secouèrent le joug et rentrèrent à l'envi sous l'obéissance de leur ancien maître, dont le pouvoir, croissant de jour en jour, devint avec le temps très redoutable, et éveilla l'envie et la crainte des rois de Léon, de Portugal et de Navarre. Ils se coalisèrent tous contre don Alonse;

mais ils le respectèrent : comme ils n'osèrent pas se hasarder à rompre ouvertement avec lui, l'objet de la ligue resta suspendu pour le moment. Ils ne laissèrent cependant pas échapper l'occasion de l'humilier. Don Alonse obligé de s'opposer au miramamolin Jacob Aben-Jucef, qui avec une formidable armée avait passé le détroit pour secourir les Maures andalous et jetait dans toute l'Espagne la terreur et l'épouvante, comptait, pour cette entreprise, sur les forces auxiliaires que pouvaient lui fournir ces princes. L'intérêt était commun; il devait espérer que, laissant de côté toute rivalité et toute haine, ils auraient accouru avec empressement se réunir à lui; mais des lenteurs étudiées laissèrent Alphonse au milieu du danger. Il dut donc seul faire face à la fureur d'une multitude enhardie, et malgré sa valeur il perdit une sanglante bataille dans laquelle il se vit engagé près d'Alarcos. Impatient de venger la honte de sa défaite il reprit les armes aussitôt qu'il lui fut possible, proclama une croisade contre les Sarrasins, et, son armée renforcée par un grand nombre de religieux militaires qui accoururent de tout le monde chrétien, il fit connaître à ses ennemis, en diverses rencontres, qu'on ne le vainquait pas impunément. Par malheur les troupes auxiliaires étrangères, tout en gagnant des indulgences, commencèrent à se ressentir du manque de vivres et de la violence du climat, et quelques contestations sérieuses et inévitables ne contribuèrent pas peu à exciter en elles le désir de regagner leurs foyers. La retraite de quarante mille croisés laissa l'armée si affaiblie, que dès lors Jacob Aben Jucef n'hésita plus à tenter une action décisive. Don Alonse se porta au-devant de lui dans les défilés de Losa, et se confiant à la localité, présenta la bataille. Deux cent mille Sarrasins restèrent sur le champ de bataille, et leur chef s'enfuit précipitamment en Andalousie, d'où il fut cacher sa honte dans les déserts de l'Afrique. On raconte qu'un paysan ou berger contribua beaucoup à la victoire, en indiquant aux Castillans un sentier inconnu qui leur procura une situation très avantageuse ; comme il ne manque pas de gens qui voient partout du merveilleux et de l'extraordinaire, les uns en font un ange et les autres un saint, envoyé de Dieu dans cette circonstance au secours de ses serviteurs.

Personne n'oserait le nier ouvertement sans témérité ; mais il n'y a aucune répugnance à croire qu'effectivement c'était un pasteur accoutumé à faire paître ses troupeaux et à chasser dans ces contrées, comme il l'assurait lui-même tout simplement, et ayant, par conséquent, l'habitude et la connaissance des lieux ; lorsque les choses peuvent s'expliquer naturellement, il semble qu'il n'y a pas besoin de recourir à des moyens surnaturels. Après cette mémorable journée, connue dans l'histoire sous la dénomination de plaines de Tolosa (*navas de Tolosa*), les armes victorieuses d'Alonse VIII continuèrent à prospérer en Andalousie jusqu'à ce qu'en 1214 la mort le surprit à Garci-Muñoz, endroit voisin d'Arévalo. On connaît l'histoire des amours qu'on lui suppose avoir eus avec certaine juive de Tolède; amours qui, selon ceux qui y croient, lui firent abandonner sa femme, négliger l'administration du royaume, et rester pendant sept ans renfermé dans la capitale avec l'objet de sa passion, jusqu'à ce que certains nobles conjurés éteignirent une flamme aussi funeste par la mort de la favorite. Il se peut que le fait soit vrai, mais la difficulté de faire consonner ces sept années d'apathie avec tout le long règne d'un prince continuellement occupé à parcourir ses domaines, ou en expédition contre les Sarrasins, le nombre considérable d'enfants qu'il eut, à divers intervalles, de sa femme, et autres circonstances, rendent cette narration presque incroyable.

Henri Ier, son héritier, avait à peine dix ans quand il monta sur le trône paternel, sous la tutelle de sa mère, la reine Léonore; mais celle-ci mourut vingt-six jours après son mari, et l'infante Berenguela, sœur du jeune roi, prit la tutelle. Elle fut bientôt contrainte d'y renoncer par les intrigues de la maison de Lara qui, toujours envieuse de s'emparer de l'autorité pour triompher du parti contraire, parvint, en cette circonstance, à mettre à la tête du gouvernement de Castille don Alvar Nuñez, aîné de la famille, et dès lors se renouvelèrent les malheurs qui affligèrent les commencements du règne précédent. Vengeances, tyrannies, exactions, dilapidations du trésor royal.... En vain l'infante Berenguela chercha-t-elle, par ses remontrances, à réprimer ces désordres. l'insolent Alvar Nuñez de Lara, loin de les écouter, commit l'injustice de la dépouiller avec violence des états qui lui appartenaient; il porta l'audace jusqu'à lui intimer de sortir de Castille; et si elle n'eût pas trouvé le secours de différents chevaliers puissants, elle se serait vue contrainte de céder à la force. Depuis ce moment, comme si la résistance eût irrité davantage la vengeance de Lara, dévoré d'ambition, il se déclara ouvertement contre l'infante et tous ses défenseurs. Ceux des peuples qui avaient eu assez de fermeté pour désapprouver son despotisme, souffrirent toutes les horreurs d'une guerre civile ; ce ne fut qu'un événement imprévu qui put empêcher que le pouvoir de cet oppresseur ne se consolidât. Il se trouvait dans le palais de l'évêque de Palencia avec son pupille qui y avait reçu l'hospitalité. Le jeune Henri jouant un jour dans la cour avec quelques enfants de son âge, une tuile se détacha de l'avant-toit et lui donna sur la tête un coup si fatal qu'il mourut onze jours après, le 6 juin 1217.

Alvar chercha bien à tenir cet événement caché ; mais aussitôt la nouvelle s'en répandit de toutes parts et parvint aux oreilles de Berenguela, héritière du trône de Castille. Cette princesse avait été mariée à Alonse IX, roi de Léon, et de ce mariage, depuis déclaré nul, à cause du degré trop rapproché de parenté des deux époux, ils eurent un fils appelé don Fernand que l'histoire de Castille reconnaît sous le surnom de *Troisième* ou *le Saint*, lequel alors se trouvait à *Toro*, auprès de son père. L'infante l'envoya chercher sous un prétexte spécieux, et lui transmettant tous ses droits, le fit proclamer roi dans Valladolid par toute la noblesse et le peuple qui l'accompagnait. Diverses places de celles dévouées aux Laras ne tardèrent pas à se déclarer pour le nouveau roi, et d'autres ne purent résister aux efforts du jeune prince, qui, s'étant mis à la tête d'un nombre considérable de sujets fidèles, prétendait se faire reconnaître et respecter. Mais finalemement, préférant le bonheur des peuples aux avantages d'une guerre sanglante, il voulut faire la paix avec Alvar. Celui-ci se refusa à toute conciliation : des deux côtés les hostilités se poursuivirent avec la plus grande opiniâtreté, et le rebelle tomba au pouvoir de don Fernand, qui, plus généreux que ne le permettaient les circonstances, lui rendit la liberté moyennant la reddition des places et forteresses qui étaient encore sous ses ordres.

La tranquillité dura peu. Les Laras, accoutumés à la domination, ne pouvaient se plier facilement à la dépendance; et profitant de la jalousie avec laquelle le roi de Léon regardait l'agrandissement de son fils, ils excitèrent son ressentiment et surent lui peindre comme facile la conquête d'un royaume qui dans l'opinion de ce souverain lui avait été injustement enlevé.

Il n'en fallut pas davantage pour allumer une guerre scandaleuse, dans laquelle, foulant aux pieds les rapports les plus sacrés de la nature, le père et le fils en seraient venus aux mains, si celui-ci n'avait trouvé le moyen de désarmer le courroux paternel à force de supplications respectueuses. L'expédition se réduisit donc à quelques hostilités commises par les Léonais sur les terres de *Campos* et à quelques courses que par voie de représailles firent les Castillans sur les domaines de Léon. La bonne harmonie étant rétablie entre les deux princes, la mort de don Alvar et des principaux de sa famille rendit la tranquillité, en calmant les agitations qu'avaient excitées l'intrigue et l'ambition.

CHAPITRE XXII.

L'expulsion des Sarrasins, conseillée par la politique et approuvée par la religion, était un point que ne pouvait perdre de vue un prince comme don Fernand, défenseur si zélé de la croyance de ses pères. Ainsi les dissensions intestines étant apaisées et le royaume purgé de bandits et d'hérétiques, il tourna ses armes contre ces formidables conquérants de l'Espagne et parvint en sept campagnes presque continuelles à affaiblir leur puissance et à faciliter pour la suite la reprise de Cordoue et celle de Séville, qui ont rendu son nom si célèbre. A cette époque arriva la mort de son père don Alonse, laissant par testament pour héritières de la couronne de Léon ses deux filles Sanche et Douce, qu'il avait eues de sa femme Thérèse de Portugal. Un événement de cette nature, qui privait Fernand d'un droit qui lui appartenait légitimement, alarma Berenguela. A la vérité son mariage avec Alonse de Léon avait été déclaré nul; mais en laissant aux jurisconsultes le soin de discuter la célèbre question de savoir si les enfants qui naissent d'un mariage illégitime, contracté de bonne foi, sont héritiers légitimes de leurs père et mère et habiles à jouir de tous les avantages que leur confère ce droit, ce qui ne fait aucun doute, d'après l'usage de ces temps-là; l'illégitimité d'un mariage en pareilles circonstances n'était pas une raison suffisante pour exclure les enfants qui en provenaient. Innocent III, en prononçant la nullité du mariage d'Alonse avec Berenguela, reconnut la légitimité de Fernand; il confirma le traité que celui-ci fit depuis avec le roi de Castille qui le regarda comme son légitime successeur. Si la nullité du mariage avec Berenguela eût pu former un obstacle contre don Fernand, on ne devait pas considérer comme mieux fondé le droit des deux Infantes nommées héritières, puisqu'elles étaient également nées d'un mariage irrégulier, qui fut aussi annulé; enfin, à égalité de condition, don Alonse ne pouvait pas avec justice donner la préférence à deux princesses pour la succession dans ses états, où les enfants mâles avaient toujours obtenu la préférence. Ainsi la nécessité obligea don Fernand de différer des expéditions qui le couvraient de gloire; il se rendit à Léon accompagné de sa mère; et tandis qu'ils s'attendaient l'un et l'autre à vaincre une infinité d'obstacles, ils trouvèrent si favorablement disposé l'esprit de la principale noblesse, que don Fernand fut sans difficulté reconnu et proclamé roi de Léon dans la cathédrale. Toutefois il ne manqua pas de gens qui cherchèrent à faire exécuter le testament de don Alonse, pour mettre les deux princesses sur le trône; mais la médiation de quelques respectables prélats parvint à calmer ces dissensions dans le principe, en montrant les funestes effets qu'elles ont toujours amenés, et l'importance d'une bonne harmonie pour achever d'exterminer les Sarrasins; ils assurèrent aux deux princesses ainsi qu'on le promettait une pension honorable et annuelle de trente mille doubles (360,000 réaux d'argent) que leur paierait le roi de Castille; elles ne pouvaient rien désirer de plus. De cette manière les deux couronnes de Castille et de Léon restèrent fixées sur la tête de Fernand III, où elles avaient été réunies. Nous continuerons la relation des actions glorieuses de ce monarque, et remédierons à la lacune qui existe dans l'histoire des rois de Léon, depuis le démembrement arrivé en 1157 par la mort d'Alonse VII. Il importe peu que l'ordre chronologique soit interrompu, lorsque l'on justifie cette interruption par la clarté qui en résulte.

Nous avons laissé le trône de Léon occupé par Fernand II, dont le caractère soupçonneux et méfiant indisposa contre lui les nobles du royaume. L'un d'entre eux, le comte de Minerva, don Ponce, injustement dépouillé de ses biens, se vit dans la nécessité de fuir son oppresseur et d'aller se mettre sous la protection du roi de Castille. Ses services signalés dans la guerre de Navarre engagèrent Sanche III à le réconcilier, à quelque prix que ce fût, avec son frère, comme on l'a déjà dit, en obtenant que ses biens lui seraient rendus.

Les révolutions de Castille occasionées par la minorité d'Alonse VIII offraient à don Fernand une conjoncture favorable pour s'emparer du gouvernement sous prétexte de les apaiser, en se chargeant, comme tiers intervenant dans la discorde, de la tutelle du jeune prince; mais il fallait vaincre la vigoureuse résistance des Laras et des Castros; et ce n'était qu'une armée considérable qui pouvait en venir à bout. Ses troupes parcouraient librement toute la Castille, lorsqu'Alonse Henriquez, premier roi de Portugal, vint sur les terres de Léon pour se venger de quelques dommages éprouvés, et s'empara de Badajoz vers l'an 1168. Don Fernand ne put pas regarder avec indifférence le danger qui menaçait ses états ; et abandonnant des projets qu'il n'aurait pu que difficilement voir réalisés, il marcha avec ses troupes contre la forteresse d'Alcantara et intimida le roi de Portugal de telle façon, que, sortant de Badajoz par une fuite précipitée, il se heurta contre la porte, se rompit la jambe et fut fait prisonnier. Don Fernand le traita néanmoins avec de grands égards, fit soigner sa fracture, et lui rendit la liberté. La nécessité jointe à la reconnaissance rétablirent l'harmonie entre eux, mais Fernand resta en possession des places reconquises.

Le royaume de Léon se ressentait encore des désastres de la dernière guerre, lorsqu'il se vit menacé d'une autre non moins dangereuse, mais dont l'heureuse issue valut à don Fernand de nouvelles couronnes de laurier. Les Maures, commandés par le formidable Aben Jacob, entrèrent en Portugal et s'emparèrent de la forteresse de *Torres Novas;* mais, forcés par don Alonse Henriquez de lever leur camp, ils se jetèrent sur les domaines de Léon. Don Fernand marcha aussitôt au secours de *Ciudad-Rodrigo* et mit les mahométans en fuite ; mais ce qui sans doute contribua beaucoup à l'heureux succès de cette journée, fut certaines machinations secrètes de don Fernand Ruiz de Castro, qui, fugitif de Castille par crainte des Laras, avait reçu chez les Maures un accueil favorable. Depuis cette époque jusqu'à la mort du roi de Léon, arrivée en 1188, il n'y a de remarquable qu'une autre expédition contre les Sarrasins, dans laquelle don Fernand, coalisé avec les rois de Castille et de Portugal, avec l'archevêque de Saint-Jacques et l'évêque d'Oporto, se précipita sur les ennemis avec tant d'assurance et d'intrépidité, que vingt mille des leurs restèrent sur le champ de bataille. Leur chef même tomba trois fois de cheval dans le fort de la mêlée, et à la troisième il périt foulé aux pieds par les fuyards.

Don Fernand laissa la couronne à son fils Alonse, neuvième de ce nom, qui mit son premier soin à gagner la bienveillance de son cousin Alonse VIII de Castille ; il se rendit à la cour que celui-ci tint à Carrion, et y reçut de sa main l'ordre de chevalerie. Cependant l'envie ne tarda pas à détruire de si favorables dispositions. Les têtes couronnées d'Espagne ne pouvaient regarder sans jalousie l'agrandissement du prince castillan. Mais soit par pusillanimité, soit par insuffisance de raison de rivalité pour l'attaquer sans autre motif, ces rois se coalisèrent pour ourdir secrètement sa ruine. Réduit à la dernière extrémité par les armes meurtrières du miramamolin Jacob Aben-Jucef, Alonse VIII crut pouvoir compter sur le secours des princes, dont la religion, les intérêts et les relations personnelles les engageaient à réunir promptement leurs forces. Tous néanmoins eurent la bassesse de l'abandonner à la merci du vainqueur; or, cette conduite du roi de Léon à l'égard d'une personne à qui il était intimement lié par les nœuds les plus sacrés, non seulement lui attira la censure et la haine des contemporains, mais l'espace des siècles suivants n'a pas suffi pour laver cette tache qui obscurcit sa mémoire. Tandis que le roi de Castille s'appliquait surtout à contenir les rapides progrès de ce formidable ennemi, on vit le roi de Léon passer les frontières de la Castille et jeter par là le prince qui la gouvernait dans une grande consternation. Heureusement la retraite des Sarrasins en Andalousie lui permit de tourner ses armes contre ce nouvel agresseur. Les deux armées se trouvèrent en présence; on en serait venu aux mains sans l'intervention de quelques évêques et même de la reine Léonore de Castille. La tranquillité se rétablit, malgré quelque répugnance, et la concorde fut scellée par le mariage du roi de Léon avec l'infante de Castille Berenguela, qui se célébra vers le milieu de 1197. Le pape Innocent III ordonna leur séparation l'année suivante, attendu qu'ils étaient parents au second et au troisième degré de consanguinité; mais les qualités recommandables qui ornaient l'infante rendirent cette séparation si sensible au roi de Léon, que sous divers prétextes, excuses et démarches, il parvint à la différer durant sept ans. Le cardinal légat réitéra ses injonctions et mit le royaume de Léon en interdiction; mais la légitimation des enfants nés de ce mariage, la nécessité de rendre à la Castille les pays, villes et forteresses que Berenguela avait apportés en dot, et surtout la tendre affection des deux époux, étaient autant de difficultés de plus qui empêchaient d'obéir avec promptitude. Il parut néanmoins surprenant que le pontife se fût obstiné au refus de dispenses de parenté qu'on le suppliait d'accorder, lorsque, peu d'années auparavant, le saint siége avait levé en faveur de don Ramire d'Aragon les empêchements des ordres sacrés et monacaux; la dispense n'aurait pas été plus extraordinaire pour ce cas que pour l'autre. Le moment de cette cruelle séparation arriva en 1204; les enfants nés sous la bonne foi des contractants restèrent légitimes; les domaines et châteaux qu'Alonse de Léon avait cédés en arrhes à son épouse lui furent restitués; l'interdit fut levé. Mais avant

de retourner en Castille, l'infante Berenguela
fit reconnaître et agréer le prince don Fernand
pour héritier et successeur du trône de son père.
La mort de Henri Ier de Castille et la cession
faite par Berenguela lui valurent, quelques années après, celle de ce royaume. Et quoiqu'il
parût naturel qu'Alonse vît avec une satisfaction particulière cette couronne sur la tête de
l'enfant d'une mère si chérie, les intrigues des
Laras n'en allumèrent pas moins la jalousie dans
son cœur. Les contrées de Castille prévirent avec
douleur le moment où en viendraient aux mains
deux personnes nées pour s'aimer réciproquement avec la plus grande tendresse ; don Fernand parla, et la raison comme l'amour paternel firent recouvrer à don Alonse tout l'ascendant qu'il avait perdu. Cette guerre odieuse se
trouvant heureusement terminée, le roi de Léon
tourna ses vaillantes cohortes avec d'autant plus
d'assurance contre les Maures d'Estramadure. Il
s'empara de Cacères, puis se présenta devant
Mérida, dont il se rendit maître sans effusion
de sang. Abenhut, roi de Séville, désirant réparer
des pertes si considérables, se mit en marche
avec une armée de quatre-vingt mille combattants pour surprendre don Alonse dans Mérida.
Celui-ci se porta au-devant de lui avec ses troupes peu nombreuses, traversa de nuit le Gua-

diana qui baigne les murs de la place, aperçut l'ennemi, et sans s'arrêter à la disproportion de ses forces, l'attaqua et resta vainqueur. Depuis son camp, il marcha contre Badajoz, la soumit, laissa garnison dans quelques forteresses abandonnées par les Sarrasins et retourna à Léon chargé de richesses et de trophées. Mais tandis qu'encouragé par tant de prospérité il pensait aller cueillir de nouveaux lauriers, la mort le surprit à *Villeneuve de Sarria,* village de Galice, vers l'an 1230, laissant à son fils don Fernand la gloire d'accélérer par un coup terrible, la ruine de l'empire mahométan.

Effectivement il paraît que la fortune, d'accord avec les desseins de ce digne prince, s'était chargée de lever tous les obstacles et de faciliter les moyens de son agrandissement. Elle opposa, par la mort des principaux Laras, une digue aux ambitieuses prétentions de cette famille, et neutralisa ainsi les agitations qui avaient couvert de ruines et de cadavres le beau pays de Castille. L'imprudence et l'injustice de son père le mirent sur le point de perdre la couronne de Léon. Il la vit transportée sur deux têtes incapables, en prévit les résultats; et quoiqu'il eût assez de générosité et de vertu pour renoncer à ses droits légitimes, la bonté de son cœur ne lui permit pas de regarder avec indifférence le sort qui menaçait les malheureux peuples ; ayant réclamé contre le préjudice d'une disposition inusitée, la fortune prépara les esprits des Léonais et réunit à jamais les deux couronnes.

Les Maures, retirés à Cordoue et à Séville comme dans leurs plus inexpugnables retranchements, avaient long-temps su résister aux fréquents efforts d'une foule de princes aguerris. Cordoue et Séville étaient le foyer d'où partaient les foudres qui désolaient les provinces chrétiennes. Don Fernand forma le projet de détruire les terribles restes des dominateurs de l'Espagne, et la fortune le seconda dans une entreprise si hasardeuse, en fomentant la discorde parmi les mahométans andalous. La tyrannie des gouverneurs de Cordoue avait excité le mécontentement des habitants maltraités. Ceux-ci soupiraient après la vengeance, et s'entendirent avec les chrétiens, qui commettaient des hostilités dans les environs, pour leur livrer le faubourg de la ville. On fit entrer dans ce complot les gouverneurs des frontières ; des troupes choisies se réunirent, et protégées par l'obscurité de la nuit pluvieuse du 8 janvier 1236, elles parvinrent jusqu'aux murs du faubourg. Le silence et le manque de surveillance leur permirent de poser les échelles sans difficulté ; et ayant emprunté le costume africain, un petit nombre de courageux

Espagnols, qui savaient l'arabe, montèrent sur la muraille. Ils passent auprès des rondes, rencontrent diverses sentinelles, et en précipitent quelques-unes en bas de la muraille, à l'aide de l'une d'elles qui se découvre pour appartenir à la conjuration. Parcourant tout le rempart, ils assassinent en silence tout ce qui s'oppose à eux, s'emparent de la porte de *Martos*, et l'ouvrent à la cavalerie chrétienne. Alors les habitants, plongés dans l'indolence, se réveillent remplis de frayeur et d'épouvante; ils cherchent à se sauver tout nus ou habillés à moitié et expirent sous le fer ennemi. Aussitôt les rues sont couvertes de cadavres et de mourants. La garnison donne l'alarme, se bat avec impétuosité, et trois fois fait rétrograder les chrétiens; mais enfin, ne pouvant résister à la fermeté et à la bravoure avec laquelle ils reviennent à la charge, elle se retire dans la ville, et laisse les chrétiens maîtres du faubourg.

CHAPITRE XXIII.

La nouvelle de l'heureuse issue de cette première tentative parvint promptement au roi, qui se trouvait à Bénévent. Au moment de se mettre à table, il ne s'arrêta que le temps nécessaire pour manger debout un morceau. *Chevaliers*, dit-il à ceux qui l'entouraient, *que celui qui est mon ami et sujet fidèle me suive.* Aussitôt il monta à cheval; et, accompagné de beaucoup de nobles et de chevaliers qui se réunirent à lui en chemin, il arriva devant Cordoue. La saison était pluvieuse, mais ce ne fut pas un obstacle; franchissant les rivières et les torrents, les chevaliers des ordres militaires et nombre de gentilshommes se rendirent à cet appel, tous avides de combattre à côté de leur roi. Les Maures de Cordoue, consternés de préparatifs si formidables, regardèrent leur ruine comme inévitable. Ils donnèrent aussitôt avis de ce qui se passait à Aben-Hut, qui pour lors était à Ecija; mais celui-ci crut plus convenable d'aller au secours de son ami Zaen, roi de Valence, contre le victorieux don Jayme d'Aragon, que de s'opposer à don

Fernand, qu'il jugeait être un faible ennemi, et partit pour s'embarquer à *Alméria*, où Aben-Ramin, gouverneur de cette place, le fit périr dans un bain. On n'en connaît ni le motif ni le prétexte; mais, quoi qu'il en soit, cet événement et les forces progressives de l'armée chrétienne répandirent un tel découragement parmi les assiégés, privés de toute espérance de secours, qu'ils capitulèrent. La ville fut livrée sous condition qu'on leur accorderait la liberté de se retirer où bon leur semblerait.

La reddition de Cordoue et la mort d'Aben-Hut affaiblirent à tel point les forces des mahométans d'Andalousie, que le roi don Fernand se flatta de plus en plus de l'espérance de réaliser ses projets de conquête. Le royaume de Séville, divisé en petits gouvernements ou provinces, pouvait à peine opposer une courte résistance à l'intrépidité de cet ardent guerrier; il paraît même que celui de Grenade était le seul qui s'élevait sur la ruine des autres. Il lui était donc de la plus grande importance de s'opposer aux progrès d'un état qui pouvait, avec le temps, détruire ses espérances. Croyant que la conquête de *Jaen* faciliterait celle de Grenade, ou réduirait ce royaume à une situation précaire qui ne le rendrait plus redoutable, il se porta sur cette place en 1244. Le bon état de défense où elle se

trouvait, et les efforts de Ben-Alámar, roi de
Grenade, en retardèrent pour quelque temps la
reddition; mais enfin un plan d'opérations bien
concerté et non moins bien dirigé la mit, l'année suivante, au pouvoir des assiégeants. Le
souverain de Grenade lui-même se présenta à la
cour de don Fernand pour lui prêter hommage,
baisant la main qui avait su le vaincre.

Cette heureuse combinaison de circonstances
semblait indiquer déjà la conquête de Séville,
que le prince castillan ne perdait pas de vue.

Cependant l'entreprise était bien hasardeuse.
Le gouverneur Xaraf avait mis tous ses soins à
fortifier convenablement cette place; mais cela
même contribua à ce que don Fernand fît de
plus grands préparatifs. Il demanda au roi de
Grenade les auxiliaires qu'il devait lui fournir
comme feudataire; et non seulement il les lui
envoya, mais il les conduisit lui-même : il se fit
avec cinq cents cavaliers un passage par les terres
de Séville pendant que son infanterie se réunissait. La contrée fut couverte de ruines. Il réduisit en cendres les moissons, les arbres, les
maisons et les villages. Grossie par les secours
qu'envoyaient successivement les évêques, les
ordres militaires, les communautés et munici-
palités, l'armée castillane transformait ces fertiles campagnes en déserts arides. Treize navires

occupèrent l'embouchure du Guadalquivir; la ville étant ainsi privée, par mer et par terre, de tout secours humain, elle devait inévitablement se rendre; ceux qui la défendaient avaient de la valeur, et ils étaient résolus à s'ensevelir sous ses ruines; ils souffraient avec opiniâtreté le siége. S'ils ne purent empêcher que l'on interceptât la communication de Séville avec *Triana*, en coupant le pont qui les unissait, ils surent résister et repousser avec bravoure les innombrables assauts des assiégeants. Ils se rendirent enfin en 1248; mais ils ne parlèrent de capituler qu'alors seulement que la ville se trouva dans l'extrémité de se voir ouverte de toutes parts par l'effet des beliers, et réduite à la plus grande détresse par manque de vivres et de munitions. Quatre cent mille personnes de tout âge et de tout sexe, sans compter un grand nombre de Juifs, sortirent de Séville pour passer en Afrique, dans la crainte de nouvelles persécutions, ou pour se disperser parmi les mahométans de l'Andalousie, en sorte que la ville resta presque déserte; mais les soins et la vigilance du conquérant parvinrent à la repeupler en peu de temps.

Don Fernand étant maître de toutes les principales places du royaume de Séville, depuis le Guadalquivir jusqu'au détroit, et se croyant dégagé de toute crainte de la part de quelque puissant ennemi intérieur, prit la résolution de passer en Asie, pour se réunir aux croisés qui combattaient pour la conquête de la Terre-Sainte; projet pieux, mais mal entendu dans ces circonstances. Dieu sans doute, veillant constamment sur les actions de ce digne prince, ne voulut pas permettre qu'il prît part aux atrocités avec lesquelles on défigurait souvent le caractère de la religion chrétienne dans les mêmes pays où elle avait pris naissance. L'hydropisie, qui déjà depuis quelque temps le tourmentait, prit un caractère plus grave, et le 31 mai 1252, il mourut comme un véritable pénitent, recevant les derniers secours de la religion à genoux, sur un lit de cendres, avec une corde au cou, et dépouillé de tous les ornements royaux. L'Espagne se rappelle ses vertus avec joie et satisfaction, et tous les catholiques le vénèrent, ayant été mis au nombre des saints par le pontife Clément X.

Il eut pour successeur Alphonse X, connu par le glorieux surnom de *Sage*, que lui valurent son amour et son application pour les lettres. Ses *Tables astronomiques*, le *Code des sept parties*, qu'il composa pour rendre uniforme le système législatif de ses états, la *Chronique générale de l'Espagne, depuis ses premiers peuples jusqu'au temps d'Ordoño II*, laquelle il écrivit depuis le principe et l'origine des Goths, jusqu'à la mort de son père don

Fernand, avec plusieurs autres ouvrages tant en prose qu'en vers, qui sont parvenus jusqu'à nous, prouvent que s'il ne méritait pas cette épithète dans toute l'acception du mot, il possédait du moins une quantité de connaissances bien supérieures au génie de son siècle. Dans le cours de sa vie, on rencontre à la vérité quelques actions qui démentent une si haute réputation de sagesse ; mais dans des temps où les sciences politique, économique et administrative n'étaient pas très avancées, on ne devrait pas trouver étranges les fautes d'un homme qui était parvenu à se mettre au-dessus de l'ignorance générale ; ces taches ne doivent point obscurcir la mémoire d'un prince si digne, à d'autres titres, d'être estimé par la postérité.

Les continuelles séditions des Maures de Valence, qui avaient pour chef Alazadrach, homme remuant, décidèrent don Jayme d'Aragon, d'une grande réputation, surnommé le *Conquérant*, à promulguer contre eux un décret d'expulsion ou de bannissement. Une armée de soixante mille hommes aux ordres des rebelles pouvait bien le rendre illusoire ; néanmoins tous ceux qui ne voulurent pas embrasser le christianisme sortirent du royaume, et leurs familles allèrent renforcer la puissance des rois de Grenade et de Murcie. Déjà ces princes, impatients de secouer le joug de Castille, se déclarèrent en insurrection ; et, secourus par le roi de Maroc, non seulement ils résolurent l'un et l'autre de soutenir leur indépendance, mais encore de s'emparer de toute la péninsule, en faisant d'abord périr le roi de Castille et tous les siens. Les préparatifs nécessaires pour une entreprise de cette nature étaient si formidables, qu'on ne put les cacher à don Alonse. Après être sorti secrètement de Séville, qu'il laissa dans le meilleur état de défense, il envoya, en passant par Cordoue, quelques troupes pour contenir les Maures qui pénétraient sur ses frontières. Le petit nombre des Castillans et l'approche de l'hiver mirent les Sarrasins à même de s'emparer de près de trois cents villages. Alors le roi de Castille, convaincu qu'il ne pourrait les dompter que par un effort extraordinaire, implora le secours de son beau-père Jayme Ier d'Aragon. Au printemps suivant de 1263, pendant que les troupes aragonaises se préparaient à attaquer Murcie, ainsi que cela avait été convenu, don Alonse entra dans les domaines de Grenade, où il mit tout à feu et à sang. Les deux rois maures, coalisés, vinrent à sa rencontre; le combat s'engagea, ils furent vaincus; mais un renfort qui leur arriva d'Afrique fut si considérable qu'il aurait détruit tout le succès de la victoire, si le roi de Grenade eût agi avec plus de prudence. La déférence qu'il commença par manifester aux troupes africaines, fut regardée comme une injure par les chefs des Maures d'Andalousie qui, se croyant humiliés par cette préférence, se révoltèrent presque tous. Les gouverneurs de Cadix, de Malaga, de Comares, et autres, se rendirent tributaires du roi de Castille; ils lui offrirent leurs secours contre celui de Grenade. Don Alonse ne manqua pas de profiter d'une conjoncture si heureuse. Le roi de Grenade, réduit à la dernière détresse, eut à lutter en même temps contre des ennemis intérieurs et contre un étranger puissant; il ne lui resta d'autre ressource que de se soumettre de nouveau au vasselage de Castille; il consentit à payer annuellement deux cent cinquante mille maravedis, et promit ses troupes à don Alonse contre le roi de Murcie, pourvu qu'il abandonnât son alliance avec les gouverneurs rebelles, dès que la bonne harmonie était rétablie entre eux.

Dans le royaume de Murcie, les armes aragonaises n'étaient pas moins heureuses. Le guerrier don Jayme, qui s'était mis à la tête de ses troupes, avait déjà assujetti diverses contrées et se préparait à la conquête de la Murcie, lorsque don Alonse vint se joindre à lui. Ils arrêtèrent le plan de leurs opérations pour ne pas s'embarrasser, et pour se prêter réciproquement l'assistance nécessaire. La Murcie tomba, et son roi éprouva le même sort que celui de Grenade.

Tant d'années d'expéditions et de gloire avaient sans doute beaucoup contribué à faire croître la terreur du nom castillan; mais le trésor public se trouvait épuisé par des dépenses que la nécessité n'avait fait qu'accroître. Don Alonse, n'osant pas mettre de nouveaux impôts sur ses sujets, déjà exténués par des charges précédentes, crut sortir d'embarras en baissant la valeur intrinsèque ou le taux de l'argent. Une détermination si contraire aux principes d'économie ne pouvait que produire des conséquences diamétralement opposées à celles qu'il s'en promettait. Le prix des choses augmenta en proportion de la perte du numéraire : il employa le moyen de le fixer; et personne ne voulut vendre. Une disette générale excita le mécontentement des peuples, et quelques grands puissants en prirent occasion pour se déclarer en révolte : ils étaient protégés par les armes du roi de Grenade. Don Alonse chercha à terminer ces différends par la douceur et la modération; il fit droit à leurs plaintes et céda de ses priviléges tout ce qui lui fut possible de céder sans compromettre sa dignité de roi. Rien ne put apaiser des pertubateurs qui aspiraient à une domination absolue; enfin, sous la conduite de Nuño Gonzalez de Haro et de l'infant don Philippe, ils renoncèrent à la Castille leur patrie, et passèrent au service de l'irrité Grenadin. Néanmoins don Alonse leur fit faire diverses propositions raisonnables; ils se refusèrent à tout, et menacèrent d'envahir les états de Castille. Le roi, qui ne pouvait plus passer sur de telles insolences, en confia la punition à son fils aîné don Fernand de la Cerda, qui se rendit aussitôt à Cordoue avec un corps de troupes d'élite; mais avant d'en venir aux mains, il voulut tenter de nouveaux moyens de conciliation. Les séditieux jurèrent de ne se rendre qu'à certaines conditions qui semblaient inadmissibles; cependant don Alonse finit par consentir à tout, moins pour le bien de la paix, que pour être libre de porter son attention d'un autre côté.

CHAPITRE XXIV.

Après la mort de Frédéric II, empereur d'Allemagne, les voix des électeurs impériaux furent partagées sur la nomination d'un successeur. Don Alonse, roi de Castille, fut élu à la majorité de deux suffrages contre trois qu'obtint

Ricard, comte de Cornwall. Il prétendit faire valoir son droit au moyen de lettres et d'ambassadeurs. Il se fondait sur son élection légitime et sa parenté immédiate avec la maison impériale comme petit-fils de l'empereur Philippe, beau-père de saint Fernand; mais son absence, la présence et les démarches de *Ricard*, et plus que tout cela la protection de la cour de Rome, ouvertement déclarée en faveur de celui-ci, lui enlevèrent une couronne qui à tous les titres semblait lui appartenir. Jamais il n'abandonna, malgré tous les obstacles, ses prétentions pour la recouvrer. Il était indispensable qu'il sortît d'Espagne pour faire mieux écouter ses réclamations; mais les dissensions intestines l'en empêchaient. Sur ces entrefaites son compétiteur Ricard vint à mourir; et Alonse, désirant profiter de cette favorable conjoncture, s'efforça de rétablir la paix par tous les moyens possibles. La cour de Rome, qui dans ce temps-là se croyait autorisée à disposer des trônes à son gré, s'était érigée en arbitre souverain d'une contestation qui aurait pu, sans cela, se terminer à son préjudice. D'un autre côté, l'empire était regardé alors comme un fief de la cour de Rome, et celle-ci ne pouvait oublier les maux qu'avait déversés sur elle dans le siècle précédent l'empereur Frédéric Barberousse. Don Alonse était de cette famille, et c'est la raison pour laquelle aucun des papes Alexandre, Urbain et Clément, quoique tous quatre du même nom, ne voulurent favoriser sa cause. Ils eurent pour successeur Grégoire X qui, dans le même esprit que ses prédécesseurs, malgré les réclamations du roi de Castille et les protestations de quelques princes de l'empire, se déclara pour Rodolphe, comte de Hapsbourg ; celui-ci fut élu. Cependant don Alonse insista, mais il n'obtint aucune satisfaction. La réponse constante du pape fut qu'il abandonnât ses prétentions, lui promettant en récompense les indulgences qu'il pourrait gagner en combattant pour la conquête de la Terre-Sainte ; il n'est aucun doute qu'un tel parti ne devait pas l'arranger. Comme les voies de la modération et de la douceur ne lui servaient de rien, il prit la résolution d'envoyer quelques troupes en Italie tant pour appuyer sa cause par les armes que pour tenir tête à Charles d'Anjou, qui comme feudataire du pape s'était proposé de poursuivre quiconque ne serait pas de son parti. Ce mouvement ne laissa pas que de faire quelque impression sur l'esprit de Grégoire ; alors il excita la jalousie de Rodolphe en l'avertissant différentes fois de ne pas perdre un moment pour se défendre. L'animosité du saint père parvint à tel point, qu'abusant du pouvoir ecclésiastique, il ne craignit pas d'excommunier les républiques de Gênes et de Pavie qui se maintenaient dans le parti de don Alonse. Celui-ci ne put pas regarder avec indifférence un tel procédé; mais lorsque, d'après l'état des choses, il paraissait plus naturel, en mettant de côté d'infructueuses négociations, d'avoir recours à des moyens énergiques propres à tout homme raisonnable et puissant, nous voyons ce prince avoir la faiblesse et l'imprudence d'abandonner ses états dans la situation la plus critique, en laisser le gouvernement dans les mains de don Fernand de la Cerda, et passer en France avec le désir d'avoir une entrevue avec le pape. Elle eut effectivement lieu à *Bélcayre*, et les résultats de ses conférences furent tels qu'on devait attendre du caractère ferme de Grégoire. Alonse n'était pas moins opiniâtre, mais il n'avait pas pris une résolution assez forte, ou choisi les moyens les plus convenables pour conduire son entreprise, car il avait affaire à un homme d'une politique si raffinée qu'il lui était aussi facile de dérouter don Alonse qu'un enfant. Celui-ci finit par se détromper, retourna en Castille entièrement découragé; après dix-huit années de prétentions il fallut qu'il se contentât de prendre le titre de *roi élu des Romains* et d'écrire à divers princes d'Allemagne et d'Ita-

lie, qu'il ne s'était point désisté ni ne pensait à se désister de son droit à l'empire. Le premier point importait fort peu, et le second, seulement en substance, n'était que de vaines espérances impossibles à réaliser durant longues années, attendu la situation du royaume, et qui aurait rencontré bien des obstacles lors même que cette situation se serait améliorée. Mais Grégoire ne lui permit pas seulement cette espèce de consolation; car dès que cela vint à sa connaissance, il expédia un bref à l'archevêque de Séville, lui enjoignant d'avertir le roi qu'il eût à s'abstenir de troubler la paix de la chrétienté en se servant d'un titre qui ne lui appartenait pas, puisqu'il y avait un empereur légitime, oint et couronné; qu'il l'excommuniât s'il ne se soumettait pas; mais qu'il lui concédât en son nom les dîmes ecclésiastiques pour continuer la guerre contre les Maures, en cas d'obéissance. Le roi, soit qu'il craignît les foudres du Vatican, soit pour profiter d'un subside qui lui était bien nécessaire dans ces circonstances, renonça à un projet que la prudence caractérisait déjà de téméraire, puisqu'il ne pouvait pas conserver la moindre espérance de succès. De cette manière le trésor royal acquit la possession de ce que nous appelons *tiers royaux*, d'abord pendant la guerre contre les Maures, et ensuite à perpétuité par concession d'Innocent VIII et d'autres pontifes.

On aura certainement de la peine à justifier cette obstination de don Alonse. Bien que la renommée de son mérite, de son génie, de ses richesses et de sa puissance eût rendu son nom respectable dans toute l'Europe dès le principe, il aurait dû savoir que la distance des lieux était un grand obstacle pour la réussite de ses desseins; qu'ayant à lutter contre la prodigieuse influence du saint siége dans tous les cabinets, il devait défendre sa cause, non avec les droits de sa personne, mais à la tête d'une armée redoutable qui ne pouvait se soutenir dans des contrées éloignées sans accabler de charges nouvelles ses sujets, qui ne se trouvaient déjà plus en état de les supporter; enfin, quoiqu'il n'eût pas éprouvé de ce côté-là le moindre obstacle, la prudence ne lui permettait pas d'abandonner ses états au feu de la sédition qui couvait de toutes parts, ni de les laisser exposés à la fureur d'un ennemi aussi redoutable que le Maure, toujours prêt à profiter de toute conjoncture favorable pour secouer un joug qu'il souffrait avec impatience.

En effet, à peine don Alonse se fut-il éloigné, que le roi de Grenade, s'étant coalisé avec celui de Fez et réconcilié avec les gouverneurs révoltés de *Cadix*, *Malaga* et *Baeza*, fondit, avec une armée formidable divisée en deux corps, sur Ecija et Jaen. Le gouverneur de ces frontières, don Nuño de Lara, accourut aussitôt au secours de ces places; et malgré la disproportion de ses forces avec celles de l'ennemi, il ne différa pas d'engager le combat. Ses vaillants escadrons, quoique peu nombreux, tombèrent avec tant d'intrépidité sur les troupes mahométanes, que leur général craignit une déroute complète; toutefois, les chrétiens, pressés par le nombre, furent forcés d'abandonner le champ de bataille, après avoir vendu chèrement la victoire. Cet événement funeste accéléra les préparatifs du prince Fernand de la Cerda; ayant rassemblé à la hâte dans Burgos le plus de gens qu'il lui fut possible, il marcha vers la frontière, après avoir enjoint à toutes les provinces et à tous les commandants de disposer leurs troupes et de le suivre. Il alla jusqu'à Ciudad-Réal, où la violence d'une maladie aiguë le fit mourir en peu de jours, vers 1275. Il recommanda instamment ses enfants et sa femme à don Juan Nuñez de Lara, fils et successeur de don Nuño, et le pria d'employer tous ses efforts pour que son fils aîné, don Alouse, héritât de la couronne, après la mort du roi, son grand-père. Dans ce temps-là, telle était la puissance de la maison de Lara, qu'il ne lui aurait pas été impossible de remplir les intentions du prince, s'il ne se fût présenté un puissant compétiteur qui déconcerta ses projets.

A la nouvelle de la mort de don Fernand, l'infant don Sanche, son second frère, s'avança de Burgos vers la frontière d'Andalousie avec les troupes qu'il avait pu rassembler. Il précipita sa marche jusqu'à Ciudad-Réal, et sut gagner avec tant d'art l'affection des *hommes riches*, qu'après le décès de son père il fut partout reconnu successeur immédiat du trône, par préférence aux fils du défunt aîné don Fernand, qui, comme petits-fils du roi, étaient d'un degré plus éloignés. Il attira dans son parti don Lope Diaz de Haro, seigneur puissant de Biscaye, qui, à cette époque, avait concouru avec ses troupes à la défense commune. Afin de mieux capter l'amour de ses sujets, il fit un appel aux nationaux pour continuer la guerre, les invitant à se réunir à Cordoue; après avoir promis de voler au secours de ses peuples en toute occurence, il leur recommanda d'observer les mouvements de l'ennemi, de mettre, en cas de danger, les troupeaux et les autres objets de valeur dans des lieux de sûreté. Il se rendit ensuite à Séville, où il reconnut que le meilleur moyen de terminer promptement la guerre était de placer dans le détroit une escadre qui interceptât les secours qui ne cessaient de venir d'Afrique. Le roi de Fez se replia jusqu'au port d'*Algéciras*, dans la crainte qu'on ne lui coupât la retraite. Le manque de vivres et de munitions le mettait chaque jour davantage dans la nécessité de retourner à Maroc; mais comme ses vaisseaux ne pouvaient pas lutter sans désavantage avec l'escadre castillane, il était dans un embarras extrême, et cherchait quelque moyen de s'évader sans en venir aux mains, quand, pour servir sa fortune, le roi don Alonse arriva de France. Les échecs que dans quelques rencontres précédentes avaient soufferts les troupes castillanes, la mort du prince don Fernand, et plus encore la pénurie du trésor, finirent par convaincre le roi de Castille qu'il était nécessaire d'accorder quelque trêve à ses sujets, faute d'homme et d'argent. Il proposa donc un armistice de deux années au roi de Maroc, qui ne put faire autrement que d'accepter une proposition si favorable dans ces circonstances, d'autant mieux qu'il garda les ports de Tarifa et d'Algéciras. Le roi de Grenade considéra bien cette trêve comme un obstacle à ses vastes desseins; mais ne pouvant seul résister aux chrétiens, il ne lui resta pour le moment d'autre parti à prendre que de poser aussi les armes.

La guerre étant ainsi terminée, le prince don

Sanche se rendit à Tolède, dans le but d'engager son père à le reconnaître pour son successeur immédiat au trône, à l'exclusion des enfants du fils aîné don Fernand, et de sa femme Blanche de France, fille de saint Louis. Ce fut à cette époque même que mourut Jean Nuñez de Lara qui tenait sous sa tutelle ces enfants, qui passèrent ainsi sous celle de leur mère ; mais don Sanche, craignant que *Violante*, la reine, sollicitât en faveur de ses petits-fils, tâcha de gagner la faveur du roi par l'entremise de Lope Diaz de Haro, son ami et confident. Celui-ci peignit au roi avec les plus brillantes couleurs les vertus dont avait fait preuve don Sanche durant son absence, en défendant par son talent et sa capacité militaires un royaume menacé d'une ruine totale ; il lui fit entendre que la noblesse, le peuple et tout le monde admiraient ses rares qualités ; qu'on mettait en lui toutes les espérances, et qu'on désirait extrêmement qu'un prince si digne occupât avec le temps le trône de ses ancêtres. Don Alonse en était persuadé ; mais, dans la crainte de priver ses petits-fils d'un droit qui pouvait leur appartenir, il ne voulut rien décider sans prendre l'avis de son conseil. Le roi venait de publier le code de *las partidas :* conformément à la jurisprudence romaine, ce code déclarait que le fils du prince qui mourait avant son père représentait la personne du défunt pour prendre part à la succession de l'aïeul. L'avis des ministres ne fut pas contraire à celui que le roi venait de proposer comme le plus convenable. L'infant don Manuel, oncle de don Sanche, fut seul du sentiment que la couronne ne devait pas être transmise au petit-fils, mais passer plus régulièrement, d'abord après le roi qui la possédait, à l'aîné des fils qui restaient comme si celui-ci avait été le premier né. Les lois des Goths le décidaient ainsi, et en effet personne ne fit difficulté de se ranger de l'avis de l'infant, fondé sur la législation de ses ancêtres; de sorte qu'en la cour tenue à ce sujet à Ségovie don Sanche fut déclaré successeur immédiat de son père. La reine ne crut pas que don Sanche réussirait si facilement dans son dessein; mais dès qu'elle vit ses espérances frustrées, elle avisa aux moyens de mettre la vie de ses petits-fils à l'abri des embûches de l'oncle. Elle les fit partir secrètement pour l'Aragon, accompagnés de leur mère Blanche; là, placés sous la protection du roi Pierre III, elle crut qu'il lui serait facile de déjouer les intrigues de don Sanche, nommé prince héréditaire.

Lorsqu'on apprit en France la mort du prince Fernand de la Cerda, Jean de Brena, fils du roi de Jérusalem, se transporta en Castille, en qualité d'ambassadeur, pour demander à don Alonse, au nom de sa majesté très chrétienne, la dot de Blanche et sa permission pour qu'elle et ses enfants pussent passer en France; toutefois, après qu'il aurait déclaré l'aîné de ceux-ci héritier présomptif de ses royaumes. Don Alonse avait déjà répondu que la dot et les arrhes de la princesse étaient assurées en Castille : que la succession à la couronne appartenait à son puîné don Sanche, et que pour le moment il ne convenait pas que ni Blanche ni ses enfants sortissent de Castille. Le roi de France fut si piqué de cette réponse, que dès lors il se prépara à rompre la paix avec la Castille par une guerre sanglante, que suspendit un moment la médiation du pape. Il se contenta donc d'envoyer, en 1277, de nouveaux ambassadeurs, répétant la même demande; mais don Alonse fit la même réponse quant à l'ordre de succession du royaume. Or, comme à cette époque les infants *Cerdas* avaient déjà passé en Aragon, il ajouta que tant ceux-ci que leur mère Blanche avaient perdu tous les droits qu'ils auraient pu avoir à la couronne et aux revenus dotaux, pour être sortis de Castille clandestinement et sans sa permission. Ce nouveau refus renouvela l'animosité du roi de France, qui déclara la guerre; mais la cour de Rome se porta de nouveau médiatrice et les hostilités ne furent pas commencées.

On conclut un armistice avec les mahométans; don Alonse qui avait résolu de s'emparer d'Algéciras et qui tenait dans le détroit une flotte de cent voiles pour intercepter les vivres, munitions et tous autres secours qu'on pourrait envoyer d'Afrique, rassembla ses troupes à Séville, les mit sous les ordres de son fils l'infant don Pierre et les destina au blocus de la place. Pierre s'empara si adroitement de tous les points de circonvallation, que la ville, réduite à la plus grande détresse, ne différa de se rendre que dans l'espérance du secours qu'Aben Jucef lui avait promis d'envoyer de Tanger : il n'attendait en effet que l'occasion favorable pour l'introduire dans la place. Elle se présenta et il ne la laissa pas échapper. Le prince don Sanche qui commandait la flotte, commit l'imprudence d'envoyer à sa mère les fonds destinés à maintenir la flotte dans le détroit ; les équipages manquant d'habillements, mourant de faim et de maladies, descendirent à terre et se logèrent dans de misérables cabanes. Le roi de Maroc, qui en fut informé, arma quatorze galères qu'il avait à Tanger, tomba sur la flotte chrétienne, brûla, captura, submergea autant de navires qu'il en put rencontrer, et la place reçut du secours. Dès lors on regarda comme inutile la continuation du siége par terre; d'un autre côté, les maladies et la désertion faisaient des ravages affreux dans l'armée, qui fut obligée de se retirer avec précipitation, laissant à la merci de l'ennemi les machines et les autres objets de guerre. En sorte que don Alonse, qui se voyait sans escadre ni soldats, fit une trêve avec Aben Jucef; mais, pour ne pas perdre son droit aux dîmes ecclésiastiques, il fit des préparatifs pour marcher contre le roi de Grenade.

CHAPITRE XXV.

Pendant ce temps on ne perdait point de vue les négociations qui avaient pour objet de faire rentrer en Castille la reine Violante et les infants de la Cerda. La reine y revint, mais le roi d'Aragon ne voulut d'aucune manière donner son consentement à ce retour pour les infants; seulement il s'obligea de ne point les laisser passer en France avec leur mère. Ce souverain conservait encore des prétentions à la succession des infants Cerdas. Les instances réitérées des papes restaient sans fruit; c'est pourquoi il disait hautement qu'il suivrait cette réclamation avec la plus grande constance, et qu'aussi long-temps que don Sanche ne révoquerait pas son serment, ou qu'au moins on ne diviserait pas de nouveau les royaumes de Léon et de Castille pour en donner un au fils aîné de don Fernand, il recourrait à tous les moyens que sa puissance pourrait lui procurer. Les choses en étaient venues à une telle extrémité, qu'on ne pouvait plus rien terminer ni par lettres ni par ambassadeurs. Les deux rois convinrent d'avoir une entrevue; ils traitèrent la question avec la plus grande opiniâtreté, mais enfin le roi de France se contenta de ce que don Alonse de la Cerda fût reconnu roi de Jaen, feudataire de Castille; toutefois le prince don Sanche, manœuvra de telle manière, que son père ne consentant pas à rien aliéner les choses restèrent dans le même état. Le roi de France s'en retourna; lors de son passage il visita celui d'Aragon, et le chargea spécialement de protéger les infants Cerdas contre toutes insultes de la Castille; il n'était pas besoin de faire une pareille recommandation au roi d'Aragon qui avait intérêt de garder ces otages. Le prince de Castille, qui se voyait déjà sur les marches du trône, devait donner son attention, de crainte qu'on ne favorisât la cause des Cerdas, à ne pas rompre la bonne intelligence qui régnait entre eux et le roi d'Aragon; assuré de l'alliance du prince de Castille, il avait un puissant ennemi à opposer à la France dans le cas où elle continuerait d'opprimer la Sicile, pour faire évanouir les prétentions du roi d'Aragon sur cet état. Ainsi donc, non content de renfermer les infants dans l'inexpugnable château de *Xativa* il fit, en 1281, avec le roi de Castille et le prince son fils, un traité d'alliance et de confédération d'*ami de l'ami et d'ennemi de l'ennemi* envers et contre tous, en consolidant ce pacte par une garantie de vingt-cinq mille marcs d'argent à payer par le premier qui violerait l'accord. Voilà ce qu'on savait dans le public; mais secrètement ils convinrent d'unir leurs efforts contre la Navarre, et d'en faire le partage entre la Castille et l'Aragon; en outre, le prince don Sanche renonça au profit de son oncle, le roi d'Aragon, à la part qui lui en reviendrait, sous la condition qu'après la mort de son père il le favoriserait pour la succession du royaume. Nous ne devons donc pas nous étonner de ce que la cause des malheureux Cerdas fait dès lors des progrès si lents, et bien moins encore si nous considérons l'enchaînement des circonstances qui se déclarent en faveur de Sanche.

Don Alonse ne pouvait ôter de sa mémoire la catastrophe de son armée et de sa flotte au siége d'Algéciras; il regardait son fils comme l'auteur d'un malheur irréparable, et n'osant pas lui faire éprouver les effets de sa colère, il la déversa sur le receveur du trésor, qui était un Juif puissant, nommé don Zag de la Malea. Il le fit arrêter pour avoir remis à don Sanche le capital destiné à l'expédition, et bien qu'il n'aurait pas pu le lui refuser, il n'en avait pas averti le roi à temps pour remédier au mal. Une semblable accusation était assez spécieuse; mais on avait le dessein de trouver quelque victime qu'on pût immoler impunément au ressentiment de don Alonse; on qualifia de crime énorme ce qui en réalité n'était qu'irréflexion, et le Juif fut condamné à mort. Le châtiment était hors de toute proportion avec le délit; mais le roi, charmé de manifester aussi son ressentiment contre le principal coupable, ordonna que ce misérable fût traîné devant la maison de son fils, et de là jusqu'au lieu du supplice. Don Sanche essaya de fuir; il voulut descendre pour cela, mais en ayant été empêché par ses frères, il se répandit en plaintes amères contre son père et jura de venger une mort aussi injurieuse à sa personne. Pour lever le masque dont il avait caché jusque là ses desseins, il ne pouvait pas se présenter une occasion plus favorable que celle qui vint s'offrir. Les peuples, accoutumés à suivre les usages des lieux, refusaient de se soumettre au code de *las partidas* que don Alonse s'efforçait de leur faire adopter. La noblesse, séduite par les discours de don Sanche, ne voyait dans le démembrement du royaume de Murcie, que don Alonse avait résolu de céder à l'infant de la Cerda, qu'une odieuse vengeance qui pouvait être funeste à la Castille et une source inépuisable de guerres et de dissensions. Le sang de l'infant don Philippe et celui du seigneur de Los Cameros, répandu sur l'échafaud sans qu'on en connût la cause, réclamaient une publique satisfaction. Chacun abandonnait don Alonse, et le parti du prince son fils devenait de jour en jour plus redoutable, tant par les nouveaux partisans qui se joignaient à lui que par les alliances qu'il sut contracter et conserver avec l'Aragon, le Portugal et le royaume de Grenade. Don Alonse qui n'ignorait pas toutes ces trames voyait son autorité menacée; toutefois, ne pouvant se persuader que les choses en viendraient à quelque état extrême il cherchait à les arranger à l'amiable. Il demanda une entrevue à son fils pour faire droit à ses plaintes; mais celui-ci, non content de retenir témérairement les ambassadeurs de son père, rassembla à Valladolid ses partisans qui le reconnurent pour leur roi et s'obligèrent à garder en son nom les châteaux et forteresses, et à lui payer les revenus royaux. Cependant don Alonse réitéra ses propositions de paix en lui faisant différentes offres; mais le prince, qui ne voulait que régner, n'en accepta aucune. Dans cette conjoncture critique le roi devait s'attendre à se voir détrôné, s'il n'attaquait l'insurrection par un moyen vigoureux; comme il n'avait pas assez de forces pour se faire obéir, il demanda du secours au pape, à la France, à l'Aragon, au Portugal, aux rois de Grenade et de Maroc. De tous côtés il essuya des refus, à l'exception du pape et du roi de Maroc, les seuls auxquels il dut quelque secours. Le pape l'aida de sa puissance spirituelle, le roi de Maroc lui fournit de l'argent et des vaisseaux bien équipés; mais comme dans ces temps-là on se méfiait de tout ce qui n'était pas chrétien, le bruit se répandit que le roi de Maroc, Aben Jucef, n'avait d'autre projet que de tirer parti des dissensions de Castille. Il n'y avait pas la moindre raison pour adopter ce motif; quoi qu'il en soit, ce Maure, irrité de voir sa générosité si mal récompensée, repassa le détroit avec ses troupes, et priva don Alonse d'un secours qui aurait pu lui être bien utile dans ces circonstances. Sa retraite cependant ne fut pas un obstacle à ce que de jour en jour le parti du roi n'allât en croissant. Les remontrances du pape et des évêques, qui menaçaient de peines spirituelles ceux qui ne garderaient pas à leur roi la fidélité jurée, firent rentrer promptement dans le devoir les principaux chefs de la sédition et avec eux une multitude de gens. Le roi convoqua ses cortès à Ségovie, et promulgua un manifeste solennel attestant au monde les injures qu'il avait reçues de don Sanche son fils, le déshéritant et lançant contre lui sa redoutable malédiction; en sorte que le prince consterné pensait déjà aux moyens d'implorer le pardon de toutes ses fautes aux pieds d'un père irrité, quand celui-ci mourut à Séville, le 4 avril 1284. Don Alonse ne se montra pas insensible aux marques de repentir de don Sanche; comme l'amour paternel met souvent en oubli l'ingratitude des enfants, quelques auteurs ont prétendu que don Alonse changea son testament à l'heure de sa mort, et nomma don Sanche pour son successeur. Il est hors de doute que don Alonse n'eut pas plus tôt fermé les yeux que son fils fut proclamé roi par tous les peuples qu'il gouvernait depuis deux ans en maître absolu; qu'il reçut le serment d'obéissance de ceux mêmes qui étaient restés attachés à son père, et que son frère l'infant don Juan fut obligé d'abandonner le projet qu'il avait formé de conserver Séville et Badajoz en s'appuyant sur la première disposition testamentaire du roi défunt.

Une réponse très dure et hors de propos de la part de don Sanche lui attira depuis ce moment le ressentiment du roi de Maroc, ennemi puissant qu'il aurait dû traiter avec quelque considération. Aben Jucef ne désirait point la guerre, mais il ne la refusait pas non plus ; voyant que l'on dédaignait ses propositions de paix et d'amitié, il passa le détroit avec une flotte considérable, assiégea Xérez et couvrit de ruines et de dévastations toute la contrée de Séville. Don Sanche se préparait à lui résister quand il reçut un message du roi de France qui le suppliait de ne pas donner assistance à celui d'Aragon dans la guerre qu'il lui avait déclarée pour le dépouiller de ses états. Le pape avait excommunié le roi d'Aragon pour ses prétentions à la Sicile, et donné son royaume à Charles de Valois, en supposant que quiconque favoriserait un roi excommunié ne pouvait manquer d'être regardé comme coupable. La crainte des Cerdas fit regarder à don Sanche que son alliance avec le roi d'Aragon était indispensable ; mais la guerre d'Andalousie formait un obstacle à ce qu'il pût détacher une partie de ses forces pour aller au secours de son confédéré. Ainsi donc, rempli du désir de conjurer l'orage, il renvoya les ambassadeurs de France avec une réponse équivoque, promettant d'en envoyer lui-même d'autres pour suivre cette négociation. Cependant il ne put pas donner le change au roi de France, qui, sans attendre une nouvelle ambassade, entra en Aragon avec cent mille combattants; se présenta devant *Gérone*, et mit cette place dans la plus grande consternation. Le roi d'Aragon ne se trouvait pas avoir des forces suffisantes pour repousser de ses états un ennemi si formidable; il demanda à la Castille les secours stipulés, et don Sanche donna pour excuse le siége de Xérez et les incursions des Maures d'Andalousie. Le roi d'Aragon ne devait pas être très satisfait; mais dissimulant son ressentiment jusqu'à meilleure occasion, il n'avisa pas moins aux moyens de résister seul aux efforts d'une armée instruite dans la guerre. Il mourut peu de temps après, et son fils don Alonse III lui succéda. De crainte que la guerre une fois terminée avec la France, le fils ne vengeât le père laissé sans secours, en appuyant les prétentions des Cerdas, le roi de Castille lui envoya une ambassade avec prière de la recevoir, et avec l'assurance du désir de continuer une alliance qui depuis long-temps unissait les deux couronnes. Mécontent de la réponse vague qu'obtinrent ses ambassadeurs, ce roi sentit qu'il se trouvait bien près d'une rupture. Dans cette conjoncture l'amitié de la France lui devenait importante; mais comme la moindre démarche pour la solliciter devenait un pas décisif contre le roi d'Aragon, dont il importait de conserver l'amitié, il prit la résolution d'assembler les cortès à Alfaro pour discuter la question en présence de la noblesse, du clergé et du peuple, et pour délibérer sur le choix et l'utilité de ces deux alliances; peut-être préféra-t-on la moins avantageuse, puisqu'on choisit celle de la France; mais au moins don Sanche eut-il la satisfaction d'être vengé dans ce congrès des injures de don Lopez Diaz de Haro, dont l'insolence était allée jusqu'au point de traiter comme pays ennemi les états d'un roi son protecteur. Cet ingrat, qui avait tant de motifs de craindre le ressentiment de son maître, se présenta devant l'assemblée avec une rare effronterie, se mettant à parler avec chaleur pour le roi d'Aragon, contre l'avis de la reine, des prélats et de tout le conseil royal. Don Sanche, qui le vit engagé dans ces débats, forma sur-le-champ le projet de s'emparer de sa personne et de l'obliger par ce moyen à restituer le fruit de ses usurpations; après être sorti de l'assemblée il s'informa du nombre des troupes qu'avait amenées don Lopez, et disposa son monde à tout événement. Le roi retourna à l'assemblée et signifia à don Lopez de se rendre prisonnier. La réponse de don Lopez fut d'appeler les siens à son secours, et de se jeter en fureur avec un poignard vers la porte où était le roi; mais la garde s'interposant entre eux lui emporta d'un coup de tranchant d'épée la main droite, et il tomba mort d'un coup de masse. L'infant don Juan, ami de don Lopez et le complice de ses attentats, chercha également à se faire un passage le poignard à la main : il blessa quelques personnes ; mais il aurait éprouvé le même destin que son compagnon, s'il ne se fût mis sous la sauvegarde de la reine. Néanmoins il fut arrêté et conduit à Burgos. Par ce moyen, don Sanche recouvra en peu de jours les châteaux et forteresses que son frère et don Lopez lui avaient enlevés.

Cependant cet événement ne calma pas les inquiétudes de la Castille. La veuve de don Lopez, malgré les protestations de don Sanche de n'avoir point eu de part à la mort de son mari, fit prendre les armes à son fils don Diego Diaz de Haro ; et, après avoir rassemblé beaucoup de monde, ils passèrent en Aragon pour demander la liberté des Cerdas. Ils l'obtinrent aussitôt, parce que le roi d'Aragon ne désirait qu'une occasion favorable pour se venger de celui de Castille. Ils proclamèrent roi de Castille et de Léon don Alonse, l'aîné des infants Cerdas ; et par l'influence de don Diego les deux Alonse contractèrent l'alliance la plus intime. Mais don Diego mourut peu après, et cela mit fin aux ressentiments.

CHAPITRE XXVI.

Le roi d'Aragon, occupé de la guerre de France, de Sicile et de troubles domestiques, loin de pouvoir employer ses forces à prêter du secours, devait songer à sa propre défense; or, comme Alonse de la Cerda n'avait pas d'autre protecteur que lui, il se trouva roi sans cour, sans états, sans troupes pour soutenir sa dignité. L'infant demanda néanmoins au roi d'Aragon l'exécution de l'engagement qu'il avait contracté en sa faveur, et lui fit des promesses qui n'étaient point à dédaigner, dans le cas où ses armes le mettraient en possession des royaumes de Castille et de Léon usurpés par don Sanche son oncle; en sorte qu'il ne fut pas possible au roi de s'y refuser. Il se hâta d'apaiser les divisions intestines, porta son armée à plus de cent mille hommes, et marcha contre don Sanche qui l'attendait sur la frontière avec des forces considérables. Tout annonçait un combat général et décisif; mais cela se réduisit de part et d'autre à quelques menaces qui n'eurent aucun effet, et à quelques hostilités contre la ville d'Almanza.

Don Alonse d'Aragon mourut peu après; l'infant de la Cerda chercha à faire entrer dans ses intérêts son successeur don Jayme II; mais les choses avaient déjà changé de face. Don Sanche, aimé de ses sujets, ami de la France, était un ennemi redoutable; c'est pourquoi Jayme, recommandable par sa prudence, jugea plus convenable de contracter alliance avec le roi de Castille que d'exposer sa réputation à l'issue douteuse d'une guerre volontaire. Don Sanche informa le roi de France de ce nouveau traité passé avec celui d'Aragon; il tâcha de concilier ces deux puissances, et moyennant certaines conditions et sûretés réciproques, il parvint à terminer, ou tout au moins à suspendre momentanément des dissensions qui paraissaient devoir s'éterniser.

Toutes les précautions que prenait don Sanche pour manier certains esprits révolutionnaires qui faisaient chanceler sur sa tête une couronne acquise par la violence n'avaient pu parvenir à éteindre le feu de la sédition, recouvert de cendres qui paraissaient refroidies et se ranimaient au moindre vent. Jamais l'infant don Juan n'abandonna ses prétentions. Il devait sa liberté à son généreux frère; mais son cœur n'étant pas susceptible de sentiments nobles, il ne paraissait l'avoir reçue que pour en abuser honteusement.

Dès qu'il se vit en liberté, s'étant uni aux mécontents Laras, il s'occupa de fomenter une insurrection ; mais don Sanche l'étouffa dans son origine, et don Juan fut contraint de fuir en Portugal. Un homme aussi remuant ne pouvait qu'être dangereux partout. Le roi Denis le fit sortir de ses états à la requête de don Sanche ; et s'étant embarqué pour la France, un vent contraire le conduisit à Tanger ; trop astucieux pour être déconcerté par contre-temps, il ne pensa qu'à tirer parti des circonstances. Il persuada à Aben Jucef qu'il venait lui offrir ses services ; et comme il se trouva que le roi de Maroc méditait une expédition contre la Castille, don Juan obtint qu'il lui donnât le commandement de cinq mille cavaliers destinés à la conquête de Tarifa. Il se présenta effectivement devant la place, défendue par don Alonse Perez de Gusman *le Bon*, qui repoussa avec bravoure les assauts réitérés et formidables des assiégeants. L'infant reconnut la difficulté de l'entreprise ; mais une résistance qui blessait son amour-propre enflamma sa colère ; il fit serment de ne point abandonner la ville avant qu'elle fût rendue, soit par sa valeur, soit par quelque autre moyen. Il apprit que don Alonse, craignant les dangers du blocus, avait fait sortir de Tarifa son fils unique, dans un âge tendre, et qu'il était dans un village voisin. Il

se disposa sur-le-champ à lever le camp; il avertit le père qu'il le tenait en son pouvoir, mais il lui déclara que s'il ne rendait pas la place, on passerait une épée à travers le corps de son fils. Don Alonse vainquit par la grandeur de son âme les sentiments de la nature, et, sans hésiter un seul instant, il monta sur les remparts et donna l'assurance à l'infant qu'il défendrait Tarifa jusqu'au dernier soupir. « Je n'ai qu'un fils,
» mais je l'aime trop, dit-il, pour consentir que
» sa vie soit le prix d'une infamie; si, au lieu d'un
» seul fils, j'en avais plusieurs, je les sacrifierais
» tous pour l'honneur et ma patrie; ainsi donc,
» infant don Juan, si dans votre camp il manque
» de fer pour immoler la victime, prenez celui-
» ci. » Il jeta son épée dans la plaine; ce fut avec une fermeté héroïque qu'il se retira pour se mettre à table. Bientôt on entendit une rumeur extraordinaire dans le camp ennemi. Don Alonse courut aux créneaux, et les yeux d'un père furent témoins de la scène la plus horrible et la plus déchirante : *on assassina son enfant innocent.* Mais, portant à l'extrême sa constance farouche, mais héroïque : « Ce n'est rien, dit-il, en se
» retournant vers les siens, je m'étais imaginé
» que les ennemis escaladaient la muraille..... »
et *il continua son repas.* Les Mahométans jugèrent par là que leurs tentatives seraient inutiles;

ils levèrent le siége, et repassèrent tous le détroit, à l'exception de l'infant, qui se retira à Grenade.

Pendant ce temps le roi don Sanche ne cessait d'augmenter ses forces de mer et de terre pour aller faire le siége d'Algéciras. Aben Jucef, persuadé que la garnison de la place ne suffirait pas pour la défendre, manda à son gouverneur que puisque pour le moment il n'était pas possible d'y envoyer aucun secours, il devait la céder au roi de Grenade, à condition qu'il se chargerait de la défendre. De cette manière, les Africains, faute d'avoir un port pour leur servir d'asile, cessèrent d'infester par leurs pirateries les côtes d'Espagne. A peu de temps de là, le 26 avril 1295, mourut le roi don Sanche, nommant pour son successeur son fils don Fernand, âgé de neuf ans, et chargeant de sa tutelle et du gouvernement de ses états la reine sa femme, Marie Alphonse de Molina. Si la grandeur d'âme et la constance avec lesquelles il conduisit ses entreprises lui valurent le surnom de *Brave*, son ambition démesurée, qui lui fit fouler aux pieds la tendresse paternelle, le priva de celui de *Vertueux* qu'il aurait dû souhaiter par préférence.

La mère du nouveau roi Fernand IV était l'une des princesses les plus habiles et les plus vertueuses qui aient occupé le trône. Pour se faire une idée de son mérite, il suffit de considérer les circonstances critiques dans lesquelles elle se trouva, la prudence et le discernement avec lesquels elle sut sortir de cette situation fâcheuse. Entourée de princes et de grands turbulents, qui maintes fois cherchèrent à lui faire perdre la confiance de son fils, elle sut par son amour et sa tendresse la conserver, en même temps qu'elle gagnait l'estime du peuple par sa bonté, son équité et son adresse dans le maniement des négociations les plus délicates. Don Fernand aurait été constamment heureux sous sa direction; mais il dédaigna quelquefois ses conseils, et paya toujours chèrement la faute de ne les avoir pas suivis.

A peine le nouveau roi fut-il proclamé, que dans la Grenade l'ambitieux infant don Juan se fit appeler verbalement et par écrit roi de Castille et de Léon, menaçant de s'emparer de la couronne au moyen d'une armée de Maures séduits par l'espoir du butin. Don Diego de Haro, chevalier puissant, se rendit en même temps maître d'une partie de la Biscaye et infestait par ses incursions les frontières de Castille. Pour remédier à tant de maux, il fallait un prince valeureux et expérimenté. Celui qui régnait, bien jeune encore, était sous l'égide d'une mère douée d'un talent extraordinaire. Celle-ci implora la protection de don Juan et de don Nuñez de Lara, frères puissants que le défunt don Sanche avait chargés de la garde et de la défense du prince et de sa mère. Ils s'offrirent à marcher contre don Diego; mais il n'eurent pas plus tôt reçu les sommes que la reine leur fit remettre pour cette entreprise, qu'ils commirent la bassesse de l'abandonner pour se réunir au rebelle.

Dès que ces bruits parvinrent à la cour, l'infant don Henri, oncle du roi, conçut par ambition le projet de s'emparer de la tutelle de son neveu et du gouvernement de ses états. Il parvint à séduire par ses promesses une grande partie des habitants, et la reine, voyant que ce parti grossissait et devenait chaque jour plus redoutable, se détermina à rassembler les cortès à Valladolid, afin de sanctionner l'obéissance jurée au jeune don Fernand. Don Henri, désirant empêcher que les villes envoyassent des députés, leur dépeignit la reine comme armée de courroux, prête à venger ses offenses par des tributs tyranniques, et soutenue par de nombreuses armées qui l'accompagnaient; mais tout ce qu'il en résulta fut qu'ils se présentèrent armés, et que, par timidité, les habitants de Valladolid ne permirent qu'au prince et à sa mère seulement d'y entrer. La reine reconnut que dans cette assemblée elle n'avait qu'à opposer de vains efforts contre les prétentions de l'infant. Seule, au milieu de beaucoup d'orateurs dévoués pour la plupart à celui-ci, elle dut céder : on lui laissa la faculté de diriger l'éducation de son fils, mais don Henri fut chargé de l'administration de la couronne avec le titre de tuteur.

A peine sortie de cette anxiété, des envoyés des Laras arrivèrent auprès d'elle pour qu'on accordât la Biscaye à don Diego de Haro, avec menace, dans le cas contraire, de proclamer don Alonse de la Cerda, qui pour lors était en Navarre. La reine leur députa le grand maître de Calatrava et quelques autres personnages, pour tâcher de les amener à un parti raisonnable. Ceux-ci s'accordèrent avec les rebelles et revinrent, disant à la reine que si elle se refusait aux prétentions des Laras et des Haros ils l'abandonneraient eux-mêmes. La reine aurait sans difficulté fait ce sacrifice à la paix; mais comme les Biscayens se refusaient à reconnaître d'autre maître que l'infant don Henri fils de don Sanche, qui mourut peu après, il était nécessaire d'imaginer d'autres moyens de conciliation.

D'un autre côté, l'infant don Juan parcourait les contrées de l'Estramadure et de Léon pour disposer les habitants en sa faveur; quoique ses progrès fussent peu importants ou nuls, le roi Denis de Portugal protégeait ses prétentions, et il était à craindre que les écrits que l'on répandait en son nom dans les villes frontières en faveur des prétendus droits de l'infant n'eussent fini par indisposer les esprits contre un gouvernement combattu à la fois par tant de factions puissantes. Le nouveau tuteur se chargea de gagner le roi de Portugal et de réduire l'infant don Juan : la reine de transiger avec les Laras, et tout se termina heureusement. Le roi de Portugal, content qu'on lui cédât quelques places qu'il supposait lui appartenir, non seulement abandonna le parti de don Juan, mais encore consentit au mariage de sa fille Constance avec le roi don Fernand, pour l'époque où l'âge des époux le permettrait. L'infant don Juan consentit à retourner au service de son roi, moyennant qu'on lui rendît les états qui lui appartenaient dans le royaume de Léon, et le caractère belliqueux des Laras et des Haros se trouvant dompté par la prudence de la reine mère, on put espérer quelque tranquillité après tant d'inquiétudes et de bouleversements.

La paix dura peu. Elle était en opposition avec l'esprit des révolutionnaires ; aussi ne tardèrent-ils pas à se réunir, adoptant pour chefs l'infant don Juan, les Laras et don Alonse de la Cerda. Ils parvinrent à séduire de nouveau l'inconstant roi de Portugal, et trouvèrent également disposés contre la Castille les rois d'Aragon et de Grenade. Il paraissait impossible de résister à un corps si formidable d'alliés qui, se reposant sur l'assurance de la victoire, répartissaient entre eux les états du malheureux pupille, même avant de les avoir conquis. La principale raison que publiaient les rebelles pour se déclarer contre don Fernand et chercher à lui enlever la couronne, était que le mariage de ses père et mère ayant été déclaré nul et incestueux, il était bâtard et incapable de succéder. L'armée combinée, composée de cinquante mille hommes, commença la guerre en entrant par *Monteagudo*, *Almanza* et *Saint-Étienne de Gormaz*, et en s'emparant de tous les lieux et forteresses qu'elle trouvait attachés à leur roi légitime ou qui ne se rangeaient pas immédiatement du parti de don Alonse de la Cerda. Les partisans de l'infant don Juan et de don Juan Nuñez de Lara se réunirent en chemin; et tous ensemble traversèrent la Castille en la couvrant de décombres. Ils arrivèrent à Léon; la ville n'opposant aucune résistance, ils proclamèrent l'infant, roi de Galice, de Léon et de Séville, et se divisèrent pour occuper la Castille au nom de don Alonse de la Cerda. Celui-ci proclamé dans Sahagun roi de Castille, Tolède, Cordoue et Jaen, on pensa à vérifier si Jaen, Cordoue, Tolède et la Castille consentiraient à le reconnaître, c'est-à-dire qu'on finit par où l'on aurait dû commencer. Burgos donnait le ton au reste de la Castille, don Alonse la cernait afin de l'assiéger et la combattre dans le cas où elle se déclarerait contraire à ses vues. Mais comme le sort des Cerdas n'intéressait nullement l'infant don Juan, et qu'il ne visait qu'à se consolider dans un royaume dont il ne pouvait considérer alors comme à lui que la seule capitale, il se refusait à la conquête de la Castille qu'il trouvait devoir être différée. L'empressement des Cerdas ne permettait pas ces délais ; et tout ce que put obtenir l'infant fut qu'on mît le siége devant Majorque, remettant après la reddition de cette place à marcher contre Burgos. La reine mère, qui n'ignorait pas les principes de désunion qui régnaient dans le camp des coalisés, se hâta de mettre la place dans le meilleur état de défense, et si bien, que sa garnison et ses habitants surent déjouer par leur grand courage les efforts des assiégeants. Les campagnes et les habitants de la contrée ne furent pas exempts, il est vrai, du pillage et de la dévastation ; les alliés s'emparèrent de Villagarcia, Tordesillas, Médina de Rioseco, la Mota et autres lieux ; mais atteints d'une contagion dévastatrice, ils durent abandonner leur entreprise avec précipitation, et la ligue fut dissoute pour le moment.

D'un autre côté, le roi de Portugal se réconcilia de nouveau avec la Castille; et celui d'Aragon, occupé de ses expéditions en Italie, pouvait à peine répondre par de faibles secours aux promesses réelles et aux prodigieuses libéralités des Cerdas.

CHAPITRE XXVII.

Les troubles de la Castille n'étaient pas éteints. Les Cerdas et l'infant don Juan ne se désistaient pas si facilement de leurs prétentions; et l'infant don Henri, loin de veiller aux intérêts de son pupille, ne cherchait qu'à tirer parti des circonstances pour s'agrandir et contenter son ambition sous le masque spécieux du bien général. La reine avait pénétré le fond de son caractère, et déjà en différentes occasions elle était parvenue à déjouer adroitement ses perfides projets; mais elle craignait sa prépondérance, et dans la critique situation où elle se trouvait il valait encore mieux l'avoir pour ami peu sûr que pour ennemi déclaré. La légitimation des enfants de don Sanche, et le mariage du roi don Fernand avec Constance de Portugal, lui parurent le meilleur moyen de mettre fin à tant de maux et un frein aux machinations d'un tuteur aussi suspect; mais don Henri sut y mettre obstacle, en prévoyant le terme de son autorité et de sa tutelle. Les époux, parents à un degré très rapproché, ne pouvaient accomplir le mariage sans des dispenses du pape : on ne pouvait obtenir ces dispenses, non plus que la légitimation de don Fernand, sans satisfaire aux droits de la cour de Rome. L'assemblée des cortès de Valladolid en 1301 avait accordé à la reine divers impôts, mais une grande partie avait reçu une autre destination par suite de la paix conclue avec l'infant don Juan, qui, ne voyant pour le moment aucun moyen de pouvoir soutenir sa chimérique couronne, s'était déterminé à renoncer en faveur de son neveu à tous les droits qu'il pouvait avoir sur les états de Léon et à retourner au service du roi. Don Henri s'empara du surplus de ces impôts, sous prétexte de parer aux frais nécessaires pour fortifier les frontières; mais la reine trouva moyen d'obtenir d'autres dotations des cortès de Burgos de l'an 1302 sans compromettre don Henri. Les bulles de légitimation et de dispense arrivèrent, le mariage fut célébré et les prétextes de rébellion s'évanouirent.

La réputation qu'avait acquise la reine au milieu de pareils troubles, lui gagna aussi le cœur de son fils, qui lui accordait néanmoins la plus grande influence dans le gouvernement. Quoiqu'il fût émancipé et eût atteint sa dix-septième année, elle réglait par ses conseils la conduite du jeune roi; mais l'infant don Henri, ne pouvant jamais lui pardonner d'avoir montré plus d'adresse que lui-même, ni regarder avec indifférence une union qui détruisait ses projets pour l'avenir, se proposa de les diviser, et l'inexpérience du jeune monarque l'assurait de la réussite. Il l'invita à une partie de chasse; et prenant occasion de l'espace de temps que la reine lui avait accordé pour y rester : « Jusqu'à » quand, dit-il, devra-t-on permettre que le roi » de Castille et de Léon soit assujetti à la volonté » d'une autre personne? Craignez, sire, les ruses » de votre mère, dont l'ambition démesurée n'as- » pire à rien moins qu'à prolonger votre honteux » esclavage pour gouverner à son gré. Votre âge » et vos talents sont de sûrs garants de la sagesse » avec laquelle vous saurez manier les rênes de » l'administration publique; perdez la défiance » que vous inspire la modestie, et sachez bien » que si vous ne secouez le joug, vous ne serez » qu'un faible enfant sans moyens, et rien de » plus que l'ombre d'un monarque. »

Il n'aurait pas pu faire agir un ressort plus puissant. La vanité du jeune prince fut flattée, et il se laissa facilement séduire; et quoique la vertu de sa mère lui fût bien connue, il crut ne rien aventurer en se faisant l'ami d'un oncle qui se montrait si zélé protecteur de sa réputation. Il s'abandonna entièrement à don Henri; et comme celui-ci ne désirait rien tant que de l'arracher à l'influence de la reine et de l'éloigner d'elle autant que possible, il lui persuada d'aller visiter le pays de Léon avec l'infant don Juan et don Juan Nuñez de Lara. Quelques distinctions et certaine prédilection au sujet desquelles il se montra d'abord sensible aux flatteries des Laras, réveillèrent la jalousie contre don Henri, lequel, pour balancer la prépondérance qu'il devait craindre de ce parti, s'unit à don Diego de Haro, qui, attaché à celui de la reine, publiait que si ceux qui s'étaient emparés du roi faisaient la moindre tentative contre son gouvernement, la guerre civile éclaterait dans les états de Léon et de Castille. La reine parvint à rétablir la paix entre eux en assurant qu'elle s'opposerait à tout essai d'entreprise quelconque; mais le feu de la discorde, concentré de nouveau dans les fondements de l'édifice politique, à peine était étouffé d'un côté que de l'autre il déployait toute sa fureur.

En l'an 1303, don Fernand convoqua les Léonais en cortès à Médina del Campo; et presque tous les membres qui devaient les composer, voyant que l'invitation n'était faite qu'au nom du roi seulement, envoyèrent des députés à la reine en l'assurant qu'ils ne s'y rendraient que lorsqu'elle l'ordonnerait. La ville même de Médina del Campo s'offrit à fermer ses portes au roi et à ceux qui l'accompagnaient; mais la reine, qui ne désirait que de voir rétablir dans le royaume la tranquillité dont on était privé depuis long-temps, non seulement s'opposa à toute nouveauté, mais encore, à la sollicitation de son fils, autorisa cette assemblée par sa présence. Cependant les membres des cortès ne purent dissimuler leur chagrin de voir le roi en puissance des Laras et de l'infant, dont les méfaits leur avaient attiré l'exécration générale; ils demandèrent à la reine de leur permettre de se retirer chez eux, sous l'obligation de se rendre à ses ordres partout où elle l'exigerait; mais pendant que cette princesse employait tous les moyens que lui suggérait sa prudence pour les retenir, l'infant don Juan et don Juan Nuñez de Lara cherchaient dans la perversité de leurs cœurs à la brouiller avec le roi son fils, en lui persuadant qu'elle était la cause de tous les maux qui affligeaient la monarchie, et qu'elle avait le projet de marier sa fille Isabelle avec don Alonse de la Cerda pour les mettre sur le trône de Castille. Le roi ne pouvait pas s'imaginer que la reine ourdît des trames aussi horribles ; il avait des preuves suffisantes de sa générosité ; néanmoins, entraîné par les flatteries de ses deux tyrans, il ne se permit pas même de regarder leurs insinuations comme calomnieuses. Ils profitèrent donc de sa faiblesse, employèrent la ruse pour s'emparer des sommes accordées pour le royaume par les cortès, et celles qui eurent lieu postérieurement à Burgos, sans perdre l'espérance d'obtenir un triomphe décisif, se proposèrent de suivre leur système. L'infant don Henri, reconnaissant qu'il ne pouvait espérer d'eux rien de favorable à ses intérêts, proposa à la reine de se liguer contre des ennemis qui l'abhorraient si fort. La politique le lui conseillait, quoique son amour pour son fils et pour la paix s'y opposassent. Cependant, persuadée à la fin que le meilleur moyen d'arracher le roi à la puissance de ces méchants chevaliers serait de leur opposer un parti puissant, elle se détermina à condescendre à la demande de don Henri; alors les rebelles, feignant de découvrir dans cette action une confirmation de charges qu'ils lui avaient imputées, en tirèrent un nouveau motif pour alimenter la défiance de don Fernand envers sa mère. Le roi, intimidé par ces séditieux, se prêta à une coalition qu'ils lui proposèrent contre le parti de la reine; en sorte que tout menaçait d'une rupture générale. Les deux partis cherchaient de tout leur pouvoir à faire entrer dans leurs vues le roi d'Aragon; celui de don Henri, renforcé chaque jour davantage par une multitude de gens qui méprisaient ou détestaient un roi si avili et n'écoutant aucune raison, avait le projet, malgré la répugnance de la reine de porter don Alonse de la Cerda au trône de Castille. Par bonheur l'infant don Juan, fatigué de tribulations, et voyant enfin que la reine Marie tromperait toujours ses espérances, consentit à soumettre à la décision d'arbitres les droits que pouvaient avoir les infants de la Cerda au royaume de Castille. Sur ces entrefaites mourut don Henri, et l'on effectua le compromis, ensuite duquel si don Alonse de la Cerda n'obtint pas tout le royaume auquel il prétendait, au moins on lui adjugea une augmentation considérable de domaines et d'héritages, dont les revenus devaient arriver à une somme de cinq cent mille maravedis; le roi de Castille s'obligea d'en fournir le complément dans le cas où les biens assignés ne produiraient pas cette rente.

Malgré cela, la tranquillité ne se rétablit pas en Castille. Les Laras et les Haros avaient été toujours rivaux, et plusieurs honneurs accordés par le roi à ceux-ci en récompense de leurs services excitèrent la jalousie des premiers. L'expérience avait ouvert les yeux à don Fernand, et déchiré le voile qui changeait en zèle ardent l'ambition démesurée de ses faux amis. Plus docile à la raison et à la justice, il cherchait dans les conseils de sa mère les lumières qui devaient régler sa conduite. Par conséquent la faveur de l'infant et de don Juan de Lara avait considérablement diminué; et ceux-ci, qui naguères avaient aspiré au souverain pouvoir afin de s'agrandir, avaient peine à s'accoutumer à une situation précaire alors qu'il fallait se venger et abattre un parti qui leur portait ombrage. Ils cherchèrent à persuader au roi que le système erroné de ses ministres conduisait le royaume à une ruine prompte et inévitable; qu'il était urgent de les renvoyer et de les remplacer par d'autres qui fussent capables de remédier au mal. Quoique le roi sût bien à quoi tendait une insinuation aussi calomnieuse, désirant éviter de plus grands malheurs, du consentement et de l'accord de sa mère il porta au ministère l'infant, et à sa suite plusieurs autres personnes de son parti. Il parvint à arrêter pour le moment les effets funestes qui causaient ses inquiétudes; et profitant de cette apparence de tranquillité, il se détermina à entreprendre la guerre de Grenade, dont la conquête lui paraissait facile à cause des divisions intestines qui tenaient ce royaume dans une violente agitation.

L'infortuné roi Aben-Alamar, aveugle, incapable de résister aux intrigues et à l'ambition de son beau-frère Ferraen, avait passé spontanément de la splendeur du trône à l'abaissement d'une condition inférieure. Le commandant d'Alméria avait pris le titre de roi de cette ville, et presque tous les gouverneurs et les chefs principaux des mahométans, cherchant à tirer parti de ce désordre, ne parlaient que de se partager les restes d'une puissance morcelée. Les rois de Castille et d'Aragon réunirent leurs forces; dans la confiance que leur entreprise aurait une heureuse issue, ils commencèrent la guerre; le premier assiégea Algéciras et le second Alméria, places qui servaient de refuge aux Africains qui passaient Espagne, et que dès lors il était important de leur enlever. Cependant le roi d'Aragon, après avoir remporté durant deux années des victoires signalées, fut obligé de lever le siége d'Alméria, à cause de la mauvaise saison et des troubles qui s'étaient manifestés en Catalogne; le roi de Castille fut abandonné de la moitié de son monde par les intrigues du pervers don Juan, et forcé d'accéder aux propositions des habitants, sans tirer d'autre fruit de cette expédition que l'occupation de Gibraltar ; conquête chèrement payée, puisqu'elle coûta la vie au célèbre don Alonse Perez de Guzman el Bueno qui mourut en héros en combattant au champ d'honneur. Pendant que la garnison sortait de la place, un vieux officier sarrasin s'approcha du roi et lui dit : « Quelle peut être la » cause pour laquelle votre majesté me poursuit » avec tant de persévérance? Don Fernand, » votre bisayeul, m'a chassé de Séville, votre » ayeule, de Xerez, don Sanche, votre père, de » Tarifa, et vous, sire, me faites sortir de » Gibraltar ; je ne sais si en Afrique, où je vais » actuellement, je pourrai trouver un endroit sûr » et retiré où je puisse finir mes jours en tranquillité »

La trahison de l'infant avait tellement courroucé le roi, qu'il était résolu de l'en punir par les plus terribles châtiments ; mais ce n'était pas chose facile sans le consentement et l'aide de don Juan Nuñez de Lara. Il se flatta néanmoins que celui-ci se prêterait à sa volonté royale; lorsque le coup allait être porté, l'infant qui en fut informé, malgré le secret avec lequel le piége lui était tendu, parvint à se sauver à Burgos, grâce à la vitesse de son cheval. D'après les prières de la reine et l'intercession de quelques évêques, il obtint une grâce qu'il ne méritait pas.

Les grands de Castille, fatigués de tracasseries qui ne leur procuraient pas les avantages qu'ils s'en étaient promis, peu à peu se plièrent à un certain système de tranquillité, qui permettait au roi de continuer ses expéditions. Sans se décourager par la malheureuse issue de la précédente guerre de Grenade, il leva une nouvelle armée et se présenta en Andalousie. Il se trouvait à Martos quand il apprit qu'il y avait dans cette ville deux frères chevaliers nommés les *Carvajales*, gravement soupçonnés d'avoir commis un assassinat à la porte du palais royal de Palencia ; le roi, sans preuves ni procès, les ayant fait arrêter, les condamna à être précipités d'une roche très élevée. Ces malheureux réclamèrent le droit d'avoir des juges. On leur refusa sans pitié cette consolation, sans qu'on donnât aucune raison d'une semblable inhumanité, en opposition avec le caractère bon et pacifique de don Fernand. Ces infortunés subirent ce cruel supplice en protestant de leur innocence, mais ils assignèrent le roi à comparaître avant trente jours au tribunal du juge suprême, pour venir rendre compte de son injustice ; vers ce terme on trouva mort dans son lit le roi qui se sentait auparavant indisposé. Cet événement remarquable, qui pouvait être l'effet du hasard, confirma dans l'opinion publique l'innocence des deux frères, et laissa au roi le surnom de *l'Assigné*. Sa mort arriva le 7 septembre 1312.

CHAPITRE XXVIII.

On nomma pour succéder à don Fernand le jeune Alonse XI, qui alors n'était âgé que d'un an; et la Castille qui n'était pas encore bien remise des maux occasionés par les troubles précédents fut de nouveau le théâtre des scènes scandaleuses qui caractérisèrent les minorités de ce siècle. On vit aussitôt deux partis aspirant à la tutelle et au gouvernement, tous deux puissants, obstinés, comme aussi trop orgueilleux pour sacrifier le moindre de leurs caprices à l'avantage de la tranquillité publique. Presque tous les habitants de l'Andalousie suivaient la faction de l'infant don Pierre, oncle du roi, qui, uni avec la reine ayeule Marie, confédéré avec le roi Jayme II d'Aragon, et aidé par don Juan Alonse de Haro, *maître de la garde-robe*, avait une armée de douze mille hommes à sa disposition pour imposer silence à son compétiteur l'infant don Juan. Celui-ci avait à sa dévotion quelques provinces de Castille; son parti était renforcé par les personnes attachées à la reine veuve Constance, les Cerdas, l'infant don Philippe aussi oncle du roi, don Juan Nuñez de Lara et autres personnages importants; mais ses forces étaient inférieures à celles de don Pierre, et don Juan n'osait pas s'exposer à une action décisive. S'emparer de la personne du monarque enfant était le moyen le plus sûr, et selon son sentiment le plus facile pour dicter ensuite la loi et se faire obéir même des cortès; et comme dès l'origine de ces troubles la reine l'avait fait retirer à Avila, en le confiant à la garde de l'évêque don Sanche, il crut qu'ayant pour lui la mère, le seul retard qu'il éprouverait serait celui que lui-même apporterait à cette entreprise. Don Juan Nuñez de Lara se chargea d'enlever le roi. Rien n'aurait en effet empêché qu'on ne s'en emparât, si la reine Marie, connaissant l'attachement de sa belle-fille au parti de l'infant don Juan, n'avait envoyé en hâte quelques troupes à l'infant don Pierre pour le faire retrograder jusqu'à Burgos. On crut que le seul moyen de rétablir la tranquillité était de convoquer des cortès et que les prétendants se soumissent à leur décision; effectivement leur assemblée se tint à *Palencia;* mais comme les villes étaient divisées, leurs députés n'étant pas non plus d'accord, il ne fut pas possible de s'entendre. L'infant don Pierre et la reine Marie, sa mère, obtinrent les votes des villes qui leur étaient dévouées ; et l'infant don Juan et la reine Constance réunirent les suffrages de celles qui suivaient leur parti.

La reine Marie, malgré son âge, et renonçant au repos que lui avaient rendu si nécessaire les sollicitudes qu'elle avait éprouvées, ne négligeait aucun moyen pour apaiser ces dissensions ; mais ni sa douceur, ni son talent distingué n'étaient suffisants pour réconcilier deux partis aussi acharnés; quoique par la mort de sa belle-fille celui de l'infant don Juan fût un moment affaibli, un ami puissant se réunit bientôt à lui ; c'était don Juan Manuel, gouverneur de Murcie. D'un autre côté, la voie des armes ne pouvait qu'exaspérer les partis et les rendre ennemis plus implacables ; il était donc nécessaire de recourir à un terme moyen ; la reine proposa de confier la tutelle et le gouvernement aux deux infants, de manière que chacun d'eux fût chargé de ses fonctions administratives dans les villes qui les avaient choisis à Palencia. Les cortès de Burgos, réunies en 1315, donnèrent leur adhésion à cette idée. La mort de don Juan Nuñez de Lara, homme si turbulent, contribua puissamment à une pacification d'autant plus urgente qu'il était essentiel de contenir les Maures de Grenade qui ravageaient impunément les frontières. L'infant don Pierre, qui se chargea de les dompter, leva une armée assez importante, arriva dans les plaines de Grenade, et les premières actions de cette campagne furent marquées par autant de victoires. Sa prospérité réveilla l'envie durable de l'infant don Juan. Il craignit que don Pierre n'aspirât à se rendre maître d'une grande partie du royaume de Grenade; que les villes de Léon et de Castille, qui jusqu'alors avaient été de son parti, éblouies par la gloire de son rival, ne se déclarassent pour lui; et que don Pierre, à la faveur de ce changement, ne voulût s'emparer de la domination absolue ainsi que de la tutelle. Don Juan devait lui envoyer des troupes et de l'argent pour soutenir la guerre; mais il prit le parti de feindre d'ignorer qu'il avait besoin de l'un et de l'autre de ces secours, estimant que c'était un moyen sûr de détruire toutes les espérances qu'il pourrait avoir conçues des avantages remportés jusqu'alors, et par conséquent de nuire à sa réputation. Don Pierre réclamait en vain; il fallut que la reine Marie, pour qui la cause de ces contrariétés n'était pas une énigme, engageât l'enfant don Juan à prendre part à la guerre, en lui promettant la moitié des dîmes ecclésiastiques concédées à don Pierre par le pape Jean XXII. Les deux infants se présentèrent sur la frontière à la tête de leurs troupes respectives, prirent d'assaut divers places, et se comportèrent avec intrépidité à la vue de Grenade ; mais se voyant maîtres d'un riche butin, et souffrant des chaleurs de l'été, ils songèrent à se retirer. Alors ils attaquèrent les Maures avec une bravoure extrême ; le combat fut très opiniâtre ; trahie par la victoire, l'armée de ces deux chefs fut mise en déroute, et eux-mêmes, accablés de fatigue, périrent dans l'action.

La reine fut chagrinée d'un événement si funeste ; elle restait seule pour tutrice du roi son petit-fils et pour le gouvernement de ses états. Quoiqu'à la vérité, par la mort de l'infant don Juan, la Castille n'eût perdu qu'un ennemi perpétuel de la tranquillité publique, il en restait encore d'autres non moins fâcheux ; l'âge de cette princesse, fatiguée de lutter depuis si long-temps contre des esprits remuants et si nombreux, ne lui permettait pas d'affronter les nouveaux troubles dont on était menacé. Aussitôt don Juan Manuel se déclara prétendant à la tutelle, et sous prétexte que la reine ne pourrait pas soutenir une charge aussi pénible, il obtint le suffrage de quelques villes. Son insolence alla jusqu'au point de créer un sceau particulier dont il se servait comme tuteur et gouverneur absolu, et d'empêcher que les causes, même par voie d'appel, passassent à la chancellerie du roi, comme c'était l'usage. L'infant don Philippe, fils de la reine-mère, se proposa de rabaisser son ambition, ou de lui disputer la tutelle. Deux ou trois fois ils furent sur le point d'en venir aux mains; mais la reine, toujours soigneuse d'empêcher l'effusion du sang, parvint à les réconcilier et à les engager à répartir entre eux le gouvernement et la tutelle, ainsi que l'avaient fait les infants don Juan et don Pierre.

Cependant ici deux autres compétiteurs non moins puissants entrent en lice. Don Juan *le Borgne*, fils de l'infant don Juan, se rend à Burgos, obtient de la ville et de son conseil d'être nommé tuteur, et son élection est garantie par un serment solennel. Don Fernand de la Cerda se présente, sollicite et obtient la même chose; un nouveau serment devient aussi le gage de sa nomination; ensuite ces deux factieux se joignent, se lient entre eux par un traité, et forment un parti considérable contre celui de la reine et des deux co-tuteurs : maîtres de Burgos et d'une grande partie de la Castille, ils décident qu'ils refuseront obéissance au souverain. D'un autre côté, les villes qui avaient choisi don Juan Manuel l'abandonnèrent spontanément et nommèrent l'infant don Philippe. Chaque jour il y avait des changements de parti entre les cinq tuteurs, et enfin la mort de la reine Marie vint mettre le comble à toutes ces calamités. Cette princesse, dont l'âme était ornée de vertus, succomba sous le poids des infirmités de la vieillesse, que ses peines et ses chagrins avaient sans doute rendues plus graves ; elle mourut à Valladolid en 1321, en recommandant le roi son petit-fils aux chevaliers, gentilshommes et au conseil de cette ville.

Si durant sa vie, malgré son zèle infatigable, il n'avait pas été possible de contenir le feu de la sédition, on peut s'imaginer avec qu'elle violence il dut s'enflammer après sa mort. Le désordre fut en effet à son comble, et ce désordre jeta de la confusion dans les affaires du gouvernement et mit de l'incertitude dans le sort des peuples. Les tuteurs ne pensaient qu'à se dépouiller mutuellement et à sacrifier à leur ressentiment tous ceux qui n'étaient pas de leur parti. Comme ils ne tenaient pas leur nomination des cortès, mais seulement de quelques villes, qui changeaient à leur gré de tuteur à la moindre brigue de l'un des concurrents, la sûreté, la propriété des citoyens étaient violées dans l'intérieur de leurs maisons, attaquées sur les chemins publics ; il était donc urgent de recourir à la force pour résister à des bandes de brigands et d'assassins qui ne faisaient qu'accroître avec impunité la situation déplorable du royaume. Combien la haine et l'esprit de parti ne se servirent-ils pas de ces scélérats pour assouvir leur vengeance? Depuis la mort de la reine, quatre années s'écoulèrent dans une agitation pleine de violence; enfin le roi atteignit l'âge de quatorze ans, fit déclarer sa majorité, et les tuteurs se virent forcés de renoncer solennellement à une charge qui masquait leur ambition.

Le roi commença à rétablir l'ordre par sa prudence; les esprits révolutionnaires se virent menacés d'un sévère châtiment. Don Juan Manuel et don Juan *le Borgne*, qui avaient contribué plus que tous autres aux troubles passés, et qui par conséquent se trouvaient plus exposés au ressentiment de don Alonse, cherchèrent à se préserver de l'orage qui menaçait d'éclater sur leurs têtes. Ils renouvellèrent leur ancienne alliance à *Cigales*, lieu appartenant à don Juan *le Borgne* : un serment solennel resserra davantage des liens formés par l'intrigue et l'esprit de parti; et la main de Constance, fille de don Juan Manuel, devait consolider pour toujours l'union entre les deux familles. Le roi prévit les conséquences d'une coalition si puissante, et tâcha de les prévenir; ni la prudence ni sa position ne lui permettaient de recourir à la force, mais la politique lui présentait dans le caractère de don Juan Manuel un moyen certain de fomenter entre eux une implacable inimitié. Il lui envoya un message pour lui demander, sous le plus grand secret, sa fille en mariage ; cet ambitieux, aussi mauvais chevalier qu'infidèle ami, flatté du bonheur de voir sa fille occuper le trône de Castille, et avec l'espérance d'avoir une grande influence dans le gouvernement de l'état, accepta avidement cette proposition avantageuse, sans avoir honte de manquer à ses engagements, à ses promesses, à ses serments. En effet le mariage fut célébré, mais jamais il ne put être consommé à cause du jeune âge de l'épouse. Don Juan *le Borgne*, trompé, furieux et méfiant, se mit sous la protection de don Jayme d'Arragon, à qui il demanda la main de sa petite-fille Blanche, réveilla la haine assoupie de don Alonse de la Cerda, et de plus, parvint à former une coalition avec le roi de Portugal. Sa puissance étant renforcée par ces alliances, il menaçait la Castille d'une nouvelle guerre civile qui, tout en mettant sa personne à couvert de quelque insulte, lui procurât la satisfaction de venger l'affront fait à son amour et à son amitié. Don Alonse devait le craindre, parce que, la tranquillité n'étant pas encore bien rétablie dans ses états, le trésor étant épuisé par les dilapidations des tuteurs, et avec peu de ressources pour exiger de nouveaux subsides de ses peuples surchargés, il ne se trouvait pas disposé à exposer son autorité et sa couronne dans une lutte désavantageuse contre de si puissants ennemis. Il fallait désarmer le rebelle, mais cela exigeait beaucoup de prudence. Il le fit appeler à *Toro*, sous le prétexte de terminer leurs différents et de combiner les plans de la guerre que l'on projetait contre les Maures; mais don Juan s'en excusa, soupçonnant que c'était un prétexte pour se défaire de lui. Alors le roi, qui ne se voyait point tranquille tant que ce révolté se trouverait dans le cas de donner suite à ses complots, résolut d'employer l'artifice pour parvenir à ce qu'il n'avait pu obtenir par de bons procédés. Certaines offres feintes et le sauf-conduit qu'il lui envoya dissipèrent ses appréhensions. Il se décida enfin à se rendre à *Toro*, et l'accueil gracieux du roi acheva de le tranquilliser. Cependant le jour suivant il fut poignardé à l'entrée du palais, ainsi que deux chevaliers qui l'accompagnaient. Les attentats de don Juan lui méritaient sans doute un châtiment très sévère; la tranquillité publique demandait sa tête; mais un assassinat prémédité n'était ni dans l'ordre de la justice, ni digne de la majesté d'un monarque qui avait engagé sa foi et sa parole de roi.

Cette nouvelle ne fut pas plus tôt répandue, que don Juan Manuel, qui n'avait pas moins de motifs pour appréhender le même sort que don Juan *le Borgne*, et qui ne se regardait pas comme très en sûreté malgré la parenté rapprochée qui l'unissait au roi, abandonna le gouvernement des frontières d'Andalousie et se sauva à Chinchilla, place extrêmement forte qui lui appartenait. La situation était passablement critique, parce que le roi avait entrepris la guerre de Grenade, et que les forces de ce gouverneur pouvaient lui faire très grand besoin; il le fit inviter depuis Séville à venir le joindre avec ses troupes; mais il s'y refusa, et même lui manifesta l'intention de se lier avec le roi de Grenade. Ses craintes justifiaient sa désobéissance ; le roi répudia Constance pour le punir, ou plutôt parce que l'amour n'avait eu aucune part à son mariage ; et prêtant ensuite l'oreille aux propositions avantageuses du roi de Portugal, il épousa sa fille Marie. Don Juan Manuel, désespéré, renonça à la Castille, se ligua avec les rois d'Aragon et de Grenade pour qu'ils l'aidassent à venger l'affront de sa maison ; et les désastres qu'il occasiona sous ce prétexte furent incalculables. Le roi envoya son confident Garcilaso de la Vega, grand justicier de sa maison, avec quelques chevaliers, pour lever quelques troupes dans la province de Soria et les conduire à la frontière contre les Maures et les gens de don Juan Manuel. Les habitants de Soria prirent les armes, soit qu'ils fussent entraînés par les séductions de ce dernier, soit qu'ils crussent qu'on venait arrêter quelques personnes, se précipitèrent avec fureur sur Garcilaso et ses accompagnants, pendant qu'ils étaient à la messe; il n'y en eut que quelques uns qui parvinrent à se sauver, déguisés sous l'habit religieux.

CHAPITRE XXIX.

Don Alonse, résolu de venger cet attentat sacrilège, qu'il attribuait à don Juan Manuel, se refusa à tout accommodement, quoique le pape cherchât, par l'entremise de ses légats, à réconcilier les esprits irrités. Le roi dévastait les domaines de don Juan; celui-ci, de son côté, ravageait ceux du roi : on vit se renouveler en Castille les funestes scènes d'horreur, de sang et de déprédation qui transformaient les peuples en squelettes tristes et décharnés. L'insurrection embrasait tout : Valladolid, Toro, Zamora et d'autres villes principales se déclarèrent bientôt contre don Alonse. Comme les prétextes spécieux ne manquent jamais pour colorer la conduite la plus détestable, on se servit en cette occasion de la faveur dont jouissait le comte de Trastamara don Alonse Nuñez de Osorio. Le roi punissait avec une rigueur extrême les rebelles qui tombaient sous sa main; mais peut-être cette sévérité qui paraissait nécessaire dans ces circonstances contribua-t-elle à rendre plus difficile la soumission des autres. Enfin, la nécessité de porter toute son attention à la guerre de Grenade l'obligeait à tenter quelque voie de conciliation. Si d'abord il avait obtenu quelques avantages dans cette guerre, il se trouvait alors exposé à éprouver des pertes considérables; tant parce que l'armée de Grenade avait reçu de nouvelles troupes envoyées par Albohacen, roi de Maroc, que parce que ses propres cohortes se trouvaient partagées, ayant en même temps à résister à don Juan Manuel. Cependant aucune réconciliation ne put avoir lieu. Don Juan avait toujours présente la mort déloyale de Jean *le Borgne,* et dans chaque proposition de don Alonse il croyait voir un piége tendu contre sa vie. D'un autre côté, non seulement la révolte assurait son indépendance, mais encore le mettait à l'abri du châtiment dont on le menaçait; protégé par le roi de Grenade et par un chevalier puissant nommé don Juan Nuñez de Lara, rien ne pouvait inspirer de la crainte à un prince accoutumé à lutter contre les fermentations intestines et contre cet ennemi formidable qui ravageait presque impunément les frontières de l'Andalousie.

En effet, les Sarrasins, maîtres de l'importante place d'Algéciras, s'étaient avancés vers Gibraltar, dont la garnison, manquant de vivres, d'habillement, et dépourvue de tout par la trahison de son commandant Vasco Perez de Meyra, ne pouvait pas faire une longue résistance. Chaque jour on recevait des nouvelles de l'accroissement de sa détresse : le roi promettait de marcher promptement à son secours, mais il craignait le risque de laisser la Castille exposée aux dévastations dont la menaçaient don Juan Manuel et les autres révoltés. Il se détermina enfin à partir lorsque la place était déjà tombée au pouvoir des assiégeants. Il n'était pas facile de la reconquérir, parce que les Maures qui l'occupaient, paraissaient résolus à la défendre avec une grande intrépidité ; mais cette résistance même excita davantage les efforts de don Alonse, et le siége fut entrepris avec une extrême ardeur. Les murailles tombaient sous l'effort des machines ; on donnait assaut sur assaut ; les assiégés se défendaient avec valeur ; la place, ouverte de divers côtés, aurait fini par se rendre, si la faim et la désertion n'avaient mis les Castillans dans la plus grande perplexité. Heureusement l'approche de l'hiver, et peut-être plus encore les dissensions qui commençaient à tourmenter le royaume de Grenade, obligèrent les Maures à faire des propositions de paix. Le roi de Castille, informé des dommages considérables que, durant son absence, les séditieux occasionaient dans son royaume, devait accepter ces propopositions et abandonner un siége qu'il ne pouvait pas continuer sans imprudence. Il rentra en Castille, résolu d'en finir une fois pour toutes avec cette race turbulente qui, au mépris de son autorité, nourrissait depuis si long-temps la discorde parmi les habitants. Les rebelles, épouvantés par les châtiments exemplaires qu'il infligeait aux mutins qui tombaient en son pouvoir, alors abandonnés de leurs partisans les plus puissants; fugitifs devant un prince irrité qui les dépossédait des places et des forteresses qui leur servaient d'abri pour exercer impunément leurs brigandages; sans asile, exposés nuit et jour à tomber d'un instant à l'autre en son pouvoir, les séditieux posèrent les armes, abandonnèrent leurs projets d'ambition, et se recommandèrent à la bonté de don Alonse, en prenant toutefois des sûretés convenables. Leurs espérances ne furent pas trompées; le roi oublia généreusement les injures reçues : alors que la vengeance devint plus facile, il feignit de prendre pour du repentir ce qui n'était que l'effet de la force; c'est pourquoi non seulement il écouta avec plaisir leurs propositions pacifiques, mais encore, après leur avoir accordé une amnistie générale, il les reçut avec bonté à son service.

Dès que la tranquillité intérieure de la Castille fut rétablie, tant par la soumission des rebelles que par la renonciation volontaire que don Alonse de la Cerda avait faite antérieurement de tous ses droits à la couronne, le roi dirigea ses armes vers les frontières de Portugal pour avoir satisfaction de la guerre que le roi de Portugal lui avait suscitée l'année précédente en prenant le parti des chevaliers insurgés. Le pillage de ses campagnes et d'un grand nombre de provinces, et plus encore le sanglant combat qui eut lieu dans les mers d'Océan, où la flotte castillane fut victorieuse, sous les ordres de l'amiral don Alonse Jofré Tenorio, contre l'escadre portugaise, le mirent dans un tel embarras qu'il fut obligé de solliciter un armistice. Don Alonse de Castille y consentit par respect pour le pape et le roi de France, qui avaient pris l'engagement de se porter médiateurs pour la réconciliation; et comme d'un autre côté le bruit courait que le roi de Maroc préparait en grande hâte une puissante escadre pour recommencer la guerre de

Grenade, il aurait été téméraire de s'acharner contre une puissance dont l'amitié pouvait lui être fort utile dans ces circonstances.

En effet, la paix conclue au siége de Gibraltar n'était qu'une trève qui devait expirer au bout de la quatrième année; or, ce terme étant arrivé, Albohacen, qui ne s'était proposé rien moins que de reconquérir toute l'Espagne, faisait de formidables préparatifs de vaisseaux et de troupes qui passèrent le détroit et furent reçus avec joie par le Maure de Grenade. Il fallait couper cette communication; les rois d'Aragon et de Castille, qui avaient un intérêt égal à déjouer les projets d'un ennemi commun, réunirent leurs escadres et les placèrent au passage. Ainsi les mahométans qui avaient débarqué furent comme bloqués; l'armée de terre qu'ils avaient sur la côte était peu nombreuse, quoique redoutable par la valeur des troupes d'élite qui la composaient. Les hostilités commencèrent par de petits combats dans lesquels les Sarrasins furent constamment battus, en sorte qu'Abomélic, fils d'Albohacen, et général chargé de l'expédition, crut nécessaire de tenter une action vigoureuse propre à répandre le découragement et la terreur parmi les chrétiens. Il fit avancer ses troupes jusqu'aux plaines de Xérez, menaça de s'emparer d'*Alcala de los Ga-*

zules, et jura de ne pas laisser un seul chrétien sur toute la frontière. Il apprit que dans la place de *Lebrija* il y avait des provisions considérables de vivres destinées à l'armée ennemie ; dès lors il résolut de s'en emparer de vive force, pour remédier à la disette à laquelle le défaut de communication avec l'Afrique et le renfort considérable de troupes qui lui était survenu avaient réduit les places de Gibraltar, Algéciras et plusieurs autres forteresses. Quinze cents hommes de cavalerie lui parurent plus que suffisants pour cette entreprise : il les fit partir, et dans l'espérance de la victoire, résolut d'attendre leur retour, en retardant sa marche et en entretenant ses troupes par le pillage des campagnes et des métairies voisines ; mais aussitôt que le gouverneur de Tarifa, don Fernand Perez Portocarrero eut avis de ce projet, il rassembla les gens et les troupes des divers gouvernements de ce district, et défendit la ville avec tant d'intrépidité que les Maures firent une retraite honteuse jusqu'à Xérez, quoique chemin faisant ils enlevassent un nombre considérable de moutons. Le vaillant Portocarrero ne voulut pas même leur permettre cette ressource ; sa petite troupe, renforcée par de nouveaux auxiliaires, qui à sa voix accoururent d'*Utrera* et de Séville, les poursuivit de près, parvint à les couper, et les attaqua avec tant d'impétuosité que presque tous périrent sur le champ de bataille.

Encouragée par cette victoire, l'armée castillane résolut de mesurer ses forces avec Abomélic lui-même; elle se mit en marche, l'atteignit dans les plaines de Pagana, près de la rivière de *Patute*, surprit son camp de grand matin, attaqua avec intrépidité; le combat s'engagea avec cinq cents cavaliers Sarrasins qui se réveillèrent aux cris de *Saint-Jacques! Saint-Jacques!* Il n'est pas possible d'expliquer la cause de la négligence qui régnait dans le camp d'Abomélic; il semblait naturel que les cris des combattans, le bruit des armes, les lamentations des blessés, dussent aussitôt répandre l'alarme dans ce camp. Mais pendant que périssait ce petit nombre de braves guerriers, les autres dormaient tranquillement dans la plus profonde confiance. Les Maures qui soutenaient le combat furent bientôt taillés en pièces; les Castillans entrèrent dans le camp ennemi sans la moindre résistance, détruisirent, massacrèrent, mirent en cendres tout ce qu'ils rencontrèrent, et les Maures, mal éveillés, se jetaient çà et là, courant ainsi par frayeur au-devant des lances et de l'épée des vainqueurs. Ceux qui le purent, s'enfuirent à Algéciras et dans les montagnes voisines, et bientôt Abomélic se vit abandonné de tous les siens, couvert de blessures et sans cheval pour mettre sa vie en sûreté. Les broussailles d'un ruisseau voisin lui parurent un asile contre l'esclavage et la mort qui l'environnaient de toutes parts; il s'y jeta mourant; le sang et la poussière dont il était couvert rendaient la fiction vraisemblable; mais un Castillan, engagé à la poursuite des fugitifs, s'approcha de lui par hasard, et s'apercevant qu'il respirait encore malgré toutes les apparences de la mort, il le traversa de sa lance sans le connaître. La perte de dix mille Sarrasins rendit la déroute complète; ceux qui en petit nombre parvinrent à se soustraire au carnage se crurent fort heureux de pouvoir porter aux leurs une nouvelle si funeste.

Albohacen, inconsolable de la mort de son fils, comme de l'issue fatale de cette journée, prit le parti de hâter son départ dans la ferme résolution d'exercer une vengeance terrible. Mais auparavant il s'occupa de renforcer les places de Gibraltar et d'Algéciras par de nouvelles troupes capables de tromper la vigilance des amiraux castillans. Bientôt après, Albohacen fut informé que les vaisseaux aragonais s'étaient retirés, parce qu'ils avaient perdu leur chef dans une petite action; il savait d'ailleurs que la flotte castillane n'était pas en état de lui tenir tête; les maladies avaient fait périr la plus grande partie de son équipage; c'est pourquoi il mit à la voile pour l'Espagne avec cent cinquante navires forts et bien montés. A la faveur de la nuit, il pénétra dans Algéciras. En effet, la flotte castillane, qui n'était guère composée que de vingt-sept voiles, aurait vainement tenté de lui disputer le passage; elle conserva seulement la position avantageuse qu'elle occupait dans le détroit, et attendit tranquillement que celle de Maroc entreprît de passer dans la Méditerranée. Sans doute c'était le meilleur parti qu'on pouvait prendre à cause de l'inégalité des forces; mais l'amiral Jofré, indignement accusé devant le roi d'avoir laissé passer l'escadre ennemie, tandis qu'il aurait pu l'empêcher, fut obligé de changer de plan et d'entreprendre une action téméraire, pour rétablir, même au péril de sa vie, son honneur entaché.

Il s'avança donc contre les vaisseaux ennemis, et, suivi d'un petit nombre des siens, il attaqua en désespéré; mais les navires castillans, qui ne purent soutenir long-temps un combat aussi inégal, furent abordés et coulés à fond. Bientôt on ne vit plus que le vaisseau amiral rester seul et lutter avec intrépidité contre quatre vaisseaux de Maroc qui voulaient monter à l'abordage. Trois fois ils l'essayèrent; trois fois ils furent repoussés par la bravoure de Jofré et le sublime courage de ses troupes qui avaient pris la résolution de vendre chèrement leur vie ; enfin, ayant tous été massacrés sur le tillac, la victoire resta aux mahométans.

Rien de plus fâcheux que la situation du roi de Castille. Sans flotte pour empêcher le passage des Maures, sans moyens pour en faire construire une autre aussi promptement qu'il le fallait, sans troupes presque pour résister à plus de deux cent mille Africains qui étaient parvenus à débarquer en Espagne, la perte de toute la péninsule paraissait inévitable si les princes espagnols ne se hâtaient de réunir leurs forces pour la défense commune. Le roi de Castille dépêcha des courriers de tous côtés pour demander des secours. Il fit réparer à la hâte quelques navires échappés du précédent désastre ; et avec l'aide du roi de Portugal, de celui d'Aragon, et de quinze galères génoises qu'il prit à sa solde, il parvint à tenir dans le détroit une flotte sinon très nombreuse, du moins suffisante pour empêcher que les Maures ne reçussent chaque jour de nouvelles forces.

CHAPITRE XXX.

Pendant ce temps, Albohacen et le roi de Grenade s'étaient portés sous les murs de Tarifa, et commencèrent l'attaque de cette place avec une telle fureur, qu'elle aurait dû finir par se rendre si les rois de Castille et de Portugal n'étaient arrivés à son secours avec une armée de douze mille fantassins et de huit mille cavaliers. Les Sarrasins levèrent aussitôt le siége, mais, décidés à attendre les chrétiens, ils occupèrent un coteau voisin, se préparant au combat dans une position si avantageuse. La petite rivière du *Salado* coulait entre les deux camps et séparait les armées; il fallait nécessairement la passer à gué; on ne pouvait s'emparer d'un petit pont gardé par un détachement de deux mille cinq cents chevaux. Cette troupe fut attaquée vivement par deux frères à la tête de huit cents hommes; tous deux étaient chevaliers et se nommaient Lasos de la Vega. Après l'avoir mise en fuite, ils ouvrirent un passage au reste de l'armée; le combat s'engagea des deux côtés avec acharnement et opiniâtreté. Un faible détachement de chrétiens, qui se sépara de la bataille et tourna les collines, fondit impétueusement sur le quartier d'Albohacen, et les Maures qui le gardaient, consternés, s'enfuirent avec précipitation jusqu'à Tarifa. Alors la garnison sortit de la place, les attaqua avec vigueur, et tous furent taillés en pièces. Le roi de Castille tomba sur l'aîle droite d'Albohacen, la prit de flanc, la mit en déroute; les fugitifs courant chercher un asile dans leurs camps, tombèrent sous le fer des chrétiens, qui s'en étaient emparés et qui descendirent ensuite dans la plaine, précédés de la mort, de l'épouvante et de l'effroi. La bataille ne fut plus qu'un sanglant carnage de mahométans : deux cent mille restèrent sur la place; le surplus, esclaves ou fugitifs, abandonnèrent au vainqueur le champ de bataille, couvert de cadavres et d'immenses richesses. Cette fameuse bataille, comparable sous plusieurs rapports, à celle de *las Navas*, où, d'après ce qu'on dit, il ne périt que quinze à vingt chrétiens, se rapporte à l'année 1340; elle fut bientôt suivie de la prise de plusieurs forteresses et places importantes, comme *Alcala la Real*, *Priégo*, *Benamexi* et *Algéciras*.

Le siége de cette dernière place est mémorable, tant parce qu'il fut précédé d'une seconde victoire navale, obtenue par la flotte castillane, que parce que, durant ce temps, on établit le droit sur les ventes, ou *alcabala*, d'abord momentané, mais qui plus tard devint perpétuel en faveur de la couronne de Castille; ce fut à l'époque de ce siége qu'on fit usage, pour la première fois, de la poudre ou de quelque chose qui y ressemblait par ses terribles effets; enfin, don Alonse obtint une trêve avantageuse de dix-huit ans avec les mahométans, sous l'obligation par le roi de Grenade, de payer annuellement un tribut de douze mille doubles d'or.

La Castille jouit pendant quelque temps des avantages de la paix. Les mahométans, abattus par les échecs réitérés qu'ils avaient éprouvés, gardaient religieusement la foi des traités; cependant don Alonse ne perdait pas de vue la prise de Gibraltar, place qui, étant la clef du détroit, maintenait avec l'Afrique une communication très dangereuse pour l'Espagne, aussi long-temps que le royaume de Grenade resterait au pouvoir des Sarrasins. La dernière guerre, et surtout le siége opiniâtre d'Algéciras, avaient laissé les peuples si épuisés d'argent et de soldats que c'est en vain que l'on aurait voulu tenter une entreprise quelconque. Néanmoins, il se présenta une conjoncture favorable, et don Alonse résolut d'en profiter. Le soulèvement de l'un des fils d'Albohacen avait mis en combustion le royaume de Maroc ; et Albohacen, obligé de défendre ses droits et sa vie contre un parti puissant, ne pouvait prudemment diviser ses forces exténuées pour secourir son allié de Grenade. Don Alonse, après avoir réuni autant de troupes et de vaisseaux que cela fut possible, se présenta devant Gibraltar ; et cette place, quoiqu'elle fût bien approvisionnée et bien pourvue, serait enfin tombée en son pouvoir, si une cruelle contagion, qui se déclara dans le camp des Castillans, n'était venue contrarier les dispositions habilement conçues et prises pour y parvenir. On lui conseilla de se retirer et de lever le siége ; mais le roi, au-dessus d'un danger pressant qui l'entourait de toutes parts, préféra plutôt la mort dont il fut frappé peu de temps après, que de manquer à sa réputation ; et l'armée de Castille, presque entièrement détruite par la peste, fut enfin obligée de lever le camp et de se retirer.

Le roi don Alonse mourut le 27 mars 1350 ; il est fâcheux qu'un si digne prince ait obscurci sa brillante carrière par une honteuse passion, que la mort seule put éteindre. Son jeune et tendre cœur fut épris des charmes de Léonore de Guzman, dame de Séville, aussi belle que noble, veuve, dès l'âge de dix-huit ans, de don Juan de Velasco. Don Alonse resta sourd aux prudents avis de plusieurs personnes respectables qui cherchaient à prévenir les suites d'une liaison scandaleuse; on aurait dit qu'il n'était né, qu'il ne vivait que pour aimer Léonore. Neuf fils au moins et une fille furent le fruit de cet amour de neuf années. Quelques-uns d'entre eux moururent peu après avoir vu le jour; d'autres furent victimes de la cruauté du roi don Pierre, et il n'échappa que le seul et fameux don Henri, comte de Transtamara, qui, par la mort de don Pierre, vengea par la suite celle de ses frères, et s'empara de la couronne de Castille.

Comme il ne restait qu'un fils, alors âgé de quinze ans, de Marie de Portugal, épouse légitime de don Alonse, ce fils fut aussitôt reconnu roi; on lui prêta serment. Il s'appelait don Pierre, seul de ce nom parmi les souverains de Castille, et seul aussi, à ce qu'il paraît, cruel et tyran. Nous souhaiterions bien pouvoir jeter un voile impénétrable sur les horreurs qui noircissent la mémoire d'un prince assez malheureux pour n'avoir pas su conserver sur le trône l'amour de ses sujets. Mais livré à l'exécration générale par tous ses contemporains, son histoire n'est écrite qu'en caractères de sang, et son innocence n'est que faiblement défendue ou justifiée par un petit nombre d'apologistes. Comment pouvoir nous dispenser de retracer l'horrible tableau des scènes sanglantes qui, sous le règne de don Pierre, ont si fort défiguré les augustes attributs de la majesté? Il nous reste néanmoins la consolation de croire que la plupart des faits, quoique dans le fond véritables, auront peut-être été toujours retracés sous les couleurs les plus noires par le ressentiment et l'esprit de parti qui exagèrent tout; car il ne faut pas perdre de vue que les mémoires que nous ont transmis les historiens ont été écrits du temps de son frère don Henri et de ses successeurs; l'assassinat de don Pierre et leur usurpation étaient loués par l'exagération des crimes de leur malheureux prédécesseur. Par cette considération, gardant l'impartialité au milieu des accusations et des louanges, nous exposerons avec simplicité les événements les plus généralement attestés, sans prendre la liberté de les revêtir du coloris qui paraîtrait propre à chacun d'eux.

En effet, don Pierre monta sur le trône et commença bientôt à se rendre redoutable. La jalousie et la haine de la reine sa mère signalèrent la première victime; ce fut la malheureuse Léonore de Guzman, traînée indignement de prison en prison, de forteresse en forteresse; elle mourut dans le château fort de Talavera, pour avoir aimé don Alonse. Sans doute cette princesse avait prévu le sort qui la menaçait, puisque, dans l'espérance de se mettre à l'abri de la haine de ses ennemis par une alliance puissante, elle se dépêcha de conclure le mariage arrêté de son fils don Henri, avec Jeanne Manuel, sœur de don Fernand, seigneur de Villena; mais cette union, désapprouvée par les rois, ne servit qu'à hâter sa déplorable fin, et obliger don Henri de se réfugier en Asturie pour fuir un pays où sa vie ne pouvait pas être en sûreté. On le cherchait effectivement pour l'assassiner, parce que don Juan Alonse d'Alburquerque, qui de précepteur était devenu le conseiller intime du roi, se servait avec habileté de la haine qui divisait la mère et le fils, pour se défaire peu à peu de tous ceux qui pouvaient lui porter ombrage; et sous ce rapport la maison de don Fernand Manuel était une des plus à craindre.

Une conduite si détestable devait dès lors provoquer la haine de ceux qui étaient les plus exposés aux coups de ce favori. Les grands du royaume étaient trop ambitieux par caractère, pour souffrir que personne n'occupât le rang distingué qui sans cesse avait été l'objet de leurs vœux: pouvaient-ils supporter avec résignation une faveur particulière dont on abusait honteusement à leur préjudice? Don Juan Nuñez de Lara, seigneur de Biscaye, fut le premier qui manifesta publiquement son ressentiment, en se retirant dans la Vieille-Castille où ses grandes propriétés lui assuraient les moyens de se rendre redoutable et d'opérer un soulèvement; mais il mourut au commencement de ses préparatifs, et le roi mal conseillé, comme s'il n'avait pas d'autre moyen de réprimer les effets des abus du pouvoir, résolut de s'emparer de tous les états de ce seigneur; détermination qui, bien qu'on voulût la regarder comme un châtiment de la rébellion de Lara, ne peut pas éviter les caractères d'injustice et de tyrannie, surtout devant être accompagnée du meurtre d'un enfant de trois ans, fils de don Juan. Sa mort fut décidée; mais la vigilance et l'activité de sa nourrice, en le soustrayant par une prompte fuite au poignard assassin, sauva la vie à l'enfant, et à don Pierre un crime horrible. Cependant il fallait à son caractère vindicatif une victime qu'il pût immoler à sa fureur. Garcilasso de la Véga, gouverneur de Castille et fils de celui qui avait été assassiné à Soria sans autre procès ni crime peut-être que de paraître attaché à don Juan Nuñez de Lara, fut tué à coups de massue dans le palais royal même, et son cadavre jeté dans la rue. Il y avait alors à Burgos des combats de taureaux; et le roi, comme s'il n'était pas assez criminel par l'acte d'injustice dont nous venons de parler, sans qu'il fût accompagné d'un trait de barbarie, voulut, dit-on, se procurer l'horrible jouissance de voir fouler les nobles et sanglantes dépouilles de Garcilasso sous les pieds de ces animaux rendus furieux, et ceux des chevaux des combattants. Peu de temps après mourut le fils de don Juan; et le monarque, qui fit mettre en prison les deux jeunes sœurs qu'il laissait et qui trompa leurs vassaux, parvint à s'emparer de la souveraineté de la Biscaye et des autres états.

L'exemple de don Juan Nuñez de Lara fit connaître à Alburquerque la disposition dans laquelle se trouvait l'esprit de la noblesse, et combien son autorité serait éphémère s'il ne parvenait pas à la mettre dans l'impossibilité de tenter quelque innovation. Son pouvoir était grand; mais l'indépendance excessive et versatile des peuples libres qui avaient le droit d'élire leur seigneur, l'avait rendu beaucoup trop formidable; il était nécessaire de porter à ce corps privilégié un coup terrible, qui, en le réduisant à une situation plus précaire, consolidât en même temps l'autorité arbitraire du favori. Il crut y parvenir en abolissant d'un seul coup, et pour toujours, le droit d'élection; mais comme il était indispensable de manier cette affaire avec la plus grande délicatesse, afin que les cortès convoquées dans cette intention, pour l'année 1351, entrassent sans répugnance dans ce projet, l'intérêt particulier d'Alburquerque fut adroitement déguisé sous le masque séducteur de la sûreté des nobles et de la tranquillité des peuples. La chose cependant se discuta avec la plus grande chaleur ; ce droit ne fut pas aboli, parce que la majorité des membres de l'assemblée pénétra probablement les intentions du courtisan ; seulement on y décida le mariage du roi avec Blanche, seconde fille de don Pierre, duc de *Bourbon*, allié et du sang de l'illustre famille royale de France.

Pendant que les ambassadeurs, envoyés à Paris dans le but de demander la main de cette princesse, s'acquittaient de leur honorable commission, le roi eut une entrevue à Ciudad-Rodrigo avec son grand-père don Pierre de Portugal, sous la protection duquel s'était mis don Henri. Ce respectable monarque chercha et parvint à réconcilier les deux frères ; mais la reconnaissance de don Henri fut de se retirer dans la principauté des Asturies, de lever des gens de guerre, de fortifier quelques places et de se renforcer dans Gijon. Don Pierre accourut aussitôt avec quelques troupes ; mais comme personne ne s'avisa de lui tenir tête, tous obtinrent leur pardon par une soumission soudaine.

Il était accompagné, dans cette expédition, de son favori Alburquerque, qui, pour mieux captiver son cœur par l'un des services qui flattent le plus un jeune homme, lui présenta à Sahagun une demoiselle d'honneur qui était au service de sa femme, et se nommait Marie, fille de don Diego Garcia de Padilla, et de Marie Hinestrosa, seigneurs de Villagera. Cette personne avait de la beauté; don Pierre ne put résister à l'attrait de ses charmes. Il comprit qu'il était aimé, et la réciprocité de sentiments redoubla sa passion; il s'y livra sans respect pour les usages. Selon toute apparence il révoqua les pouvoirs donnés aux ambassadeurs envoyés à Paris; on prétend même qu'il se maria secrètement avec l'objet idolâtre de ses amours; mais cette révocation n'eut pas lieu, ou elle fut tardive. Quoi qu'il en soit, les ambassadeurs arrivèrent à Valladolid avec la princesse pendant que le roi se trouvait à Torrijos tout occupé du plaisir de se voir renaître en une fille à laquelle Marie de Padilla venait de donner le jour. On comprendra sans peine le chagrin que lui causa la nouvelle de l'arrivée de Blanche. Il ne l'aimait pas, et l'état de son cœur ne lui permettait pas d'écouter avec docilité les conseils de la prudence; d'un autre côté, il ne voyait dans la princesse qu'un objet importun qui venait troubler le bonheur dont il jouissait dans les bras d'une femme aimée. Cependant les parents de Marie commençaient à jouir auprès du roi d'une faveur incompatible avec celle d'Alburquerque. D'un instant à l'autre la scène pouvait changer, si le favori, tourmenté de jalousie, ne brisait pas les ressorts des causes qui hâtaient la ruine dont il se voyait menacé. Marie n'était pas, comme il l'avait cru pendant quelque temps, un mobile destiné uniquement à suivre l'impulsion que voudrait lui donner son ambition; mais si l'on aliénait le cœur du roi contre elle, ses parents restaient sans appui: Blanche ne pouvait pas arriver dans une occasion plus favorable pour Alburquerque. Les égards dus à la princesse, la parole royale donnée, le ressentiment qu'on devait appréhender de la part de la France, et enfin la perte d'une très riche dot, étaient autant de raisons qui, maniées adroitement, devaient sans doute avoir une heureuse issue. Le favori parla donc; le roi céda, le mariage fut célébré à Valladolid avec la plus grande solennité. Cependant, comme l'amour n'avait pas présidé à cet hymen, don Pierre abandonna Blanche après deux jours, et vola dans les bras de son amante qui était restée au château de la Puebla de Montalvan. Les parents mêmes de Marie ne purent moins faire que de blâmer une résolution aussi choquante qu'injuste, et firent tout ce qui dépendait d'eux pour l'engager à retourner à Valladolid, et à ne pas accabler d'un si prompt dédain une nouvelle épouse ; mais comme s'il y avait eu quelque impossibilité de vivre avec elle plus de deux jours, il l'abandonna de nouveau avec la résolution de ne la revoir jamais. Il donna l'ordre de l'arrêter dans Arébalo.

CHAPITRE XXXI.

La disgrâce de don Juan Alonse d'Alburquerque arriva enfin. Toutes ses créatures furent renvoyées des emplois respectifs qu'elles occupaient dans la maison royale, et remplacées par les parents de Marie de Padilla. Il faut convenir néanmoins, pour l'honneur de la raison et de la vérité, que ces faveurs, quoique flatteuses pour cette dame, loin d'être sollicitées, étaient probablement désapprouvées en secret par elle-même : son cœur pacifique et doux désavouait la conduite violente du roi; mais elle n'eut pas toujours l'art ou le moyen de s'y opposer. Quoi qu'il en soit, don Juan Alonse d'Alburquerque, disgracié par le monarque, vivement poursuivi, fuyant de château en château, fut obligé de passer au delà des frontières de Portugal pour mettre sa vie à l'abri du danger. Le roi s'empara, par vengeance, de quelques-uns de ses domaines; mais comme il ne put pas vaincre la résistance obstinée des forteresses d'Alburquerque et de *Cobdesera*; pour observer ces places, il laissa à Badajoz ses frères don Henri et don Fabrique, ainsi que don Juan de Padilla, frère de Marie, avec un nombre suffisant de troupes; ensuite il retourna en Castille où l'appelait une passion nouvelle.

Le caractère dur et emporté de don Pierre, quoique modéré pendant quelque temps par l'amour, ne pouvait déposer entièrement sa fierté, même aux pieds de sa maîtresse. Cela donna lieu vraisemblablement à quelque altercation pénible, puisque Marie, malgré toute sa tendresse, résolut de se retirer dans un monastère pour y finir ses jours; le roi, soit par un ressentiment durable, soit parce que la beauté de Jeanne de Castro avait refroidi sa passion, consentit sans obstacle à une résolution qui l'aurait comblé de douleur en d'autres temps. Mais Jeanne, femme d'un sang illustre, et veuve de don Diego de Haro, seigneur de Biscaye, ne pouvait écouter son amour sans le titre d'épouse. Le mariage du roi avec Blanche était un obstacle; il fallait donc, ou le rompre ou renoncer à la possession de Jeanne aussi long-temps que vivrait la légitime épouse. Cependant le roi trouva un expédient pour sortir d'embarras, en persuadant à cette dame que son mariage était nul, comme contraire à sa volonté ; or, les évêques d'Avila et de Salamanque l'ayant aussi déclaré libre de cet engagement, comment Jeanne, ainsi trompée et séduite, aurait-elle raisonnablement pu résister plus long-temps aux instances d'un amant qui lui offrait sa main et le trône ?

Ils se marièrent donc dans la ville de Cuellar; mais, soit que le dégoût succédât immédiatement aux transports de la passion, soit que la présence du roi fût plus nécessaire d'un autre côté, le mariage ne dura que vingt-quatre heures ; et Jeanne, abandonnée dès le lendemain, dut se contenter de la ville de Dueñas que lui céda son infidèle époux, et du vain titre de reine de Castille dont elle s'honora toute sa vie malgré le roi.

Pendant ce temps, à l'occasion de l'absence de don Pierre, il s'établit une confédération entre don Juan Alonse d'*Alburquerque*, don *Henri*, don *Fabrique*, et les autres chevaliers qui étaient restés à Badajoz. Rétablir Blanche dans un état correspondant à sa dignité et à ses vertus, résister aux violences du roi, étaient les prétextes spécieux de cette ligue; mais les véritables motifs de ce mouvement étaient d'écarter les Padillas, de les laisser sans influence, d'occuper leurs places, et de se venger en même temps de quelques affronts reçus. Le roi en fut informé le jour même de son mariage avec Jeanne, par don Juan de Padilla, qui parvint à s'échapper de la prison où l'avaient jeté les confédérés. Le roi partit de suite pour *Toro*, et pour prévenir tous les événements, fit conduire la reine, depuis Arévalo, jusqu'au château fort de Tolède.

Les chevaliers tolozans, compatissant aux malheurs de cette princesse, s'occupèrent d'adoucir autant que possible les rigueurs de son destin; ils veillèrent à ce que le fort destiné à sa prison lui offrît un asile assuré qui protégeât son innocence. Ils appelèrent à sa défense les infants don Henri, don Fabrique et don Tello, les infants d'Aragon don Fernand et don Juan, don Fernand de Castro, outragé comme frère de l'infortunée princesse Jeanne, don Juan de la Cerda, et don Juan Alonse d'Alburquerque. Les villes de Cuenca, Talavera, Cordoue, Jaen, Ubeda et Baeza s'allièrent aussitôt à celle de Tolède pour secourir Blanche; et des forces réunies de cette ligue, on parvint à former une armée de six mille hommes de cavalerie et d'une infanterie considérable, qui étant bien supérieure à ce qui pouvait être mis sur pied par le roi, le força à chercher un refuge dans la forteresse de Tordesillas,

On essaya néanmoins de le toucher par des moyens de douceur ; et la Padilla, loin d'exécuter le projet de se retirer dans un couvent, avait repris de l'ascendant sur son cœur. On demandait au roi qu'il éloignât de lui cette femme et tous ses parents, qu'il rendît justice au mérite de Blanche et la rétablît dans la jouissance des droits que lui conférait sa qualité de reine et d'épouse légitime ; alors tous ces chevaliers prêts à mesurer leurs armes et à répandre leur sang pour la défense d'une cause si juste, déposeraient immédiatement les armes et continueraient à servir avec la plus grande fidélité. La reine mère les croyant de bonne foi, mue par les bonnes intentions qu'ils manifestaient, se déclara de leur parti, et les rendit maîtres de la ville de Toro ; mais le roi, qui était décidé à ne rien accorder ni refuser, cherchait à les entretenir dans l'espérance, attendant la modération de leur ardeur et l'affaiblissement de la ligue par la séparation de ceux qu'il se flattait de gagner par ses promesses séduisantes, jusqu'à ce qu'il pût frapper un coup sûr et décisif.

On devait finir par pénétrer ses intentions ; mais pour déconcerter ses projets, sous prétexte de mieux s'entendre sur les points de difficultés, on parvint à le faire passer à Toro, où par une action précipitée et imprudente on rendit l'accommodement plus difficile. Tous les Padillas furent renvoyés de leurs emplois et remplacés par des chevaliers du parti contraire. En présence même du roi, on arrêta ignominieusement quelques-uns de ses domestiques de confiance; et le monarque de Castille, à peu près captif dans son palais, et entouré de gens suspects, avait à peine la liberté d'entendre ou de parler. Il finit par se lasser d'une prison si honteuse, et profitant de la permission qu'on lui laissait pour aller à la chasse, il s'enfuit, par une matinée très nébuleuse, avec deux cents cavaliers qui purent le suivre, et prit la route de Ségovie.

Aussitôt, les infants d'Aragon et les chevaliers qu'il était parvenu à séduire par des faveurs ou des promesses, allèrent le joindre; ceux qui étaient restés à Toro, effrayés à la nouvelle des grands préparatifs que faisait don Pierre pour les soumettre, ne pensèrent qu'à prendre la fuite. Don Fabrique se retira à Talavera qui lui était dévouée. Don Tello passa en Biscaye; don Fernand de Castro se réfugia en Galice, et de toute cette formidable coalition il ne resta que quelques misérables fractions aux ordres du comte don Henri et de la reine mère. Elles repoussèrent cependant avec courage les attaques d'un monarque irrité; mais leur résistance aurait été infructueuse s'il n'était survenu un événement qui attira l'attention de don Pierre. La ville de Tolède était en proie aux factions. Parmi les chevaliers qui la défendaient, quelques uns avaient si peu de courage, que dans la crainte de la prochaine vengeance du roi, ils étaient d'avis de se rendre promptement. Les autres, attachés au parti de Blanche, mettant plus de confiance en leur valeur que dans une clémence incertaine, avaient pris la résolution de périr pour la défense de sa cause. Il ne manquait pas non plus de gens plus prudents et moins déterminés qui opinaient pour une capitulation. Tolède, dans ces circonstances, était la première place qui se présentait; et l'occupation en était si importante que don Pierre n'hésita pas d'abandonner Toro pour attaquer Tolède. Le comte don Henri, prévoyant le danger qui menaçait son frère don Fabrique, retiré avec son monde à Talavera, partit aussitôt pour aller à son secours; ils réunirent leurs troupes, et, profitant de ce que le roi s'était arrêté à Torrijos, marchèrent à Tolède avec l'intention de se fortifier dans cette place, presque inexpugnable. On ne leur permit pas d'y entrer, sous prétexte qu'on avait entamé des négociations de paix avec le roi; mais, peu satisfaits de cette excuse, après avoir tourné la ville, ils passèrent sur le pont d'Alcantara, gardé par leurs partisans, et firent un massacre horrible de ceux qui s'étaient opposés à leur entrée. Le jour suivant, le roi se présenta du côté opposé, et quoique les deux frères lui disputèrent le passage avec beaucoup d'intrépidité ; enfin, ne se croyant pas en sûreté dans une ville que la crainte et leur vengeance sanguinaire avaient rendue totalement leur ennemie, ils prirent le parti de la céder et de se retirer à Talavera.

Maître de Tolède, le roi commença par faire éclater son ressentiment contre ceux qui avaient favorisé les chefs de la ligue. Il périt beaucoup de monde de toute condition ; on dit même que sa colère alla jusqu'au point d'abjurer avec froideur tout sentiment de la nature et de l'humanité. Un malheureux jeune homme de dix-huit ans se jette à ses pieds, c'était le fils d'un orfévre octogénaire porté dans le nombre des proscrits ; les jours de son vieux père, qu'il voyait en danger, lui étaient plus chers que les siens. En vain par ses gémissements, ses cris, ses prières, il implore la bonté du roi, non pas pour demander le pardon de son infortuné père, mais la grâce de mourir à sa place ; à la vue d'un trait si touchant de piété filiale, il se borna seulement à donner son consentement à cet horrible échange.

La tranquillité ayant été rétablie dans Tolède par la terreur, le roi porta ses armes contre Toro, où ses frères venaient de se réfugier. Le plan d'attaque fut si bien dirigé que la ville fut réduite à la dernière détresse. Don Henri, en regardant la prise comme inévitable, partit pour la Galice sous un prétexte spécieux, mais dans le fait pour ne pas tomber entre les mains du roi, dont il avait tant de fois provoqué la colère. La disette de vivres rendait chaque jour plus pénible la situation de ses habitants, qui passaient en grand nombre et continuellement au camp des assiégeants; enfin, quelques uns d'entre eux convinrent en secret d'ouvrir au roi les portes de la ville. Don Fabrique ayant eu le bonheur singulier d'en être instruit à temps, prit la précaution de solliciter et d'obtenir la clémence du roi, qui devint effectivement maître de Toro, au moyen de cette machination secrète. Le vainqueur laissa, dans les châtiments sévères qu'il fit exécuter, des souvenirs ineffaçables de sévérité et de douleur. La reine mère, qui ne pouvait supporter des scènes aussi sanglantes, se rendit en Portugal; et Jeanne Manuel, femme de don Henri, plongée dans une étroite prison, ne dut sa liberté qu'à la faveur et à l'adresse d'un chevalier, ami de son époux.

Le roi ne pouvait pas choisir un moyen plus efficace que la terreur pour soumettre les rebelles. Les sanglantes exécutions de Tolède et de Toro avaient rempli toutes les âmes de consternation; tel qui n'avait pas immédiatement déposé les armes, sollicitait avec anxiété un sauf-conduit pour rentrer à son service. C'est ainsi qu'on vit don Tello le demander de la Biscaye, qui lui servait de refuge; le roi, qui ne désirait rien tant que de voir tous ses frères sous sa puissance, pour pouvoir se défaire d'eux plus facilement, accorda la faveur qu'il sollicitait, en fixant pour délai celui que la distance rendait indispensable. Cependant don Tello, qui connaissait ou tout au moins soupçonnait le piége qu'on lui tendait, différa le plus qu'il put de se présenter; mais don Fabrique ne dut qu'à un événement fortuit et à sa prompte fuite d'échapper aux embûches du roi son frère.

Celui-ci s'amusait à la pêche du thon dans les madragues du port de Sainte-Marie, au moment où une flotte aragonaise, allant au secours de la France contre l'Angleterre, arrivait à la côte pour prendre des rafraîchissements. Elle trouva, mouillés à la rade, deux vaisseaux de Plaisance, chargés d'huile pour Alexandrie; sans respecter la neutralité du port, elle s'en empara, sous prétexte que tant les navires que le chargement appartenaient à des Gênois, ennemis d'Aragon. Le roi de Castille réclama contre cette violation du droit des gens, donna l'ordre à l'amiral aragonais de restituer la prise, et finalement lui intima qu'étant décidé à ne pas tolérer une insulte de cette nature, on lui donnerait pleine satisfaction, ou que la prison et le séquestre des biens serait le sort de tous les négociants catalans qui se trouvaient alors à Séville. L'amiral, sans faire cas d'une si juste réclamation, mit à la voile pour sa destination. Le roi de Castille, piqué de cette offense, mit ses menaces à exécution; et, persuadé qu'une semblable insolence ne pouvait pas avoir eu lieu sans le consentement du maître, il en demanda raison. Le monarque d'Aragon refusa de la donner, tant parce qu'il n'avait aucune part dans la conduite de son amiral, que parce que l'oppression exercée par don Pierre sur quelques uns de ses sujets lui conférait un droit plus fondé, peut-être, pour l'éprouver; de sorte que de querelle en querelle et d'arguments en arguments, ils en vinrent à une entière rupture. Le roi d'Aragon se trouvait pour lors occupé à soumettre la Cerdagne, et par conséquent moins dans le cas de résister à celui de Castille; mais beaucoup plus puissant et plus rusé que celui-ci, il avisa aux moyens de renforcer son armée en attirant à son service le comte don Henri et autres chevaliers qui disaient avoir des griefs et se trouvaient fugitifs de Castille, comme aussi de diviser les forces de son ennemi en suscitant des séditions sur divers points de ses états. Malgré ses intrigues, la guerre commença si malheureusement pour lui, que sans une trêve due à la médiation d'un légat envoyé par le pape, il se serait peut-être vu forcé d'acheter la paix à des conditions peu avantageuses.

CHAPITRE XXXII.

Le roi de Castille, loin de profiter de la trêve pour faire des préparatifs et continuer la guerre avec plus d'ardeur, agissait de manière à s'attirer la haine générale des peuples et à diminuer ses propres forces en faisant périr quantité de chevaliers dont la puissance lui aurait été bien utile dans ces circonstances. Peut-être n'avait-il que trop de raisons de se méfier de tout le monde; mais ce n'était pas le moment opportun de punir leurs excès, et les moyens de venger les outrages faits à son autorité ne devaient pas prendre le caractère d'injustice et de tyrannie. Parmi les malheureuses victimes immolées à son ressentiment et à son animosité, les principales furent son frère don Fabrique et l'infant d'Aragon, don Juan. Le premier, plus confiant qu'il n'aurait dû l'être dans la suspecte amitié que le roi lui témoignait et dans les services qu'il venait de lui rendre lors de la dernière guerre, fut tué à coups de massue dans le palais même de Séville. Le second, devenu le jouet de la supercherie de don Pierre, et indignement trompé par de fausses promesses, éprouva le même sort à Bilbao; don Tello n'aurait pas non plus échappé à sa fureur, s'il n'était parvenu à tromper sa vigilance par la promptitude de la fuite.

Rien ne put faire diversion à ces sanglantes exécutions, que la nouvelle de la reprise des hostilités. Le comte don Henri, souverainement irrité et brûlant du désir de venger la désastreuse mort de son frère, se précipita avec fureur sur le pays de Soria; l'infant don Fernand d'Aragon, qui dès le commencement de la guerre avait abandonné don Pierre, et qui ne pouvait pas non plus regarder avec indifférence l'assassinat de son frère don Juan, entra dans le royaume de Murcie avec un cœur ulcéré par la haine. La guerre recommença sur terre et sur mer avec ardeur; les succès se balancèrent; toutes les négociations d'un nouveau légat pontifical pour rétablir la paix furent infructueuses, parce que ni don Pierre ne la désirait, ni le roi d'Aragon ne pouvait l'admettre aux conditions offensantes que lui proposait son compétiteur; mais enfin, après une longue suite d'escarmouches, de spoliations et d'hostilités réciproques, sans qu'aucune des deux puissances hasardât une action décisive, la politique du roi d'Aragon mit don Pierre de Castille dans la nécessité de consentir à une proposition raisonnable; il prit l'engagement de restituer les places conquises dans le cours de la guerre, à condition que son adversaire renverrait de ses états le comte don Henri, don Tello et don Sanche, ses frères, ainsi que les autres chevaliers fugitifs de Castille.

Il y avait déjà long-temps qu'en Espagne l'empire mahométan, dépouillé de tout l'éclat avec lequel il avait figuré dans les révolutions de la péninsule, laissait à peine apercevoir parmi ses ruines quelques misérables vestiges du pouvoir qui l'avait rendu si formidable. Affaibli par tant d'années d'une lutte continuelle et désavantageuse contre des habitants indomptables, qu'il avait en vain cherché à assujettir entièrement, cet empire finit par être le jouet de la prépondérance de quelques Maures ambitieux qui partageaient entre eux les misérables restes d'une souveraineté dépecée, et qui semblaient ne s'être proposé d'autre but que d'achever sa destruction. Le désordre, la confusion, l'horrible anarchie succédèrent à l'ordre, à l'uniformité constante, à la douceur, à l'équité de la marche du gouvernement qui dans des temps plus heureux avaient élevé cette monarchie au plus haut degré de splendeur. Dans cette malheureuse époque de sa décadence, rien de plus commun que de voir dans toutes les branches de l'administration les usurpations de pouvoir absolu, ayant pour appui la tyrannie, l'intrigue, la corruption, les discordes intestines. Mahomad Aben-Alamar, surnommé *le Rouge*, à la tête d'une faction puissante, parvint à s'asseoir sur le trône de Grenade. Il en expulsa Mahomad Lago, légitime souverain, qui l'occupait alors. Les relations d'alliance et d'amitié qui unissaient Lago, ce prince détrôné, avec le roi don Pierre de Castille, firent craindre à l'usurpateur les engagements que le dernier prendrait pour défendre son ami; comme dans ce cas il fallait qu'il se mît à l'abri d'une alliance puissante contre don Pierre, il ne pouvait espérer cette faveur de personne avec plus de sûreté que de son ennemi le roi d'Aragon. En effet, celui-ci promit son assistance ; mais comme il ne pouvait pas de suite l'aider d'aucun secours, parce qu'il avait besoin de toutes ses forces pour soutenir la guerre de Cerdagne et celle de Castille, et que d'un autre côté il désirait ardemment trouver un moyen qui, sans découvrir de la faiblesse, pût mettre fin à cette dernière guerre dont il ne se promettait aucun avantage, ce fut par astuce qu'il engagea Aben-Alamar à franchir les frontières de Castille. Don Pierre fut informé des intentions du Maure, et forcé de courir où le danger paraissait le plus pressant; il fut obligé d'accepter la paix qu'on lui proposa et de quitter l'arrogance avec laquelle il avait précédemment opposé résistance.

Il retira donc ses troupes des frontières d'Aragon et les fit replier jusqu'à Séville avec le dessein de punir l'insolence d'Alamar et de rétablir Lago sur le trône; mais il dut faire trêve à son ressentiment pour se livrer à la douleur la plus amère occasionée par la mort de Marie de Padilla arrivée à cette époque. Sa passion, survivant à l'objet qui l'avait enflammé, s'épancha par tous les dehors de la plus profonde affliction. Tout le peuple prit le deuil par son ordre; Marie, que durant sa vie il n'avait jamais osé traiter que comme une amante adorée, fut, après sa mort, élevée au rang de reine de Castille, et reconnue par lui comme épouse légitime.

Cet événement mit don Pierre dans une situation assez critique. Ayant perdu l'objet de ses amours, il n'y avait qu'une aversion déclarée et par cela même d'autant plus impardonnable, qui pût le tenir séparé de Blanche. Tout le royaume, sensible aux disgrâces et aux vertus de cette infortunée princesse, avait constamment manifesté le désir de leur réconciliation; maintenant aucun prétexte spécieux ne pouvait la retarder. Mais don Pierre la voyait avec horreur : cela lui paraissait un motif suffisant pour ne pas accéder au vœu général de la nation ; et pour prendre une résolution tyrannique et injuste qui le débarrassât d'une personne qui était parvenue à lui être incommode plus que tout autre chose, il résolut de la faire mourir ; il envoya, par le domestique de son médecin, du poison à Medina Sidonia, où la princesse était détenue sous la garde de don Innigo Ortiz de Zuñiga. Ce noble chevalier ne voulut point tremper dans une action aussi détestable, et se démit de toutes ses charges aux pieds du roi ; mais celui-ci, persistant néanmoins dans son abominable projet, donna cette commission à l'un de ses huissiers, qui, moins délicat et plus cruel, remplit sans répugnance un ordre si barbare.

Pendant ce temps, les préparatifs d'Alamar devenaient plus formidables; don Pierre, venant de recevoir un renfort de quatre cents cavaliers, rassemblés par son ami Lago, crut devoir ne pas différer davantage sa vengeance. Les deux rois coalisés entrèrent sans opposition dans les terres de Grenade. Quelques petits échecs, éprouvés en diverses rencontres, firent sentir à Alamar la difficulté de leur résister; alors il essaya de gagner don Pierre par d'apparentes démonstrations de générosité. Il rendit la liberté à un grand nombre de chevaliers distingués qu'il avait faits prisonniers; les renvoya à leur souverain avec de magnifiques présents; et enfin, voyant qu'il ne pouvait pas le détourner de l'engagement de protéger son ennemi, il se présenta lui-même à la cour de Castille, accompagné seulement de la petite suite nécessaire pour la garde de sa personne et pour escorter les riches dons au moyen desquels il désirait acheter la paix. Soit crainte, soit prudence, ses propositions furent fort raisonnables; car il ne demandait autre chose de don Pierre, si ce n'est de retirer ses troupes, et de laisser aux deux rivaux la liberté de soutenir par les armes leurs droits respectifs; et dans le cas qu'il se trouverait absolument engagé à rétablir Mahomad sur le trône, il lui permit de se retirer en Barbarie. La réponse du roi fut un crime horrible: trente-cinq chevaliers maures, par son ordre surpris avec perfidie dans un festin, et dépouillés avec ignominie de leurs magnifiques habillements, furent égorgés dans le champ destiné au supplice des criminels; l'imprudent Alamar, après avoir subi l'outrage et la raillerie, périt de la main même de don Pierre, qui voulut avoir la barbare joie d'accomplir par une semblable bassesse l'action la plus détestable.

La guerre de Grenade étant terminée de cette manière, il était presque indispensable de recommencer celle d'Aragon, suspendue par une paix que don Pierre regardait comme désavantageuse et que la nécessité seule avait fait accepter. L'absence du roi d'Aragon, alors occupé à réprimer les brigandages d'une multitude de bandits qui, connus sous le nom de *compagnies blanches*, menaçaient le Roussillon, lui permettait impunément de se rendre maître d'un nombre considérable de villes et de places importantes; après avoir engagé dans son alliance, par un traité captieux, l'imprudent roi de Navarre, il marcha contre Calatayud, qui fut forcé de se rendre à discrétion. Le roi d'Aragon, surpris d'une nouvelle aussi inattendue, et se trouvant pour le moment sans forces suffisantes pour lui résister, appela en toute hâte à son secours le comte don Henri, ses frères don Tello et don Sanche et autres chevaliers castillans, tous retirés en Provence depuis la paix; mais ceux-ci, conservant un vif ressentiment de la mauvaise foi avec laquelle le roi d'Aragon les avait abandonnés malgré les traités, refusèrent constamment leur secours, jusqu'à ce qu'enfin il les eût fléchis par ses instances réitérées, par ses flatteuses promesses, et plutôt peut-être par l'intérêt de don Henri lui-même.

En effet, il y avait long-temps que le comte portait ses vues sur la couronne de Castille qu'il voyait sur la tête d'un souverain généralement abhorré. Mais l'arracher de ses mains était une entreprise au-dessus de ses forces, et malgré son ambition, il n'avait pas assez de témérité pour l'essayer sans l'aide d'une puissance également intéressée à la ruine de son compétiteur. Le roi d'Aragon avait urgemment besoin de son secours pour chasser de ses états le redoutable castillan; mais il ne pouvait l'obtenir sans s'engager à favoriser ses projets; en telle sorte que ce ne fut qu'à cette condition et moyennant un grand nombre de répondants de l'exécution et de la bonne foi des contractants, que don Henri se mit en marche avec quinze cents hommes de cavalerie. Animé par les succès d'une première campagne, il passa en France, enrôla les *compagnies blanches* qui erraient en se livrant au pillage; et sous les ordres de ses généraux *Beltran Claquin* et *Hugues de Caureley*, un nombre considérable de troupes aguerries entrèrent en Espagne, avec la résolution de le porter au trône de Castille. Aussitôt il vint se réunir sous ses drapeaux un grand nombre de chevaliers puissants, aragonais et castillans, qui n'aimaient point don Pierre; ce fut avec cette armée formidable qu'il entra en Castille par Alfaro, et s'empara de Calahorra, où il fut reconnu et proclamé roi de Castille par tous ceux qui le suivaient; puis, encouragé par l'inaction de son frère qui, renfermé dans Burgos, se laissait dépouiller sans résistance, il prit la résolution de l'attaquer dans la capitale même.

Don Pierre, effrayé de l'approche d'un ennemi victorieux, s'enfuit précipitamment à Séville; la cité de Burgos, abandonnée à la merci du conquérant, et dégagée par son souverain lui-même du serment de fidélité, non seulement ouvrit spontanément ses portes à don Henri, mais encore manifesta sa joie de son couronnement, dont la cérémonie fut célébrée dans le monastère de *Sus Huelgas* en l'année 1366.

Toute la Vieille-Castille, à l'exception d'un petit nombre de gens, suivit l'exemple de la capitale. L'occupation de Tolède, effectuée après une courte opposition, laissa la Castille-Neuve sans résistance, et la profusion des libéralités du nouveau souverain, connu depuis ce moment par ce motif sous la dénomination de *don Henri des Faveurs*, non seulement lui assura l'affection de ses anciens partisans, mais lui en attira de nouveaux; en peu de temps don Pierre se trouva abandonné de ceux mêmes qui lui paraissaient le plus dévoués.

Il ne restait plus à don Henri qu'à priver son frère de ses dernières espérances, en l'obligeant à signer une honteuse renonciation de tous ses droits; dans ce dessein il marcha vers Séville. Don Pierre, peu en sûreté dans une ville qui l'abhorrait et manifestait beaucoup d'attachement à don Henri, ne pensa qu'à sauver sa famille et ses trésors, en allant par mer chercher un asile en Portugal. Mais le refus du roi de Portugal de le recevoir dans ses états, la perte du trésor dont son amiral Bocanegra s'empara par trahison et qu'il livra à don Henri, le laissèrent dans une situation déplorable. Il se souvint enfin de don Fernand de Castro, qui pour lors, caché dans le sein de la Galice et oubliant ses offenses, n'avait pas voulu prendre part à des révolutions qui assuraient sa vengeance; et choisissant cette province pour refuge, il partit sans autre suite que sa malheureuse famille. Don Fernand l'accueillit favorablement; avec son secours et celui de l'archevêque de Saint-Jacques, il parvint à mettre en campagne une armée de deux mille fantassins et de neuf cents cavaliers, à la tête desquels devait se mettre don Pierre, jusqu'à Logrono qui était resté sous son obéissance; mais arrêté par le danger de la route, il crut qu'il était plus sûr de s'embarquer pour Bayonne et d'implorer la protection du roi d'Angleterre qui pour lors possédait cette ville.

CHAPITRE XXXIII.

Don Pierre partit en laissant tous les Galiciens remplis d'horreur pour l'infâme assassinat qu'on lui attribuait en la personne de ce même archevêque qui avait si fort coopéré à sa défense, et qui n'avait d'autre crime que d'être sujet de Tolède. La conquête de l'Andalousie accomplit le dessein de don Henri; l'absence de don Pierre, les paix conclues avec le roi de Grenade et l'indifférence avec laquelle les monarques espagnols regardaient cette lutte des deux frères, laissèrent pour quelque temps le vainqueur goûter les délices d'un trône facilement acquis. Mais il se perdit par l'excessive confiance dans l'affection de ses peuples et par l'impossibilité dans laquelle il croyait voir son compétiteur d'essayer avant long-temps la moindre entreprise qui pût lui donner de l'appréhension. Les *compagnies blanches* l'avaient servi avec le plus grand dévouement; mais le but de leur arrivée rempli, déjà leur entretien paraissait inutile et même onéreux, et il était bien difficile de prévenir les dommages qu'occasionait dans le pays leur manque de subordination. Ainsi il les renvoya comblées de dons et de récompenses généreuses; il ne garda que quinze cents hommes sous les ordres de Beltran Claquin.

Cependant don Pierre parvint à faire entrer dans l'intérêt de ses malheurs le roi d'Angleterre; en effet ses sollicitations et la magnificence de ses promesses lui avaient gagné un nombre considérable de troupes choisies, qui, sous les ordres du prince de Galles, arrivèrent sur les frontières de Navarre. Le bruit de ces préparatifs avait déjà répandu une telle épouvante dans les provinces de Castille, que plusieurs contrées et villes principales abandonnèrent don Henri avec la même précipitation qu'elles s'étaient déclarées en sa faveur; mais l'arrivée de leur souverain, rempli de colère et de vengeance, augmenta la désertion d'une manière incroyable. Don Henri sentit trop tard son imprudence. Sa perte paraissait presque inévitable; le moyen le plus efficace de l'empêcher était de dissimuler ses craintes, de manière à ce qu'on ne pût découvrir le moindre trouble, ni dans sa physionomie ni dans ses actions. Prenant la détermination de vaincre ou de mourir en cette occurrence, il rassembla tout ce qu'il put de troupes et partit à leur tête pour chercher l'armée combinée. Ce fut non loin de Naxera, sur les rives du Naxerilla, que les deux frères se rencontrèrent. Jamais la haine invétérée, la rivalité, la soif de la vengeance, la crainte de perdre la gloire, n'allumèrent tant de fureurs; et dans une sanglante bataille qui en fut la suite, la témérité, l'audace, les efforts du désespoir remplacèrent la bravoure et la prudence. Don Pierre resta vainqueur. Abandonné d'un grand nombre des siens au fort de la mêlée, indignement trahi par son frère don Tello, qui dans le plus pressant danger quitta lâchement son poste, don Henri chercha vainement à prévenir sa défaite. La victoire rendit son frère maître du camp, du butin, d'une multitude de prisonniers de distinction, enfin de presque tout le royaume, qui se livra sans résistance. Don Henri courut chercher un refuge en France; comme vengeur de Blanche il devait au moins y trouver un asile et des ressources pour laver l'affront de sa défaite.

Il ne fut point trompé dans ses espérances ; le roi, le duc d'Anjou, le comte de Foix, et plusieurs autres chevaliers distingués lui fournirent à l'envi beaucoup d'argent pour mettre sur pied une armée, sinon très nombreuse, du moins suffisante pour sortir avec honneur des premières tentatives ; seulement il attendait une occasion favorable, qui, selon toutes les apparences, ne pouvait être fort éloignée, et qui ne tarda pas en effet à se présenter.

La rigueur avec laquelle don Pierre commença par user de sa victoire, en se souillant du sang de tous les vaincus et partisans de son frère, ne fit que rendre son pouvoir plus insupportable ; elle ranima le parti de don Henri, remplit d'indignation le prince de Galles, et prépara leur division. La mauvaise foi dans ses promesses, la fausseté de ses traités, les prétextes dont il se servait pour retarder le paiement des troupes auxiliaires, aigrirent les esprits, hâtèrent la rupture et son départ.

Dans ces conjonctures, don Henri s'approcha des frontières ; un grand nombre des villes principales se déclarèrent aussitôt pour lui. Encouragé par des dispositions si favorables, il s'avança, sans s'arrêter, jusqu'à Calahorra ; à peine eut-il atteint les terres de Castille, qu'il se précipita de cheval, se jeta à genoux, et traçant une croix sur la terre, il fit le serment solennel de ne plus sortir du pays et d'affronter avec intrépidité le sort qui pouvait l'attendre. Il se rendit à Burgos, où il fut reçu par tous les habitants avec les démonstrations de la joie la plus vive ; de là, précédé de la victoire, il parcourut le royaume de Léon, les Asturies et les deux Castilles sans rencontrer d'obstacle jusqu'à Tolède qui lui opposa une forte résistance. Comme le roi de France, son allié, lui avait envoyé, sous les ordres de Beltran Claquin, un renfort de cinq cents hommes, il prit la détermination d'aller à la rencontre de don Pierre, qui, de concert avec le roi de Grenade, marchait contre lui après avoir vainement attaqué la ville de Cordoue, et couvert l'Andalousie de ruines et de dévastations. Don Henri le surprit inopinément dans les plaines de Montiel, le battit complétement et le força à s'enfermer dans un château voisin qu'il fit aussitôt entourer de fortes palissades; le manque d'eau et de vivres, la désertion, aucune espérance de secours, rendaient chaque jour la reddition de ce château plus inévitable.

Don Pierre ne pouvait souffrir l'idée de se trouver dans le cas de tomber au pouvoir d'un ennemi qui ne devait pas mieux que lui respecter les rapports entre frères; mais la fuite était impossible, à moins de parvenir auparavant à gagner quelque capitaine parmi les assiégeants; il crut que cela ne lui serait pas difficile, s'il se servait de l'ancienne amitié de Beltran Claquin avec l'un de ses partisans, Mendo Rodriguez de Sanabria. Ce Français, Beltran Claquin, était trop attaché à don Henri pour se laisser corrompre, et assez rusé pour ne pas manquer l'occasion de lui rendre un grand service; sous prétexte de réfléchir aux avantages de ce qu'on lui proposait, il demanda un court délai, dont il profita pour découvrir à son maître toute l'intrigue que l'on méditait. Don Henri, extrêmement reconnaissant de la loyauté de son allié, lui accorda les mêmes faveurs que promettait son frère et lui proposa de tromper Mendo Rodriguez par l'espérance de sauver don Pierre, si celui-ci se déterminait à passer de nuit dans sa tente, avec une escorte peu nombreuse. Peu s'en fallut qu'ils ne tombassent tous deux dans le piége. Don Pierre ne vit point la trahison, ni le péril auquel il s'était livré avec imprudence, jusqu'au moment où, descendu dans la tente de Claquin, il se vit surpris par son frère. Celui-ci ne l'avait point reconnu; mais ayant appris, de ceux qui l'entouraient, que c'était don Pierre, sans frein dans sa haine, il tira l'épée et le blessa au visage: un combat opiniâtre s'engagea entre les deux frères, et don Henri tua le roi.

Cet événement, arrivé le 23 mars 1369, paraissait assurer à jamais le trône de Castille à don Henri; mais comme si pour le punir de son ambition il dût être condamné à ne point goûter les douceurs d'un règne pacifique, la mort de don Pierre seule servit à lui susciter une multitude de compétiteurs déterminés à lui arracher un diadème criminellement acquis. A la vérité, le royaume presque entier, comme s'il eût ignoré cet horrible fratricide, se félicitait intérieurement d'un succès qui l'avait délivré d'un monarque abhorré ; on baisait avec plaisir la main ensanglantée d'un libérateur. Parmi le petit nombre d'habitants demeurés fidèles à leur ancien souverain, à peine y en avait-il un seul dont la résistance à reconnaître son successeur pût altérer le moins du monde l'ordre des choses. Les largesses sans bornes de don Henri le présentaient aux yeux de tous ses nouveaux sujets comme un prince né pour régner et faire leur bonheur ; mais don Henri provenait d'une union illégitime, et quoique don Pierre n'eût pas laissé de descendant légitime, il ne manquait pas de gens qui prétendaient avoir des titres bien fondés à la couronne usurpée. Le premier qui se présenta dans la lice fut don Fernand, roi de Portugal, à qui réellement elle appartenait comme descendant légitime de don Sanche IV, par sa fille Béatrix, mariée avec don Alphonse IV, de Portugal. Après l'approbation des villes, qui se refusaient à reconnaître le nouveau souverain, il commença par prendre le titre de *roi de Portugal et de Castille*, et fit alliance avec le roi de Grenade, celui d'Aragon et celui de Navarre, qui craignaient le ressentiment de don Henri ; le premier, à cause de son amitié pour don Pierre, et les deux autres, pour l'avoir dépouillé, par trahison, de quelques états pendant les dernières révolutions. Henri, versé dans la politique, agit d'adresse pour dissoudre une coalition si redoutable ; il négocia la paix avec le roi de Grenade, contenta celui de Navarre en accordant la main de sa fille aînée, Léonore, à l'aîné des infants de ce prince ; il obligea le roi d'Aragon à solliciter humblement son amitié ; au moyen de quoi le roi de Portugal se vit dans la nécessité de signer la renonciation à toutes ses prétentions. Mais un autre compétiteur ne tarda pas à paraître. Le duc de Lancastre, frère du prince de Galles, à l'instigation secrète du roi d'Aragon, se déclara protecteur de sa femme, Constance, fille du défunt don Pierre et de Marie de Padilla. Dans le royaume, il y avait peu de personnes persuadées de la légitimité du mariage dont cette princesse était issue ; mais quoi qu'il en soit, le roi don Pierre, dans l'assemblée des cortès de Séville, avait déclaré solennellement Marie pour sa légitime épouse. Leur descendance, légitimée en vertu de cette déclaration des cortès, avait acquis un nouveau droit au trône de Castille, par ses dernières dispositions faites la même année, dans lesquelles il avait nommé, pour lui succéder, ses filles Béatrix, Constance et Isabelle, par ordre de naissance. Béatrix avait transféré à Constance tous ses droits par sa retraite dans un monastère; enfin, alors même qu'il n'y aurait pas eu de mariage et que cette union n'eût donné le jour qu'à des enfants naturels, dans cette égalité de condition, il semblait plus raisonnable que le successeur fût un enfant du roi plutôt que son frère. Sous l'égide du nouveau prétendant, les rois de Portugal et d'Aragon levèrent de nouveau leurs étendards; mais le fortuné Henri sut triompher de l'un et de l'autre. Dans la traversée, le duc de Lancastre fut presque entièrement mis en déroute par la flotte de son ennemi le roi de France. Dès lors il dut abandonner une entreprise qu'il avait formée avec peu de réflexion.

Don Henri, débarrassé de ses rivaux, affermi sur un trône acquis par tant de fatigues, mit tous ses soins à conserver l'attachement de ses sujets, en améliorant leur sort par des lois positives; il eut la satisfaction de voir le succès répondre à ses veilles. Tout le royaume commença dès lors à changer d'aspect; ce pauvre peuple, qui, des chagrins et des inquiétudes d'un gouvernement cruel et sanguinaire, avait passé subitement à la paix et à la tranquillité d'une domination humaine et juste, voyait en sûreté son honneur, ses propriétés, sa félicité, sous les auspices de la douce puissance d'un nouveau prince, et il adressait au ciel des vœux fervents et sincères pour sa conservation.

Par malheur le terme de sa carrière n'était pas éloigné. Atteint d'une forte attaque de goutte, à laquelle il était sujet, don Henri mourut le 30 mai 1379, recommandant à son fils don Juan d'entretenir avec la France une amitié dont il avait tiré de grands avantages. Il lui donna de salutaires conseils relativement à la conduite qu'il devait tenir par la suite. « Si tu veux régner en
» paix, lui dit-il, tu ne dois pas perdre de vue
» que ton royaume se compose de trois classes de
» gens qu'il est nécessaire de conduire avec beau-
» coup de discernement et de prudence ; les uns
» qui sont restés constamment attachés à mon
» parti; les autres qui avec la même constance
» se sont déclarés pour don Pierre; d'autres qui
» sont demeurés neutres. Conserve aux premiers
» les emplois qu'ils occupent et les faveurs que je
» leur ai accordées ; mais ne perds jamais de vue
» leur inconstance et leur déloyauté. Confie sans
» difficulté aux seconds les charges de la plus
» grande importance ; ils seront constamment

»fidèles à leur souverain dans la prospérité et
» dans l'adversité; cette conduite, en même
» temps qu'elle t'assure leur loyauté, les enga-
» gera à faire oublier, par d'importants services,
» les offenses antérieures. Enfin ne donne abso-
» lument aucune confiance aux derniers ; car il
» n'y a rien à attendre de gens qui ont toujours
» préféré leur intérêt particulier au bien général. »
On accuse avec raison don Henri de trop de prodigalité; mais les circonstances de ces temps de
troubles l'en disculpent en quelque sorte. Il avait
besoin d'amis qui soutinssent son parti ; il ne pouvait les acquérir que par de grandes et excessives
récompenses : bien que la nécessité l'obligeât à ces
sacrifices, il tâcha de remédier au mal le plus possible. C'est pourquoi, par son testament, il ex-
clut les parents en ligne collatérale de l'héritage des domaines qu'il avait été obligé de céder
avec libéralité, et n'y admit que les seuls enfants
et descendants légitimes en ligne directe : remède très efficace, au moyen duquel une grande
partie des domaines, droits et biens engagés par
ses donations à cette époque, ont fait retour,
avec le temps, à la couronne.

Le premier soin de don Juan Ier fut de ratifier
son alliance avec la France, en envoyant à son
secours une flotte qui l'aida puissamment à chasser presque entièrement les Anglais de l'Aqui-

taine qu'ils occupaient; ce qui porta le ressentiment du roi d'Angleterre à engager le duc de Lancastre à renouveler ses prétentions à la couronne de Castille. En effet, on apprit qu'en son nom un frère du roi d'Angleterre se disposait à passer en Portugal avec deux mille hommes de débarquement, et que le roi de Portugal, infidèle à ses traités, non seulement se trouvait disposé à le recevoir, mais encore préparait de nombreuses troupes pour favoriser l'irruption qu'il projetait de faire sur les terres castillanes. Don Juan reconnut combien il lui serait avantageux de devancer ses ennemis; il envoya sa flotte attaquer celle de Portugal; il parvint à la défaire presque entièrement avec une perte de vingt galères. Cette importante victoire, en empêchant le débarquement des Anglais, laissait le roi de Castille maître de la mer; mais l'amiral vainqueur eut l'imprudence d'abandonner la croisière en se retirant à Séville, fier de sa victoire, et les Anglais réussirent, pendant ce temps, à entrer dans le port de Lisbonne sans la moindre opposition.

Le roi don Juan était pour lors occupé au siége d'Almeyda, place située sur les frontières de Portugal; malgré la vigoureuse résistance des assiégés, il fit en sorte d'accélérer la prise de cette place pour aller à la rencontre de l'armée coalisée et prévenir son invasion. Il la trouva à Yelves, décidée à la bataille ; mais il ne manqua pas dans l'un et l'autre camp de médiateurs qui parvinrent à aplanir les différends, sous condition que le roi de Castille restituerait les galères qu'il avait prises, et retirerait sa flotte pour que les troupes anglaises pussent retourner chez elles ; de son côté le roi de Portugal accorda la main de sa fille aînée Béatrix à l'infant don Fernand de Castille, qui avait à peine un an et était le second fils du roi. Il n'y a pas de doute que le traité était peu favorable à don Juan, qui sans doute se trouvait en position de dicter la loi plutôt que de la recevoir ; mais la faiblesse de son tempérament influait si fort sur son esprit et le rendait si pusillanime, que, pour ne pas s'exposer à l'issue incertaine d'une action décisive, il aurait admis des conditions beaucoup plus défavorables. Dans la vérité du fait, les traités furent, de son côté, religieusement accomplis, quoique le mariage convenu ne pût pas avoir lieu, tant à cause de l'âge de l'époux, que parce qu'alors il survint un incident qui changea la face des choses.

CHAPITRE XXXIV.

Le roi don Juan qui, par l'effet du dernier traité passé par son père avec le roi d'Aragon, avait épousé Léonore, fille de celui-ci, perdit malheureusement sa femme à la suite de ses couches. Comme il se trouvait encore à la fleur de ses ans, il reçut une ambassade du roi de Portugal qui lui offrait pour épouse sa fille Béatrix; mais l'âge de l'infante obligeait de différer si longtemps leur union, que rien ne pouvait être plus préjudiciable aux intérêts des deux puissances qu'un semblable délai. Les choses se passaient ainsi; don Juan, qui les jugeait, accepta de suite l'offre, malgré la condition de renoncer au droit que la qualité de mari de Béatrix pourrait lui conférer au trône de Portugal après la mort de son père. En effet, la nation portugaise, toujours rivale de celle de Castille, ne devait consentir qu'avec difficulté à la réunion des deux couronnes sur la tête du prince qui commandait en Castille. Ainsi donc, pour éviter les troubles qui par la suite pourraient dériver de ce motif, on stipula dans le traité « que le roi de Portugal

» venant à mourir sans enfant mâle, sa fille aînée
» Béatrix étant héritière du royaume, permettrait
» à son mari, le roi de Castille, de prendre le ti-
» tre de roi de Portugal, mais en réservant le
» gouvernement de l'état à la reine veuve Léonore
» durant sa vie, ou jusqu'à ce que Béatrix et son
» mari eussent un fils ou une fille âgée de qua-
» torze ans, qui prendrait, en ce cas, la souve-
» raineté et le titre de roi de Portugal, que de-
» vraient quitter ses père et mère. » Peu de mois
après ce mariage le roi de Portugal mourut, et
les événements qu'amenèrent sa mort prouvèrent suffisamment qu'on n'avait pas assez prévu
dans les capitulations les effets de la haine des
Portugais contre la Castille. Elle vint au point de
méconnaître les droits que le sang, la volonté du
roi défunt, et la nation même en assistant au
dernier contrat, avaient conférés à Béatrix qui
n'était pas Castillane, et dont le mariage avec le
roi de Castille ne pouvait pas l'avoir dépouillée
des titres légitimes qui lui assuraient la couronne
de ses ancêtres. Cependant la nation, qui se refusa unanimement à la reconnaître, ne différait que
sur le choix de la personne qu'on devait lui substituer. L'infant don Juan, frère naturel du roi
défunt, et le grand maître *d'Avis*, fruit bâtard
de la même union illégitime que don Juan,
étaient, à ce qu'il paraît, les successeurs immé-

diats au défaut de Béatrix, et tous deux avaient leurs partisans ; mais l'absence du premier et son emprisonnement en Castille favorisaient beaucoup le parti du grand maître, qui, dominant enfin la volonté générale, et possédant les principales places, fut proclamé roi de Portugal.

Dès le principe, le roi don Juan avait senti les difficultés nombreuses qui s'opposeraient à l'entrée en possession du nouvel héritage de sa femme; c'est pourquoi il décida de faire son entrée en Portugal pacifiquement, quoique suivi, à tout événement, d'une armée nombreuse, qui le fît respecter. Retardé par les préparatifs indispensables qu'exigeait cette expédition, il ne fut pas à temps d'empêcher l'élection du grand maître ; en sorte qu'il arriva aux frontières lorsque déjà il ne possédait plus rien en Portugal. La supériorité de ses forces lui aplanit cependant le chemin jusqu'à Lisbonne ; il y assiégea le grand maître, et celui-ci aurait finalement dû se rendre en implorant la grâce de son vainqueur offensé, s'il ne se fût déclaré dans le camp castillan une terrible peste, qui en peu de jours le couvrit de cadavres et obligea le roi à lever le siége pour retourner en Castille.

Impatient de soumettre cette nation rebelle, il revint à la charge l'année suivante, avec une armée de trente mille hommes, ravageant tout le pays où il passait; il rencontra son ennemi près d'Aljubarrota, l'attaqua avec intrépidité sans s'arrêter à la position avantageuse qu'il occupait, ni à la lassitude des siens; mais ni ses efforts, ni la bravoure, ni la supériorité de ses troupes ne purent empêcher sa déroute complète. Il resta sur le champ de bataille dix mille Castillans remplis de valeur; avec eux périt la fleur de la noblesse; et le roi dut la vie à la générosité de son majordome Pero Gonzalez de Mendoza, qui lui céda son cheval et se livra à la mort pour protéger sa fuite.

Le roi de Portugal, fier d'une victoire signalée, entra dans Badajoz où il mit tout à feu et à sang; après avoir recouvré les places que les Castillans avaient occupées, il envoya une relation de leur défaite au duc de Lancastre, insistant auprès de lui pour qu'il vînt prendre possession du royaume de Castille, qui lui appartenait par sa femme, et que selon sa manière de voir don Juan n'était pas en état de défendre; en effet le duc ne tarda pas à paraître en Portugal avec trois mille hommes de troupes auxiliaires, si content de l'heureuse issue de cette journée qu'il n'hésita pas de se faire accompagner par sa femme et ses trois filles.

Toutefois le roi de Castille ne se trouvait pas

au dépourvu; avec le nombre considérable de troupes qu'il avait pu réunir, et celles que la France avait envoyées à son secours, il crut avoir des forces suffisantes, non seulement pour faire face à l'armée combinée, mais encore pour repousser d'Espagne le duc de Lancastre et abattre l'orgueil de l'altier Portugais. Mais au milieu de ces préparatifs de guerre, le pacifique don Juan préféra une transaction amiable aux avantages que lui promettaient ses espérances. D'après la connaissance des prétentions du duc, concilier autant que possible les intérêts de la maison régnante en Castille avec ceux de la branche qui s'estimait lésée, tout en étant un trait de modération politique, mettait fin aux agitations qui auraient pu durer éternellement. C'est ce que fit don Juan; il y réussit au moyen du mariage de son fils aîné don Henri avec Catalina fille du duc et de sa femme Constance, et ceux-ci furent les premiers princes qui en Castille, prirent le titre de *princes des Asturies*. Le roi de Portugal, abandonné de son allié dans la circonstance la plus favorable, fit tous ses efforts pour continuer lui seul la guerre, mais il finit par être obligé de faire une trêve de six années.

De cette manière don Juan obtint cette situation tranquille, analogue à son caractère et qu'il désirait ardemment, pour se livrer entièrement au gouvernement de ses peuples. Il craignait cependant de ne pouvoir les rendre aussi heureux qu'il le désirait, et plus d'une fois on le vit prêt à déposer la couronne; mais le royaume qui connaissait et appréciait ses bonnes qualités, s'opposa constamment à cette résolution.

Un malheur imprévu ne tarda pas à le priver de son aimable monarque. Le roi étant présent aux évolutions qu'à la manière africaine faisaient quelques soldats de cavalerie appelés *farfanes*, et voulant les imiter, poussa son cheval, qui, animé par l'ardeur des autres, occasiona sa mort à l'âge de trente-trois ans, le 9 octobre 1390.

A cette époque, son fils Henri III n'avait guère plus de onze ans quand il monta sur le trône, sous la direction et le gouvernement de plusieurs tuteurs nommés par son père dans ses dernières dispositions. Tous étaient puissants, tous voulaient être maîtres; on verra sans doute par là que l'enfance du nouveau souverain ne fut pas exempte des agitations qui ont toujours rendu les régences odieuses. En effet, le nombre scandaleux des tuteurs, leur rivalité, leur ambition démesurée, produisirent tant de désordres dans le gouvernement politique de l'état, que plus d'une fois la Castille se vit menacée d'une sanglante division, sans que les remèdes palliatifs qu'adoptèrent les cortès fussent suffisants, soit pour diminuer le nombre de ces petits despotes, soit pour établir un système moins tumultueux d'administration. Enfin Henri parvint à ses quatorze ans, et désirant porter remède à des maux qui depuis long-temps affligeaient son cœur, mais qu'il n'avait pas dépendu de lui d'éviter, fit déclarer sa majorité dans l'assemblée des cortès de Burgos, qui se tinrent en 1393 : on y décida que dès cet instant cessaient les fonctions de ceux qui, sous le masque de tuteurs et de gouverneurs, n'avaient cherché qu'à élever leur propre fortune et leur richesse sur la ruine et la misère des peuples. Ce fut alors que l'archevêque de Saint-Jacques, l'un des co-tuteurs et gouverneurs du royaume, qui probablement n'avait pas moins contribué que ses compétiteurs aux troubles précédents, se proposa de convaincre, par une longue harangue, le jeune prince du zèle infatigable des régents pour surmonter les obstacles que les circonstances leur avaient opposés, exagérant avec imprudence son travail et la droiture de ses intentions, et lui déclarant sans ambiguïté que, pour assurer la réussite, il devait indispensablement s'en rapporter à ses instructions et ne pas se séparer de ses conseils. Ce fut alors que Henri, indigné d'entendre un raisonnement si captieux,

24.

lui répondit avec fermeté : « Pendant que j'ai été
»votre pupille j'ai obéi à vos préceptes ; mainte-
»nant que je suis roi, je ne laisserai pas de me
»servir de vos avis quand il en sera besoin ; mais
»tenez-vous pour averti que je sais très bien ce
»que je dois faire. »

Le premier soin de Henri fut d'assurer la paix à ses sujets ; non seulement il se concilia l'amitié des princes espagnols, par sa prudence et sa modération, mais il obligea ses plus grands ennemis à quitter les armes. Cependant il fut sur le point de détruire tout le fruit de ses dispositions pacifiques par une imprudence chevaleresque. Le grand-maître d'Alcantara, don Martin Yanez de la Barbuda, séduit par un ermite fanatique nommé Jean Sago, crut rendre un grand service à la religion et à sa patrie, en défendant, les armes à la main, la sainteté du christianisme et ses avantages sur la croyance musulmane ; et formant pour cela un petit corps d'imprudents champions, sans s'arrêter aux trêves existantes entre Grenade et la Castille, aux chagrins que cela pourrait attirer à Henri, ni aux conséquences d'une témérité si audacieuse, il envoya une provocation pleine d'insultes au souverain de Grenade, en l'invitant à un combat qu'il offrait de soutenir avec la moitié moins de monde que ceux qu'il commanderait.

Ces sortes de défis étaient alors très fréquents, quoique ordinairement l'objet en fût quelque aventure d'amour, ou la défense des veuves, des orphelins, ou d'autres personnes dénuées de secours, sans pouvoir demander satisfaction d'une offense. Il ne manquait pas pourtant de se mêler quelquefois dans ces scènes sanglantes un zèle imprudent pour la religion, qui déteste la violence et ne respire que paix, charité et douceur. Quoi qu'il en soit, le roi fit connaître à ce chevalier le déplaisir avec lequel il envisageait une entreprise si hasardeuse, si intempestive, si contraire à ses vues politiques, et qui pourrait devenir funeste à son royaume. Mais, ébloui par les présages favorables du visionnaire Sago, ce chevalier répondit « qu'il ne pouvait pas aban-
» donner sans déshonneur une entreprise où se
» trouvaient engagées sa piété et sa réputation,
» et pour laquelle la protection du ciel lui était
» assurée par d'indubitables pronostics. » Cette troupe de fervents guerriers partit en effet, et, précédée d'une croix, s'introduisit audacieusement dans le pays de Grenade ; mais comme les Maures ne se croyaient pas obligés de respecter cette enseigne mystérieuse, ni les prédictions de l'ermite, ils les attaquèrent avec l'assurance que leur donnait la supériorité de leurs forces, et les taillèrent en pièces sans qu'aucun d'eux pût se

sauver du carnage. Henri éprouva un vif chagrin de cette mésaventure ; et comme il lui importait si fort de conserver la bonne intelligence avec le roi de Grenade et d'apaiser son juste ressentiment ; il voulut lui donner une satisfaction en l'assurant qu'il n'avait pris aucune part à cette entreprise, non seulement méditée sans son ordre, mais effectuée contre sa volonté.

Malgré la sincérité de ces protestations, la Castille ne fut pas exempte d'une irruption inattendue que, comme par représailles, les Maures de Grenade firent quelques années après. Henri ne se proposa pas seulement de les contenir, mais de plus il conçut le très vaste projet de les chasser de toute la péninsule. Cependant ses infirmités habituelles, qui avec le temps étaient devenues plus dangereuses, le forcèrent à céder cette gloire à ses successeurs, et le conduisirent au tombeau le 25 décembre 1406, laissant pour héritier son fils aîné don Juan.

Les troubles de la minorité de Henri et la sévérité avec laquelle il réprima les tracasseries que dans les années suivantes suscitèrent quelques grands trop turbulents, ont servi de fondement à une anecdote qui ne mérite pas beaucoup de confiance, mais que rapportent cependant quelques auteurs remarquables. Ils racontent que les dilapidations et l'avidité des tuteurs et gouverneurs réduisirent le domaine royal à un si déplorable état, que Henri, malgré la frugalité à laquelle il avait voulu se restreindre pour ne pas grever ses sujets, rentrant un jour chez lui, ne trouva pas de quoi manger; qu'il était sans argent, sans rien qu'il pût mettre en gage, même sans crédit pour acheter des aliments ordinaires; tandis que les grands du royaume se prodiguaient réciproquement leurs richesses dans des banquets splendides; qu'il fut obligé de céder son manteau pour faire préparer un mesquin et grossier souper le même soir que ces seigneurs, chez l'archevêque de Tolède, devaient se trouver à une table où la délicatesse ne le céderait point à la prodigalité; que Henri en ayant été informé, mais accoutumé à ne pas s'en rapporter facilement aux relations d'autrui, résolut de s'en assurer par ses propres yeux; qu'à cet effet il s'introduisit déguisé dans la salle du festin, où, confondu parmi une multitude de domestiques, il put se convaincre qu'on n'avait rien exagéré, et admirer l'impudence avec laquelle les convives faisaient parade des richesses qu'ils devaient à leurs rapines. Le lendemain il les fit appeler sous un prétexte spécieux, et lorsqu'ils furent rassemblés, il se présenta avec l'épée nue, armé de toutes pièces. S'adressant à l'archevêque, il lui demanda combien de rois il avait vu en Espagne : « Sire, répondit le prélat, votre

» aïeul, votre père et vous. » Eh bien ! moi, répliqua le roi, quoique bien jeune, j'en ai connu vingt, et comme il ne doit y en avoir qu'un, il est temps que je le sois seul, et que tous les autres périssent. » Il fit un signe ; à l'instant parurent les soldats qu'il avait prévenus, un bourreau, le billot, le glaive et les cordons de la mort. A cette vue, les grands, saisis de terreur, se jetèrent à ses pieds, implorant sa clémence, et mirent à sa disposition leurs personnes et leurs biens ; le généreux Henri leur accorda la vie, mais en exigeant d'eux un compte sévère des deniers du trésor public dont ils avaient eu le maniement, les força à restituer les sommes dont ils étaient reliquataires, à céder au bénéfice du domaine royal les grosses pensions que, durant la tutelle et de leur propre autorité, ils avaient osé s'assigner ; il leur ordonna de remettre les forteresses et châteaux dont ils s'étaient emparés par force ou par ruse ; enfin ils ne pouvaient recouvrer leur liberté qu'après avoir satisfait à tout cela ponctuellement. Le succès pouvait être certain, mais, outre que cette scène porte tous les caractères d'une fable, il y a des raisons suffisantes pour croire que c'est un conte fait à plaisir, et forgé soixante ans après.

CHAPITRE XXXV.

Comme le prince héréditaire Jean II n'avait pas encore vingt deux-mois quand son père mourut, la tutelle et l'autorité royale restèrent dans les mains de la reine veuve Catherine sa mère et celles de son oncle don Fernand, prince d'un rare talent, intègre, aimable, vaillant, et le seul sans contredit à qui l'on pouvait avec sûreté confier un emploi si difficile dans ces circonstances. La générosité qu'il mit à refuser la couronne de Castille que s'empressèrent de lui offrir quelques hommes révolutionnaires, son zèle, son activité et son noble désintéressement pour conserver intact à l'innocence de son pupille un patrimoine que cherchaient à détourner ceux mêmes qui auraient dû être ses défenseurs, justifient le choix que Henri avait fait de lui.

Sa prudence et sa modération ne le sauvèrent pourtant pas des traits de la médisance et de l'envie. Mal avec la reine mère par les artifices et les intrigues des courtisans, il vit avec douleur l'harmonie qui aurait dû régner entre les deux régents prête à se rompre ; et prévoyant les dangereuses conséquences d'une rupture complète, il accélera la division et le partage du gouvernement du royaume, selon la volonté du roi défunt, afin que chacun des tuteurs administrât sa part séparément et avec une indépendance absolue.

Les Maures de Grenade infestaient alors les frontières par des incursions réitérées, il devenait urgent de les soumettre ; c'est pourquoi laissant à la reine le soin du gouvernement des provinces de la dépendance de la Castille vieille, don Fernand se chargea de la nouvelle Castille, qui comprenait alors les provinces d'Andalousie. Il s'y présente à la tête de ses valeureuses cohortes, bat les mahométans en diverses rencontres, les met en déroute complète dans les mers de Cadix et dans les plaines d'Archidona, s'empare de l'importante place d'Antequera, et les force à demander la paix. Appelé au trône d'Aragon, qui après la mort du roi don Martin lui appartenait par le droit du sang et par l'élection légitime de ces royaumes, il dut quitter la Castille, toutefois sans abandonner les intérêts d'un enfant, auquel il continua sa protection avec une grande loyauté; mais sa mort, arrivée beaucoup trop promptement, laissa Jean II exposé aux orages qui s'élevèrent presque aussitôt.

La tutelle et le gouvernement retombèrent à

la reine mère, qui en jouissait à peine depuis deux ans avec assez de sagesse, lorsqu'elle mourut aussi. Le roi, âgé pour lors de treize ans, se mit à la tête du gouvernement, sous la direction de don Alvaro de Luna, élevé avec lui dès la plus tendre enfance et qui avait pris un grand ascendant sur son cœur. A la vérité, le roi avait besoin d'un ministre de confiance, dont les talents et la fermeté pussent suppléer à son indolence et à son irrésolution, et tenir l'autorité royale à l'abri des attaques de l'ambition et du pouvoir. Don Alvaro possédait toutes ces qualités; l'attachement que le roi lui témoignait, qui avait pris naissance dans les jeux de l'enfance, qui s'était accru par les années, l'éleva jusqu'à une intimité familière dont l'histoire présente peu d'exemples.

Cette liaison étroite provoqua l'envie et la haine des personnes qui s'étaient flattées de tirer grand parti de la faiblesse du roi; elles tramèrent une conjuration secrète pour perdre un favori dont la perspicacité déjouait constamment leurs projets d'ambition. Le premier qui commença de lever le masque fut l'infant don Henri, grand-maître de Saint-Jacques et fils du généreux don Fernand, défunt roi d'Aragon; mais, trop rusé pour découvrir prématurément l'étendue de son plan, il entreprit une guerre tortueuse contre don Alvaro, de qui, par adresse, il éloigna de la cour toutes les créatures, pour y substituer les siennes. Il relégua le roi à Tordésillas sous l'apparence de sa sûreté, mais au fond dans le dessein de devenir maître absolu de sa volonté et de ses états. On pénétra bientôt le dessein du grand-maître, et il ne manqua pas de gens qui cherchèrent à rompre les chaînes qui pesaient sur le malheureux don Juan. Mais comme cela ne pouvait pas s'exécuter sans de fortes commotions, toujours funestes au peuple innocent, don Alvaro, d'un esprit prudent, préféra pour le présent le parti de la paix et de la tolérance, en temporisant autant que possible avec le plus grand de ses ennemis. Cependant il pensa qu'il ne fallait pas négliger les occasions favorables pour délivrer le roi prisonnier, et, sous le prétexte d'une partie de chasse, il réussit à le faire passer au château de Montalvan en le confiant à la garde de quelques chevaliers ses amis. Dès que le grand-maître en eut connaissance, il se présenta devant le château avec un nombre considérable de troupes, et, sans écouter ni les ordres ni les avertissements du roi, il assiégea la forteresse avec toute la rigueur d'une guerre remplie de haine, et la réduisit à la dernière détresse par faute de munitions; mais ayant été informé des grandes forces qui venaient au secours de la place, il se retira promptement à Ocana, d'où son génie indocile lui suggéra bientôt de nouveaux prétextes pour entretenir la discorde.

Le grand-maître don Henri avait épousé la sœur du roi, l'infante Catherine : le roi avait différé jusqu'alors, en punition de son insolence, et par quelque autre motif politique, de le mettre en possession du marquisat de Villena assigné en dot à cette princesse ; enfin il en révoqua la donation comme abusive. Don Henri exaspéré s'empara par force de cet état; mais aussitôt le roi envoya des troupes, le reprit, annula la condition portant que les revenus du grand-maître passeraient aux descendants de l'infant. Une condition si avantageuse avait été sollicitée par don Henri durant la détention du roi à Tordésillas, et il l'avait obtenue parce qu'alors il dictait la loi ; mais le monarque étant libre enfin de l'oppression qui l'avait tyrannisé, don Alvaro trouva convenable de punir l'audace du grand-maître, tout en affaiblissant sa puissance. Quoi qu'il en soit, cette résolution aurait pu avoir des suites très funestes, si la reine veuve du roi d'Aragon ne s'était rendue médiatrice : elle apaisa la colère de son fils ; le dissuada de marcher avec toutes ses forces contre le roi, ainsi qu'il l'avait résolu, et l'engagea d'adopter d'autres moyens moins violents et plus sûrs pour terminer ces dissensions. En effet, Henri vint à la cour, entreprit de se disculper, fit même des propositions; mais on intercepta pour lors quelques lettres du connétable de Castille, Rui Lope Davalos, partisan de don Henri, et l'on découvrit l'horrible complot qu'ils tramaient tous deux pour déterminer le roi de Grenade à se porter avec une armée considérable en Castille, où il trouverait l'appui d'eux-mêmes et de tous leurs amis. Ce fut en vain que le grand-maître protesta de son innocence et de la fausseté de semblables lettres. On renvoya l'examen de cette affaire au conseil du roi; en attendant, don Henri fut emprisonné dans le château de Mora. Le connétable dut la liberté à la promptitude de sa fuite. Il se réfugia dans le royaume de Valence; mais il perdit des biens considérables, qui furent partagés par le roi entre différents chevaliers; on réserva pour don Alvaro la dignité de connétable...

Le roi et les infants d'Aragon réitérèrent si souvent leurs instances pour la liberté de don Henri, que don Juan dut enfin y consentir malgré sa répugnance. Don Alvaro prévoyait bien les effets d'une semblable condescendance; mais des frontières d'Aragon une puissante armée menaçait la Castille. Don Henri y avait beaucoup de partisans; l'issue d'une guerre si dangereuse était trop incertaine; il paraissait au moins convenable de céder à la nécessité. En effet, le premier soin de l'infant fut de s'unir à son frère don Juan, qui venait de monter sur le trône de Navarre, et qui, dans l'espérance de plus grands avantages, entra pour lors avec plaisir dans le projet de soumettre la Castille, quoiqu'il eût désapprouvé la conduite de don Henri dans le principe. Le connétable don Alvaro opposait cependant un obstacle insurmontable aussi long-temps qu'il serait aux côtés du roi de Castille; il était donc nécessaire de l'écarter par un moyen quelconque, et il n'y en avait pas de plus sûr que d'indisposer contre lui le royaume et le roi. Dès cet instant on répandit les calomnies les plus atroces; on lui attribua des attentats exécrables; on le signalait comme la cause principale des malheurs qui affligeaient la Castille, et l'on demandait instamment sa punition. Le roi, pressé de toutes parts, eut la faiblesse de renvoyer la décision de cette affaire à quatre partisans de l'infant don Henri. Don Alvaro fut banni de la cour ainsi que toutes ses créatures; mais le roi, indigné de l'avidité avec laquelle leurs ennemis se disputaient les emplois et le gouvernement du royaume, révoqua la sentence des commissaires, rappela de suite le connétable; et, pour empêcher de nouveaux troubles, défendit les associations clandestines, et donna l'ordre à tous les chevaliers qui lui étaient suspects de se retirer de la cour.

Le grand-maître et le roi de Navarre comprirent aussitôt que le coup se dirigeait principalement contre eux. Ce nouveau triomphe du connétable, ranimant la haine et l'inimitié que tous les deux lui portaient, devint l'annonce de plus grandes agitations. Coalisés avec leur frère Alonse V, roi d'Aragon, qui depuis long-temps n'attendait qu'une occasion favorable pour démembrer impunément une monarchie si agitée, ils se présentèrent aux frontières avec une nombreuse armée, croyant surprendre le roi de Castille et lui donner promptement des motifs de se repentir de son peu de constance. Mais comme le connétable ne perdait pas de vue les mouvements du roi d'Aragon, et que, d'un autre côté, il devait tout appréhender d'une famille acharnée à sa ruine, il s'était préparé à temps, et don Juan se trouvait alors en position, non seulement d'opposer une vigoureuse résistance, mais encore de leur donner des craintes. La médiation du cardinal de Foix, légat du saint-siége en Aragon, et les persuasions de la reine Léonore, parvinrent à empêcher une sanglante bataille que les deux armées étaient sur le point de se livrer dans les plaines de Hariza. Ils cherchèrent de tous leurs moyens à calmer ces esprits exaspérés et à les forcer à la paix. Don Juan, qui n'avait entrepris cette guerre que par la nécessité de défendre ses sujets et son indépendance, accéda immédiatement, à condition que le roi d'Aragon se séparerait de l'alliance qu'il avait promise à ses frères.

Le roi d'Aragon rejeta une proposition si raisonnable, et il fallut recourir aux armes. Précédé de la mort et de la terreur, le roi de Castille entra dans les terres d'Aragon, tandis que ses gouverneurs de la frontière de Navarre livraient au pillage, à l'incendie et à la dévastation les villes, les villages et les campagnes de ce malheureux royaume; et après s'être rendu redoutable, il passa en Estramadure, où s'étaient fortifiés le grand-maître et son frère don Pierre. Don Alvaro de Luna et le comte de Bénavent, don Rodrigue Pimentel, avaient déjà réussi à les chasser de quelques places importantes, et à les bloquer dans Alburquerque; mais le roi crut sa présence nécessaire, tant pour animer ses troupes que pour essayer de rétablir la tranquillité. A cet effet, il fit publier sous les murs de la place une amnistie générale pour tous ceux qui avaient pris part à ces mouvements, promettant d'admettre à son service les infants dès qu'ils se rendraient et quitteraient les armes; et les avertissant qu'ils seraient traités avec toute la rigueur de la guerre, comme rebelles et coupables de lèse-majesté, s'ils persistaient dans leur coupable entreprise. On répondit par une nuée de flèches et de mitraille. Le roi, souverainement offensé de cette nouvelle insolence, résolut de les punir avec une extrême sévérité ; mais, bien persuadé d'un autre côté de la difficulté de soumettre une place qui se défendait avec le désespoir, il convoqua les cortès à Médina del Campo, où les infants, accusés de trahison et de crime, furent condamnés à perdre les états qu'ils possédaient en Castille. Ces états furent distribués entre plusieurs seigneurs et chevaliers loyaux, et donnés en administration au connétable don Alvaro de Luna, grand-maître de Saint-Jacques.

C'était en effet le moyen le plus sûr de laisser les révoltés sans ressources pour continuer une guerre si désastreuse ; on les dépouillait ainsi de revenus considérables qui n'étaient employés qu'à la destruction du royaume ; d'ailleurs ils restaient sans espérance de secours, puisque l'Aragon et la Navarre, affaiblis par des pertes réitérées, craignaient de ne pouvoir résister aux terribles armements dont la Castille les menaçait : ils n'avaient presque plus d'autre parti que de demander la paix. Ils la demandèrent : les rois coalisés la sollicitèrent aussi, mais avec tant d'orgueil et tant de dureté dans les conditions, que la paix aurait été inadmissible pour tout autre qui l'eût moins désirée que don Juan, et qui eût voulu profiter des avantages de sa situation politique. Cependant on signa une trêve de cinq ans, qui fut rompue aussitôt par les infants don Henri et don Pierre, ayant pour appui le grand-maître d'Alcantara don Juan de Sotomayor. Cette trêve ne put être rétablie que par l'emprisonnement de don Pierre, l'occupation de la forteresse d'Alcantara, et la déposition du grand-maître Sotomayor.

CHAPITRE XXXVI.

Don Henri, humilié par des coups redoublés, manquant de moyens pour suivre ses ambitieuses prétentions, et craignant le sort malheureux qui le menaçait, implora la médiation du roi de Portugal pour obtenir son pardon et la liberté de son frère. Il obtint aisément l'un et l'autre de Juan, d'une humeur pacifique ; mais à condition expresse de restituer les places qu'il avait occupées en Estramadure, de laisser en paix la Castille, et de se retirer en Aragon avec l'infant don Pierre, ainsi que cela avait été convenu dans les capitulations antérieures.

A peine la Castille fut-elle débarrassée de ces irréconciliables ennemis de sa tranquillité, que, sans quitter les armes, elle se vit engagée dans une autre guerre, à la vérité moins dangereuse. Mahomad-le-Gaucher avait été renversé du trône de Grenade par un autre Mahomad appelé le Petit; il devait son rétablissement à la compassion de don Juan : mais, infidèle à son devoir et à sa parole, il eut l'ingratitude de se refuser à continuer le tribut stipulé, et de conjurer contre son protecteur toute la puissance du roi de Tunis. Don Juan réussit avec le temps à rompre cette alliance, en découvrant au Tunisien la mauvaise foi et les intentions plus blâmables encore de son protégé, et en engageant son honneur à ne pas favoriser une injustice. Il entra en Andalousie mettant tout à feu et à sang; il laissa trente mille hommes tués dans les plaines de Grenade; et il se serait peut-être même emparé de ce dernier retranchement des mahométans, si la saison l'eût permis, et s'il eût été pourvu de vivres, munitions, machines et autres objets nécessaires. Néanmoins il revint à la charge le printemps suivant; il battit ses ennemis en différentes rencontres; il leur prit quelques places importantes; il renforça le parti de Jusef Abenalmao, compétiteur de Mahomad, qu'il laissa privé d'une couronne usurpée; après quoi il se retira en Castille, ayant ainsi puni son ingratitude. La mort de Jusef, le rétablissement de Mahomad et la fureur qui l'animait à la vengeance, renouvelèrent bientôt, et avec le même succès, les scènes sanglantes de la campagne précédente. Le roi de Grenade, presque toujours battu, ses campagnes ravagées, ses forteresses les plus redoutables assiégées, forcé de lutter en même temps contre les divisions intestines qui ébranlaient son trône, reconnut enfin la supériorité de son ennemi, posa les armes, et la guerre fut terminée.

La Castille jouit bien peu de temps de la tranquillité intérieure qui provenait de la retraite des infants et de l'emploi qu'ils avaient dans une guerre que le roi d'Aragon soutenait en Italie. La faveur de don Alvaro excita la jalousie d'un grand nombre de personnes, qui dissimulaient par faiblesse, mais qui tramaient en secret sa ruine avec la constance la plus persévérante. Tous se tenaient prêts à lever le masque aussitôt que quelque homme hardi ou puissant jetterait le brandon de la discorde. Au milieu de ce calme apparent, le connétable découvrit une conspiration prête à éclater sur sa tête, et qui avait pour chef le gouverneur Pierre Manrique, l'un de ses plus irréconciliables ennemis : on devait ou consommer sa ruine ou inonder la Castille du sang de ses malheureux habitants. Don Alvaro crut que l'arrestation de ce chef, tout en intimidant les conjurés, déconcerterait leur plan; et sans forme de procès, ou sous un prétexte spécieux, il le fit enfermer dans le château de *Fuentiduena*. Cette détermination, que l'on avait regardée comme salutaire, produisit néanmoins des effets absolument contraires. Le gouverneur trouva moyen de s'évader de sa prison, et tout de suite ses parents et ses amis prirent les armes, en criant contre l'arbitraire du connétable; ils exhortaient le roi à secouer le joug qu'il lui imposait et sous lequel il opprimait ses sujets; ils le rendaient responsable des malheurs qui menaçaient son royaume, si par la promptitude et l'ignominie de l'éloignement d'un favori dangereux il ne paraît aux abus d'un despotisme intolérant, s'il ne donnait pas satisfaction à ses peuples affligés, et s'il ne rétablissait pas la tranquillité. Ce qu'il y avait de captieux dans ces réclamations séduisit aussitôt l'esprit de la multitude. Le parti des mécontents s'accrut d'un grand nombre de gens qui venaient se ranger chaque jour sous leur bannière; ils avaient à leur tête le prince héréditaire don Henri, qui détestait don Alvaro, et ils étaient aidés par l'infant don Henri et son frère don Juan, roi de Navarre, alors de retour de leur expédition : ainsi ils se trouvèrent bientôt en position de dicter la loi. En vain le connétable fit-il usage de toutes les ressources de son génie pour contenir les progrès de l'insurrection; en vain recourut-il à la force pour diminuer la puissance redoutable des révoltés, et pour défendre le pays envahi avec une ardeur extrême : ses ennemis, maîtres des principales villes et des forteresses du royaume, supérieurs à tous les obstacles qu'on pouvait leur opposer, triomphants de la faiblesse du roi, obtinrent que le connétable fût banni durant six ans dans le pays qu'ils lui prescrivirent, et qu'on interceptât rigoureusement toute communication entre lui et le monarque.

Cependant les vues des révoltés s'étendaient bien au delà de ce qu'ils laissaient apercevoir. Quoique l'éloignement du connétable eût été annoncé comme le seul moyen de sauver les intérêts du royaume, dans le fait il ne servait que l'ambition de ceux qui désiraient le remplacer; mais tous ne pouvaient pas occuper en même temps sa place, et pour y arriver il fallait prendre le sentier tortueux de l'intrigue, et monter sur la ruine des uns et des autres. La rivalité, la jalousie, la méfiance, qui en étaient les suites, devaient nécessairement enfanter la désunion; et le connétable aurait été vengé par les armes mêmes de ses ennemis, si, prévoyant les conséquences de la discorde, ceux-ci ne fussent convenus de se déclarer contre celui d'entre eux qui jamais deviendrait favori. Pour cela, on crut indispensable de ne pas perdre le roi de vue, de le reléguer dans certains endroits déterminés, de le séparer de toute communication, et de ne permettre l'entrée de son palais à qui que ce fût sans la plus grande précaution. On épiait réciproquement les pas et les actions; on cherchait à deviner la pensée; les expressions les plus indifférentes proférées sans intention étaient examinées sous tous les rapports, et il suffisait, pour que chacun fût alarmé, de dire seulement deux mots au roi en secret. Voilà à quelle extrémité ceux-là mêmes qui calomniaient don Alvaro par des accusations injustes réduisirent le roi de Castille. Ils prétendaient n'être animés que par le désir de sauver la majesté royale d'un honteux esclavage. Mais sa prison devint encore plus rigoureuse, dès que l'on soupçonna le connétable de machinations secrètes pour l'arracher de leurs mains. En effet, cet homme gravement offensé, mais au-dessus des revers de la fortune et du ressentiment que chez tout autre aurait excité la conduite légère de don Juan, méditait déjà depuis long-temps dans sa retraite le moyen de rompre les chaînes de son souverain; il n'attendait qu'une occasion favorable, quand la désunion de ses oppresseurs eux-mêmes vint au-devant de ses désirs et lui facilita l'exécution de ses projets.

Le prince héréditaire don Henri, qui n'avait pu pardonner à son père de garder un favori, avait mis toute sa confiance en un chevalier nommé don Juan Pacheco, que la faveur et l'influence rendaient vraiment redoutable à ces courtisans désolés par l'envie et par là même l'objet de leur jalouse méfiance. Quoique Pacheco méprisât les traits qu'on lui lançait de toutes parts, il ne se crut pas dispensé de la vengeance; et, déchirant le voile trompeur qui couvrait l'ambition de ces révoltés, il découvrit au jeune prince l'iniquité de leur trame, qui, déguisée sous le masque du bien des peuples, n'avait eu d'autre but que de réduire le roi à une condition aussi injurieuse qu'intolérable. Le prince courroucé, résolu de mettre en liberté son père opprimé, cherchait les moyens d'y parvenir lorsque dans le plus grand secret il reçut un avis du connétable qui lui faisait l'offre de secours pour une si digne entreprise et pour humilier l'insolence. Dès lors, sans y apporter le moindre retard, de concert ils réunirent l'un et l'autre leurs forces, et soutenus par un nombre considérable de sujets fidèles qui se disputaient la gloire de délivrer le roi, ils se trouvèrent promptement en position de pouvoir mesurer leurs armes avec celles des ennemis. Ceux-ci, qui dès long-temps avaient préparé leurs troupes et redoublé la sévérité de l'emprisonnement du roi, ne purent empêcher son évasion et moins encore la déroute qu'ils essuyèrent sous les murs d'*Olmédo*, à la suite de laquelle périt l'infant don Henri, l'un des principaux chefs de la révolte. L'amiral de Castille fut au nombre des prisonniers.

On crut qu'au moyen de cette victoire, plus mémorable que sanglante, la tranquillité renaîtrait en Castille; en effet, après la mort du grand-maître, les principaux agents de ces mouvements étant incarcérés ou fugitifs et leurs biens entre les mains du fisc, on devait espérer que le surplus des rebelles, par crainte, par impuissance, ou faute d'appui, laisseraient pour quelque temps le royaume se reposer de tant de troubles. Mais immédiatement il s'en éleva d'autres bien plus scandaleux et de plus grande importance; il n'est pas bien difficile d'en indiquer la cause. Le connétable avait repris son ascendant sur le cœur du roi par la médiation du grand-maître de Saint-Jacques, et l'affection du monarque le combla de faveurs et de dignités; ce qui fit bientôt connaître à Pacheco l'inutilité de ses efforts pour conserver à la cour, aussi long-temps que ce premier y serait, le pouvoir absolu qu'il s'était flatté d'exercer au nom du prince. Il se crut en disgrâce tant qu'il ne parviendrait pas à se défaire de son rival ; or, rien de plus sûr pour y réussir, que d'affaiblir le protecteur et son parti, en excitant en secret la haine invétérée des mécontents, pour le laisser ensuite abandonné aux résultats d'une lutte désavantageuse et qui certainement se terminerait au détriment de la cause royale. Cette circonstance était la plus favorable à Pacheco. Le roi, assailli par une force à laquelle il n'aurait pu résister et incapable de secouer le joug qui pesait sur lui, souffrirait sans répugnance, comme en d'autres occasions, la loi que lui dicterait le parti vainqueur ; dès lors on assurait l'éloignement du connétable, auquel une noblesse inquiète ne pardonnerait jamais la faveur dont il jouissait, ni la mauvaise réussite de tous leurs efforts pour le mettre en disgrâce. D'un autre côté le prince qui n'était pas sans ambition, et toujours docile aux insinuations de Pacheco, se prêterait facilement à toute entreprise qui lui donnerait quelque prépondérance auprès de son père ; et comme il s'agissait d'abaisser un sujet que l'on était jaloux de voir remplir le premier rôle, il coopérerait avec plaisir à toute intrigue tendante à sa ruine. En effet cet adroit courtisan prit la parole ; il défigura sous les plus noires couleurs la conduite du connétable ; il peignit les châtiments infligés aux chevaliers révoltés comme autant d'abus de l'influence qu'il exerçait sur un monarque faible ; et l'exhortant à prendre sous sa protection cette multitude de victimes qui se disaient immolées à la sûreté d'un homme vindicatif, il lui persuada de fuir précipitamment une cour où il supposait régner l'arbitraire et la tyrannie.

Tout le monde fut surpris de cette fuite inopinée ; mais le connétable connut bien vite le principal ressort de ce mouvement, comprit toute l'étendue de l'intrigue, en prévit les suites et trembla pour la tranquillité de la Castille et la sûreté de sa personne. Le roi, tourmenté de l'idée de nouveaux troubles, et trop faible encore pour se faire respecter, se crut dans la nécessité de les prévenir par quelque moyen ; mais le prince son fils se refusa à tout accommodement, tant qu'il ne suspendrait pas le châtiment des mécontents, qu'il disait sans déguisement avoir pris sous sa protection, et qu'il ne récompenserait pas Pacheco généreusement du bon service d'avoir contribué à la liberté du roi. C'était en quelque sorte exiger de lui le prix de son rétablissement au trône ; mais cela eût-il dû lui coûter encore plus cher, dans la dure alternative de consentir à de si dures propositions, ou d'exposer le royaume aux désastres d'une guerre scandaleuse, à peine lui restait-il la liberté de choisir un parti moins dangereux et moins humiliant. Les rebelles parvinrent à assurer leur impunité. Don Juan Pacheco obtint le marquisat de Villena, et de plus, pour le contenter davantage, le roi fit en sorte que les commandeurs de Calatrava choisissent pour grand-maître de l'ordre son frère don Pierre Giron.

C'est en vain que le connétable aurait cherché quelque moyen pour contenir ses implacables ennemis et conserver intacte l'autorité souveraine; mais il était indispensable, pour sortir avec honneur de circonstances aussi critiques, de trouver des forces plus imposantes et un caractère plus ferme et plus énergique que celui de Juan II. Toutefois, quoiqu'il ne pût pas leur enlever ce triomphe, du moins il se fortifia dans l'idée qu'il avait déjà conçue précédemment de chercher un appui qui le préservât de la chute qui le menaçait. Il ne se dissimula pas que cet événement n'avait été qu'un essai dont l'heureuse issue assurait aux rebelles un bon succès de leurs tentatives subséquentes; qu'il avait tout à redouter du ressentiment de rivaux aussi exaspérés; d'ailleurs il possédait suffisamment de preuves qu'il ne devait pas se reposer sur la faveur d'un monarque faible et pusillanime. Le mariage de don Juan, veuf alors de Marie d'Aragon, avec Isabelle de Portugal, lui parut en même temps procurer à la Castille une puissante alliance que n'oseraient déprécier les insurgés, et lui ménager une influence constante auprès du roi, qu'il manierait à son gré, comme il s'en flattait ; ce qui déconcerterait les intrigues de ses deux rivaux, et le soutiendrait contre l'inconstance du monarque. Il ne lui restait à vaincre que la répugnance que montrait contre cette alliance don Juan, dont l'affection pour Radegonde, princesse de France, était assez connue. Mais ce n'était pas là un obstacle capable d'arrêter un homme accoutumé à disposer librement de la volonté du roi ; de plus, en lui cachant ce projet jusqu'à ce que la négociation fût conclue, il était bien sûr qu'il ne le laisserait pas sans approbation quand il en recevrait la nouvelle.

Ce fut en effet exactement ce qui arriva. Si le roi manifesta d'abord quelque mécontentement, il accepta enfin sans répugnance et même avec amour l'épouse que lui présenta son favori ; mais il crut entrevoir dans cette action un abus intolérable du pouvoir qu'il avait acquis en profitant de sa faiblesse. La nouvelle reine fut le premier témoin de son ressentiment, car le monarque lui déclara bien promptement sa résolution de secouer le joug dont il était honteusement opprimé, mais qu'il hésitait dans le choix des moyens de le faire sans grande commotion ; et la princesse étant surtout intéressée à ne pas admettre de concurrents sur le cœur de son époux, prévint ses désirs en se chargeant volontairement de l'exécution de ce projet; mais ils crurent l'un et l'autre devoir dissimuler jusqu'à une occasion favorable quand on s'y attendrait le moins ; elle ne tarda pas à se présenter, à l'aide d'un moyen qu'on n'aurait pas imaginé.

CHAPITRE XXXVII.

L'audace avec laquelle le prince Henri se déclara en faveur de la noblesse mécontente et la crainte de l'exaspérer, alors que son père ne pouvait la réprimer, procura, comme nous l'avons déjà dit, l'impunité aux chevaliers révoltés. Ceux qui étaient détenus obtinrent leur liberté; seulement le comte d'Albe, confondu, malgré sa fidélité, parmi les déloyaux, resta long-temps encore plongé dans une étroite prison. Son fils, don Garcia de Tolède, désirant venger cette offense, prit les armes, et depuis son château de Piédrahita dans lequel il se fortifia, com-

mença à ravager les campagnes des environs.
Par le conseil de don Alvaro, le roi envoya quelques troupes pour le soumettre ; mais le comte de Plaisance, Pierre de Zuñiga, qui s'était retiré à *Béjar*, crut que cette expédition était un stratagème du connétable, ennemi des Zuñigas, pour le surprendre sans défense, et, se joignant à ses amis et parents, il forma le hardi projet de l'attaquer dans sa maison même, de le faire prisonnier, et de s'en débarrasser s'il voulait résister. Dans le temps où don Alvaro était soutenu par l'affection du monarque, il eût été impossible d'exécuter une pareille résolution ; mais actuellement les choses avaient changé de face, et la reine, fortement intéressée à la perte d'un courtisan qui l'avait mise sur le trône, profita de l'occasion et facilita l'entreprise. Aussitôt que ces chevaliers se présentèrent à la cour, leur dessein se trouva autorisé par un écrit de la propre main du roi, portant le mandat d'emprisonner don Alvaro de Luna. Il ne fallut rien de plus ; don Alvaro fut arrêté, traduit par l'ordre du roi devant un conseil formé précipitamment de personnes qui vraisemblablement ne lui étaient pas très attachées, et condamné à perdre la tête sur un échafaud comme tyran et usurpateur de l'autorité royale. Conduit au lieu de l'exécution, et voyant là, près de lui, l'écuyer

du prince Henri, on dit qu'il lui adressa ces paroles : « Tu diras à ton maître de récompenser ses loyaux serviteurs d'une autre manière que le roi ne m'a récompensé. » Il examina avec tranquillité le clou où devait être suspendue sa tête; il tira de son sein une écharpe dont il s'était muni pour qu'on lui attachât les mains, et après avoir adoré le crucifix qui était sur l'échafaud, il livra son cou à l'exécuteur. C'est ainsi que finit à Valladolid, après tant de revers et de vicissitudes, cet homme singulier, ce monstre de la fortune; et ce qu'il y a de plus remarquable, c'est que celui qui était parvenu au comble du pouvoir, et qui avait eu à sa disposition les trésors de la couronne, fut enterré par charité dans le cimetière des malfaiteurs. On a prétendu noircir sa mémoire par des accusations bien injurieuses; mais son unique crime fut peut-être d'avoir été le ministre habile d'un roi faible; et ce qui n'est pas douteux, c'est que Jean II de Castille paya très mal à don Alvaro de Luna le zèle avec lequel il l'avait servi, et la liberté qu'il lui procura en plusieurs occasions en l'arrachant tantôt des mains des infants d'Aragon, tantôt de celles de ses sujets eux-mêmes.

Les grands de Castille qui avaient tant intrigué se virent à peine débarrassés de cet homme courageux et ferme, qu'ils commencèrent à montrer plus d'insolence et de hardiesse ; quoique le roi voulût recourir aux armes pour abattre leur orgueil, et qu'avec les richesses du connétable il parvînt à former un corps considérable de troupes, ils eurent assez de force et d'audace pour rendre illusoires ses projets. Et comment un prince faible, sans forces, sans caractère, sans autorité, et méprisable aux yeux mêmes de beaucoup de ses propres sujets, aurait-il pu sortir heureusement d'une entreprise où auraient échoué la constance, la politique et le talent distingué d'un don Alvaro de Luna? Il se trouvait cependant engagé dans cette affaire, lorsqu'il fut atteint d'une fièvre quarte très tenace qui le conduisit au tombeau, le 21 juillet 1454, à l'âge de quarante-neuf ans, la quarante-septième année de son règne, et treize mois après la mort de son courtisan. Il laissa deux fils de son second mariage. La mort prématurée du premier, nommé don Alonse, fit passer avec le temps, comme nous le dirons ci-après, la couronne de Castille sur la tête de sa sœur Isabelle, connue sous le fameux surnom de *la Catholique*. On dit que don Juan aimait passionnément l'histoire et la poésie, et que, malgré son peu de talent, les ouvrages que dans ce dernier genre on a pu conserver de lui ne sont pas tout-à-fait sans mérite. Qui nous dira si ce n'est pas là la cause pour laquelle il avait une aversion mortelle pour les affaires sérieuses de la monarchie? On doit blâmer un prince destiné à faire le bonheur de ses peuples de ne pas savoir sacrifier ses goûts particuliers à cet objet unique et préférable.

Henri, 4ᵉ de ce nom, son fils et successeur, s'était marié, du vivant de son père, avec Blanche de Navarre; mais n'ayant pas eu d'enfants de cette princesse, pendant plus de douze ans qu'ils vécurent ensemble, il sollicita et obtint de la cour de Rome la résiliation d'un mariage qu'il regardait comme nul, pour cause de stérilité. En conséquence, l'un et l'autre restèrent libres de s'unir à qui mieux leur semblerait, et la princesse étant retournée en Navarre, Henri ne s'occupa nullement de passer à de secondes noces, jusqu'à ce que, monté sur le trône de son père, il pensa sérieusement à détruire le bruit de son impuissance, en assurant la succession de ses états. Comme on lui avait beaucoup vanté la beauté de Jeanne, infante de Portugal, il la demanda; on convint des conditions, et le mariage ayant été célébré par procuration, la nouvelle reine fut reçue en Castille avec le plus grand appareil et la plus grande joie.

Une des fautes que commit Henri, dès le moment où il commença à régner, fut d'insulter la grandeur en élevant aux premiers emplois des gens de basse extraction, qui n'avaient d'autre mérite que la recommandation de ses courtisans. Il ne fallait pas grand'chose à la noblesse pour renouveler les dissensions précédentes : mais certainement il n'était pas extraordinaire qu'ils supportassent avec impatience de voir les charges honorifiques de chancelier et de connétable occupées par un simple domestique du marquis de Villeña ; que la grande maîtrise d'Alcantara fût destinée à un pauvre gentilhomme de Cacérès, et que don Beltran de la Cueva passât subitement de page de carrosse à l'emploi de premier majordome; qu'il fût regardé comme un favori, lorsque les principaux grands seigneurs se croyaient dédaignés et humiliés.

Ceux qui commencèrent les premiers à manifester leur mécontentement furent l'archevêque de Tolède, l'amiral don Fabrique Henriquez, don Pierre Giron, le grand maître de Calatrava, le marquis de Santillane, les comtes de Haro, Albe, Bénavent, et plusieurs autres gens puissants. Ils se plaignirent hautement au roi de la dilapidation de ses revenus dans les festins sans but où régnait la prodigalité, où il était entraîné par de mauvais conseillers ; de l'impunité qui multipliait les crimes, les coupables trouvant un appui dans celui même qui devrait les punir; de la licence et du déréglement qu'on mettait à se jouer de la rigueur des lois jusque dans les dernières classes de la société ; enfin, de l'insouciance avec laquelle on regardait la prospérité de l'état. Tant de maux si nombreux et si grands indiquaient, suivant eux, la nécessité de convoquer des cortès pour y apporter quelque remède ; le principal motif de cette convocation avait un autre objet, c'était de s'assurer de la majorité des suffrages dans l'espérance de régler tout à leur gré, en éloignant de la cour un favori, ainsi que ses créatures, et de réaliser le projet qu'ils avaient déjà proposé au roi de faire déclarer son frère l'infant don Alonse prince héréditaire de la couronne. On donnait pour prétexte l'impuissance de don Henri, qui paraissait confirmée par son second mariage ; mais le but était sans doute de pouvoir former, à l'ombre d'une personne autorisée, un parti d'opposition que le roi ne pourrait au moins que traiter avec quelques égards. Ils avaient un exemple en don Henri lui-même qu'ils avaient vu, ayant l'appui de la noblesse, dicter la loi à son indolent père sous le gouvernement précédent. Néanmoins, cet exemple fut probablement la cause que le roi pénétra leurs vues, fut sourd à leurs plaintes et rejeta leurs propositions. Peu de temps après se répandit la nouvelle que la reine était accouchée d'une fille ; et afin de leur faire perdre tout espoir de réussir dans leurs intentions, le roi fit en sorte que le royaume la reconnût et la proclamât princesse héréditaire du trône de Castille.

Toutefois, une partie nombreuse de grands se refusa à prêter le serment, certains bruits s'étant répandus que la nouveau-née n'était pas fille du roi. Il ne manquait pas de gens qui, sans déguisement, en attribuaient la paternité à don Beltran de la Cueva, et, qui plus est, on ajoutait que celui-ci n'avait fait qu'accéder aux insinuations de don Henri lui-même. Tout cela devenait croyable par le grand désir qu'il manifestait de démentir les bruits assez généralement répandus de son impuissance. Et la reine peut-être, d'un autre côté, ne laissait pas que de donner des motifs suffisants pour que de pareils soupçons, quoique injurieux, ne fussent pas absolument dénués de fondement. Quoi qu'il en soit, dès lors on trama une conspiration formidable, dont l'objet n'était rien moins que de détrôner le roi, et mettre à sa place l'infant don Alonse. Il n'y avait pas de doute que les principaux chefs étaient les chevaliers mécontents ; mais dans cette circonstance on leur avait adjoint les meilleures familles du royaume et les prélats les plus respectables ; l'un de ceux qui soufflaient le feu de la sédition était le marquis de Villena lui-même, qui ne pouvait pardonner à don Henri l'élévation de son rival don Beltran de la Cueva. Soutenus en même temps par les souverains d'Aragon, qui désiraient le mariage de leur fils don Fernand avec l'infante Isabelle, et qui se montraient fortement opposés à don Henri, ils se trouvèrent bien vite dans la position d'adresser au roi, au nom des trois états, un acte formel dans lequel ils se plaignaient de la nullité de l'effet qu'avaient produit leurs différentes réclamations pour la réforme de l'administration de la justice et pour la répression des excès énormes qu'ils disaient être commis par le roi lui-même, par les siens, et particulièrement par don Beltran de la Cueva son oppresseur, son tyran, le déshonneur de la personne et de la maison royales, et qui s'attribuait les fonctions réservées uniquement à la majesté; ils se plaignaient encore de ce que le roi avait obligé les grands et le peuple à reconnaître pour aînée et héritière de la couronne, Jeanne, en lui donnant le titre de princesse qu'ils soutenaient ne pas lui appartenir, ainsi que le roi et don Beltran en étaient bien persuadés; comme ils s'étaient assurés des infants don Alonse et Isabelle pour lors arrêtés à Ségovie, et dont on préparait la mort forcée afin que personne ne disputât la succession à la progéniture de Beltran, ils protestaient finalement que si le roi ne mettait pas fin à ces désordres, et surtout s'il ne nommait pas un successeur légitime de la couronne, ils défendraient leurs droits par les armes.

Don Henri reconnut bien que ceux qui lui tenaient un semblable langage pouvaient appuyer leurs prétentions; mais il crut arrêter l'incendie en remettant au marquis de Villena l'infant don Alonse qu'on nommerait pour succéder à la couronne sous condition de se marier avec Jeanne aussitôt qu'elle aurait l'âge convenable. Comme on continuait à mettre en doute la légitimité de la princesse, ce qui retournait à sa honte, il prit le ridicule parti de faire une information sommaire sur sa puissance; il chargea de cette commission les évêques de Carthagène et d'Astorga; ces respectables prélats se virent donc obligés de recevoir des déclarations pour vérifier si Jeanne était réellement fille du roi ou le fruit caché d'un adultère. En somme, les résultats furent que jusqu'à l'âge de douze ans il ne s'était manifesté chez Henri aucun vice de nature; que cependant ses facultés ayant été énervées avec le temps, il n'avait pu avoir de successeur avec Blanche sa première femme; mais qu'il avait eu le bonheur de les recouvrer dès lors. Chacun pourra conclure ce qu'il jugera convenable de cette faculté génératrice perdue et retrouvée; mais ces déclarations paraissent clairement avoir été données pour plaire à celui qui les avait demandées.

Les coalisés, impatients d'amener à sa fin le projet d'enlever le trône à don Henri, n'eurent pas plus tôt l'infant don Alonse en leur pouvoir qu'ils se réunirent sous les murs d'Avila pour représenter une scène bien extraordinaire. Au milieu d'un vaste amphithéâtre de bois construit en rase campagne auprès de la ville, ils érigèrent un trône magnifique sur lequel ils mirent une statue de don Henri revêtue des marques de la royauté ; là, en présence d'un nombre prodigieux de nobles et de gens du peuple convoqués à cet effet, on lui fit un simulacre de jugement ; en le condamnant à perdre la couronne en punition de ses crimes, de ses injustices, de ses plus notables excès dont ils prétendaient avoir les preuves. La sentence fut lue à haute voix à tous les assistants, et lors de l'exécution, l'effigie fut aussitôt dépouillée des ornements royaux, précipitée ignominieusement du trône et remplacée par l'infant qui fut sur-le-champ proclamé roi de Castille.

Un semblable attentat ne pouvait être dissimulé par don Henri ; c'est pourquoi, après avoir rassemblé de suite ses troupes, il marcha contre les séditieux, les battit sous les murs d'Olmedo. Néanmoins, ni ce revers, ni la mort de l'infant don Alonse arrivée à peu de temps de là, ne suffirent point pour leur faire abandonner leur entreprise. Ils envoyèrent une députation à l'infante Isabelle qui se trouvait alors à Avila, en lui offrant le trône de Castille, qu'ils supposaient lui appartenir comme succédant immédiatement aux droits de don Alonse; mais cette princesse magnanime rejeta cette proposition avec une généreuse constance, et rappela aux mécontents la fidélité qu'ils devaient à leur légitime souverain, en se contentant de faire reconnaître publiquement ses droits à la couronne après la mort de son frère don Henri, à l'exclusion de Jeanne. Un trait de désintéressement aussi inattendu les remplit de surprise et leur indiqua leur devoir. Ils convinrent tous de quitter les armes, mais il ne fut pas possible de calmer les esprits avant que le roi n'eût admis les conditions auxquelles ils offraient de rentrer sous son obéissance. Ces conditions se réduisaient à l'oubli du passé, à la restitution de ce qui appartenait à chacun, à la reconnaissance de l'infante Isabelle pour succéder au trône comme princesse héréditaire; en effet, malgré les protestations de la reine au nom de sa fille et de ses appels au pape, qui à la vérité n'était pas un juge trop compétent dans cette affaire, Isabelle fut reconnue par les trois ordres de l'état, et par un légat du saint-siége qui se trouvait présent, et le serment prêté à Jeanne fut déclaré nul.

CHAPITRE XXXVIII.

La tranquillité ne dura que jusqu'au moment où les intérêts des courtisans commencèrent à se heurter de nouveau. Ce règne et le précédent peuvent s'appeler particulièrement ceux des courtisans et des rivaux. Ennemis les uns des autres, tous aspiraient à se détruire mutuellement, et chacun d'eux intriguait pour s'emparer du pouvoir. Le marquis de Villena avait recouvré toute son influence; et se trouvant par la prodigalité du roi et sa propre politique dans une situation qui détruisait l'équilibre de l'autorité, il portait trop d'ombrage à ceux de sa classe pour qu'ils ne le regardassent pas avec envie. L'archevêque de Tolède particulièrement se déclara son antagoniste. Il avait été l'un des principaux agents des troubles antérieurs; son esprit altier et dominateur lui rendait insupportable l'idée qu'un autre lui enlevât le fruit de ses intrigues. Ils se regardaient tous deux avec méfiance, se détestaient souverainement, et ne négligeaient pas la plus petite circonstance de pouvoir se mortifier l'un l'autre. L'archevêque favorisait les prétentions du prince don Fernand d'Aragon; cela suffit pour que Villena se proposât de les contrarier, en mariant l'infante Isabelle avec le roi de Portugal ou avec le duc de Berry. La cour se divisa en plusieurs partis. Les uns approuvaient les idées de l'archevêque, les autres soutenaient celles de Villena; tous ces partisans étaient puissants et entêtés; mais ceux de l'archevêque avaient l'avantage de défendre une cause du goût de l'infante. Malgré cela, l'ardeur que mettait Villena à entraver le mariage de cette princesse avec don Fernand d'Aragon était telle, qu'il n'aurait pu avoir lieu si l'archevêque eût été moins vigilant. Ce fut celui-ci qui traça le plan, fit les dispositions, procura de l'argent, leva tous les obstacles qu'on lui opposait et qui ne furent pas en petit nombre; et lorsque tout fut préparé, l'infante partit secrètement du lieu de sa retraite pour se rendre auprès de l'archevêque. Villena essaya de la retenir en route; mais le prélat accourut aussitôt à sa défense avec trois cents chevaliers d'élite qui l'escortèrent jusqu'à Valladolid. Quoique Villena ne pût empêcher cette réunion, il dépêcha des ordres pressants aux frontières pour défendre le passage à don Fernand. Cependant le prince, avisé par l'archevêque de l'urgence de son entrée, se livra au danger sans aucune considération, s'introduisit déguisé en Castille, et suivi seulement de quatre personnes, parvint sans obstacle jusqu'à Valladolid, où le mariage fut célébré.

Par ce moyen, les précautions du marquis de Villena furent déjouées et tous ses projets évanouis; mais dès cet instant il tourna sa haine contre le prince et la princesse, et chercha par tous les efforts possibles à les priver de la couronne en faisant revivre le droit déjà oublié, et que lui-même avait combattu, de la malheureuse Beltran. Il craignait avec raison que si ces princes régnaient en Castille, non seulement il perdait le marquisat de Villena et autres états qui avaient appartenu au roi d'Aragon, père de don Fernand, mais encore la plus grande partie de ceux qu'il possédait en Castille, et qu'il avait arrachés par ruse au prodigue Henri, sous prétexte de récompense pour les services rendus à Jeanne. Il chercha donc à persuader au roi que celle-ci était effectivement sa fille, et qu'il ne pouvait pas tolérer qu'étant vivante et ayant été reconnue princesse et devant lui succéder, sa sœur Isabelle prétendît usurper la couronne.

Le roi qui, d'un autre côté, se trouvait profondément irrité de ce mariage, se laissa facilement persuader; il annula la déclaration qu'il avait faite en faveur d'Isabelle, et en publia une autre en faveur de Jeanne. Villena, considérant combien il lui serait utile d'intéresser à ses intrigues quelque puissance étrangère, avait offert la main de Jeanne au roi de Portugal; mais ensuite ayant, à ce qu'il paraît, plus de confiance dans les forces de la France, il ne fit aucune difficulté, malgré ses engagements avec le roi de Portugal, de favoriser la prétention du duc de Berry qui sollicitait la même union. Celui-ci fut par conséquent préféré, et son mariage fut célébré dans la vallée de Lozoya, en présence d'une cour nombreuse convoquée à cet effet. Dans cette assemblée il arriva une chose peut-être sans exemple. Les ambassadeurs du duc, qui ne devaient pas être très satisfaits de la légitimité de l'épouse, exigèrent de la reine un serment public, que cette princesse était véritablement fille de son mari. Après qu'elle l'eut affirmé, ils demandèrent une semblable déclaration du roi; celui-ci qui quelquefois hésitait, qui tantôt le croyait, tantôt le déniait ouvertement, ne fit aucune difficulté d'assurer ce qu'il ne savait ni ne pouvait savoir.

Malheureusement le duc mourut avant que son épouse fût sortie de Castille, et Villena, qui ne perdait pas de vue son plan, dut se contenter de l'alliance qu'il avait désapprouvée auparavant;

mais le roi de Portugal se crut avec raison trop outragé pour admettre maintenant la proposition. Villena jeta les yeux sur don Henri Fortuna, fils posthume de l'infant don Henri, frère du roi d'Aragon, et il n'y a pas de doute que les négociations à cet effet furent très avancées. Il paraît cependant qu'il se dégoûta bientôt de son nouveau protégé; car non seulement il apporta beaucoup de froideur quand il fallut les terminer, mais le roi lui déclara « que sa fille devait
» se marier avec un souverain puissant qui sût
» défendre ses droits; mais que si malgré lui il
» insistait pour lui faire épouser l'infant, il de-
» vait préparer une armée respectable et vingt
» millions pour la payer. »

Pendant ce temps la princesse Isabelle et don Fernand, qui s'étaient appliqués à gagner l'affection des peuples, faisaient des progrès qui remplissaient de terreur leurs adversaires. Déjà plusieurs villes s'étaient déclarées pour eux; leur parti se grossissait chaque jour aux dépens de celui de Jeanne, et il ne fallait plus que gagner l'esprit du roi pour déconcerter absolument les intrigues de Villena. Ils se servirent pour cela des marquis de Moya, extrêmement attachés à la princesse; et quoique dans le principe il se présentât bien des difficultés, ceux-ci surent profiter de l'occasion où le roi, fort dégoûté de sa femme, commençait à regarder avec indifférence les intérêts de sa fille, et à retirer sa confiance au marquis de Villena. Alors ils redoublèrent leurs efforts; enfin ils obtinrent, par leurs bons offices et ceux du cardinal d'Espagne, don Pierre Gonzalez de Mendoza, que le roi se prêtât à une réconciliation, toutefois avec les sûretés convenables qu'ils n'inquiéteraient ni n'envahiraient ses états; qu'ils le laisseraient jouir en paix de la couronne pendant toute sa vie; qu'ils l'aideraient à recouvrer les domaines aliénés, et qu'ils ne tourmenteraient en aucune manière les chevaliers à son service. Les princes ne pouvaient pas se refuser à des conditions si raisonnables; et pour gagner sa confiance, ils arrivèrent à Ségovie sans aucune escorte. Le roi les y reçut avec des démonstrations si particulières d'affection, qu'il parut lui-même dans les rues de la ville, conduisant par la bride le cheval de la princesse. Chacun crut que l'on avait atteint le terme de tant de chagrins et d'inquiétudes. Cependant Villena parut à la cour, séduisit de nouveau le roi par son astuce, et la scène changea. Le faible Henri consentit sans répugnance au projet de s'emparer des princes; et quoique ceux-ci découvrirent à temps la conspiration et se mirent en sûreté, ils n'en restèrent pas moins convaincus du peu d'espoir que laissait son inconstance. En effet, ni les efforts de l'archevêque de Tolède, ni ceux du cardinal d'Espagne ou des diverses personnes intéressées à la réconciliation, ne purent rien obtenir durant la vie de Villena; et les deux mois que le roi lui survécut donnèrent à peine le temps de penser à la manière de détruire ces impressions.

Henri IV mourut le 12 décembre 1474; quoiqu'il soit regardé comme un esprit pieux, ami de la paix et ennemi de la cruauté, son inconstance, sa faiblesse et son irrésolution obscurcirent toutes les bonnes qualités qu'il pouvait avoir. Sa libéralité, qu'on pourrait plutôt appeler une prodigalité inconsidérée, enrichit ses favoris, mais ruina ses sujets et appauvrit la couronne. En un mot, le jugement le plus favorable que l'on puisse porter de ce prince est qu'il désirait être bon roi, mais que son naturel indolent l'empêcha d'atteindre aux moyens d'y réussir.

A peine Henri eut-il fermé les yeux, que tout le royaume se déclara pour don Ferdinand et Isabelle; leur zèle infatigable et les soins assidus qu'ils avaient pris pour réprimer le désordre et les abus qui avaient réduit la monarchie à une situation si déplorable, firent aussitôt concevoir les plus flatteuses espérances. Cependant leur politique, leur modération, leur équité, ne purent parvenir à étouffer le germe de la discorde et à mettre un frein à l'ambition. La faiblesse de leurs prédécesseurs avait donné lieu à des exemples pernicieux, que les esprits turbulents se croyaient toujours en droit de renouveler. Mais ceux-ci trouvèrent dans la fermeté des nouveaux monarques un obstacle auquel ils ne s'attendaient pas, et ils firent éprouver un contrecoup au royaume.

Le nouveau marquis de Villena, digne successeur de son père, n'ayant pas obtenu la grande maîtrise de Saint-Jacques, se mit à la tête du parti de Jeanne, le ressuscita, et pour le soutenir il détermina le roi de Portugal à recevoir la main de cette princesse, en lui promettant de le mettre en possession de la couronne de Castille, qu'il prétendait usurpée. D'un autre côté, l'archevêque de Tolède se retira inopinément de la cour; il était gravement blessé de ce que le monarque ne le récompensait pas par une déférence entière à ses desseins, des veilles et fatigues qu'il avait souffertes pour le mettre sur le trône. Malgré les efforts que firent le roi et la reine pour l'apaiser, ils ne purent éviter qu'il ne finît par se joindre à la faction de Villena. Celui-ci et l'archevêque se persuadaient qu'ils pouvaient compter comme de leur parti tous ou presque tous les grands. Or, il n'y a pas de doute que si cela avait été certain, les souverains auraient eu peine à maintenir la couronne sur leurs têtes; mais ils se flattaient trop, et la plus grande partie des grands les abandonnèrent quand l'occasion se présenta.

Quoi qu'il en soit, le roi de Portugal entra immédiatement en Castille à la tête d'une armée considérable, et pénétra sans opposition jusqu'à *Plasencia*; là il célébra son mariage avec Jeanne, et ceux mêmes qui précédemment avaient douté de la légitimité de cette princesse, furent les premiers à la saluer du nom de reine, avec les cérémonies accoutumées. De là ils passèrent à Arévalo; Zamora et Toro se livrèrent à eux sans résistance; mais ici don Ferdinand les surprit avec ses vaillantes cohortes et les obligea à se fortifier dans cette place. La précipitation avec laquelle il se vit forcé d'accourir au danger, et l'espérance de terminer la guerre en une seule bataille, l'empêchèrent de conduire une armée bien approvisionnée et pour long-temps; mais n'ayant pu engager le roi de Portugal dans une action décisive, il crut convenable d'abandonner un siége long et pénible; il partit pour aller au secours de Burgos, de qui la fidélité était opprimée par l'évêque son gouverneur.

Le roi de Portugal profita de cette retraite pour pénétrer plus avant en Castille, et arriva sans difficulté jusqu'à Peñafiel; toutefois la reine se rendit immédiatement à Palencia avec tout le monde qu'elle put réunir et fit placer des troupes dans divers lieux des environs de Peñafiel, tant pour observer les mouvements de l'ennemi que pour l'inquiéter en de fréquentes rencontres et par des escarmouches continuelles. Le comte de Bénavent, qui accompagnait la reine, fut un des chevaliers qui se chargèrent de cette entreprise; il occupa la ville de Valtanas, d'où il harcela avec tant d'activité les Portugais que leur roi crut nécessaire de le débusquer de cette ville. Valtanas était un endroit ouvert, sans autre ouvrage ou fortification que la valeur de ses défenseurs; malgré cela le roi du Portugal l'attaqua de huit côtés en même temps avec la plus grande ardeur; deux fois il fut repoussé par le comte. La supériorité de ses forces, sa constance, et surtout la fatigue du petit nombre de troupes que conservait encore le comte après un combat opiniâtre de dix heures, le rendit enfin maître d'une des petites portes de la ville. Cependant le comte, résolu de lui disputer le terrain pied à pied, lui défendit le passage dans l'une des rues, la couvrit de cadavres ennemis, et soutint pendant long-temps un choc très sanglant, jusqu'à ce qu'enfin couvert de blessures, sans soldats, et pressé par la multitude, il fut obligé de renoncer à l'espérance de sauver la ville et de se livrer à la merci du vainqueur. La médiation de la comtesse de Placencia lui fit rendre la liberté, mais à condition de ne pas rentrer au service de la reine de Castille et de livrer en otages les forteresses de *Portilio*, *Villaba* et *Mayorga*, ainsi que son fils aîné don Alonse; mais le comte, dont la loyauté égalait la valeur, rejoignit aussitôt sa souveraine pour lui offrir la continuation de ses services, au risque de perdre tous ses états.

Pendant que ces événements se passaient, don Alonse de Cacères, qui se disait grand-maître de Saint-Jacques, et le duc de Médina Sidonia mettaient tout à feu et à sang dans le Portugal; chacun de son côté occasionait des dommages inappréciables. Le roi, après avoir secouru Burgos et puni les traîtres, s'empara de Zamora; mais, dans la crainte d'être coupé dans sa retraite, le roi de Portugal se retira précipitamment à Toro. Les pertes qu'il avait éprouvées sans utilité dans cette expédition et les avantages que son ennemi remportait chaque jour le mirent dans la nécessité de mettre toutes ses espérances dans une bataille décisive. Le roi de Castille, qui de son côté la désirait, n'eut pas plus tôt rencontré son ennemi dans les plaines de *Pelago Gonzalez*, qu'il l'attaqua avec intrépidité; et malgré des forces inférieures il remporta une victoire complète qui laissa les Portugais dans l'impossibilité de continuer la guerre.

Villena et les autres révoltés, privés d'appui, implorèrent le pardon du roi, dont la générosité et la clémence ne purent cependant ramener l'archevêque de Tolède, qui s'obstinait toujours à nourrir la haine du Portugal contre la Castille. Le roi, qui désirait le gagner par des moyens doux et pacifiques, dissimula le plus long-temps possible; mais enfin il se vit obligé d'employer la force pour réprimer son audace. On envoya des troupes le chercher, ses rentes archiépiscopales furent séquestrées; et se voyant sans personne pour prendre sa défense, il eut bientôt recours à la pitié du monarque qui savait oublier facilement les offenses, et qui depuis fut toujours content de sa loyauté.

La réconciliation de Villena et de quelques autres ne fut pas aussi sincère, car, sous un prétexte frivole, ils déployèrent de nouveau l'étendart de la révolte. Ils appelèrent à leur aide le roi de Portugal, qui voulut encore tenter la fortune malgré la leçon de l'expérience; mais les révoltés furent bientôt soumis, et le roi de Portugal assez maltraité pour demander la paix, qu'il n'obtint qu'en promettant de renoncer à toute prétention sur le royaume de Castille, et de ne pas accorder sa protection à Jeanne.

Cette princesse infortunée, jouet misérable du destin et victime de la paix, n'ayant pu obtenir, pour réaliser son mariage, la confirmation de la dispense accordée et annulée depuis par le pape, se retira du monde dont elle avait tant à se plaindre, et prit l'habit dans le monastère de Sainte-Claire de Coimbre.

La mort de don Juan II d'Aragon, père de don Ferdinand, arrivée à cette époque, ayant donné lieu à la réunion de cette couronne à celle de Castille, nous allons donner l'histoire de ce royaume.

FIN DU TOME PREMIER.

TABLE ANALYTIQUE
DU PREMIER VOLUME.

CHAPITRE I*er*. — Situation de l'Espagne, son étendue et ses productions. — Caractère de la nation. — Ses premiers habitants. — Établissement des Carthaginois. — Conquêtes d'*Amilcar Barca*. — Résistance des Vétons. — *Asdrubal* continue la conquête; il fonde Carthagène. . . . . Page 1

CHAPITRE II. — Jalousie de Rome. — Mort d'Asdrubal. — *Annibal* soumet les Olcades. — Patriotisme et ruse des femmes de Salamanque. — Défaite de divers peuples d'Espagne sur les rives du Tage. — Causes et commencement de la guerre de Sagonte. — Vigoureuse résistance des Sagontins. — Destruction de la ville et admirable trait de loyauté et de constance de ses habitants. . . . . Page 12

CHAPITRE III. — Seconde guerre punique. — Annibal passe en Italie. — Nomination du consul *Publius Cornélius Scipion* pour faire la guerre en Espagne, et débarquement des Romains à Ampurias, sous la conduite de son frère *Cneus Cornélius*. — Progrès de ce général en Catalogne. — *Asdrubal* surprend et défait les Romains sur les bords de l'Èbre. — *Cneus Cornélius* soumet les Ilergètes, les Lacétains et autres peuples soulevés. —

Combat naval à l'embouchure de l'Èbre. — Les Romains vainqueurs surprennent et ravagent les côtes de Valence et l'île d'Ibiza. — La renommée de ces victoires procure à *Cneus Cornélius* l'alliance et l'amitié d'un grand nombre de peuples. — *Andobal et Mandonius*, princes espagnols, s'arment contre Rome et sont vaincus par les peuples voisins alliés de Rome. — Efforts des Celtibères contre les Carthaginois. . . . . Pag. 22

CHAPITRE IV. — Arrivée de *Publius Cornélius* et réunion des deux frères Scipion. — Action mémorable d'Abeloce ou Abilux, noble de Sagonte. — Insurrection des Carpésiens contre les Carthaginois. — Asdrubal reçoit l'ordre de partir pour l'Italie; les Romains entravent sa marche. — Bataille sur les rives de l'Èbre. . . Pag. 34

CHAPITRE V. — *Magon* passe en Espagne avec une nouvelle armée; les Romains se renforcent également; bataille devant Iliturgi. — Nouvelle déroute des carthaginois devant Intibile. — Vengeance des Carthaginois sur les Espagnols. — Nouveau siège d'Iliturgi; intrépidité de *Cneus Cornélius* qui secourt cette ville et repousse les assiégeants. — Bataille de Munda et d'Auring. — Déroute des Gaulois auxiliaires de Carthage. — Prise de Sagonte; vengeance des Romains contre les Turbulètes. — Ruse d'Asdrubal pour séparer les Celtibères de l'armée romaine. — Déroute de *Publius Cornélius;* sa mort. . . Pag. 44

CHAPITRE VI. — Défaite et mort de *Cneus Cornélius*. — *Lucius Marcius* réunit les restes des armées romaines, et triomphe deux fois de suite des Carthaginois. — Rome ingrate envers *Lucius Marcius*, lui ôte le commandement et envoie à sa place *Claude Néron*. — Asdrubal trompe ce nouveau chef. — *Publius Cornelius Scipion* est nommé général en Espagne. — Siége et conquête de Carthagène. — Clémence de *Publius*; trait de générosité de ce Romain. . . . . Pag. 55

CHAPITRE VII. — Bataille de Bécula; générosité de Scipion envers un prince numide. — *Asdrubal* part pour l'Italie; *Hannon* prend le commandement de l'armée. — Déroute des Carthaginois près de Ségovie; *Hannon* reste prisonnier. — Scipion parvient à chasser d'Espagne les troupes carthaginoises; conquête d'Iliturgi. — Siége d'Astapa; horrible exemple de désespoir. — *Lucius Cornélius Lentulus* et *Lucius Manlius Acidinus* gouverneurs de l'Espagne. — Soulèvement des Ilergètes. — Ils sont battus dans leurs camps sédentaires; mort d'*Andobal* et de *Mandonius*. . . . . Pag. 66

CHAPITRE VIII. — L'Espagne divisée en deux gouvernements. — Avidité et despotisme des préteurs romains; mécontentement des Espagnols. — Soulèvement des Lusitains. — Perfidie et cruauté de *Sergius Sulpicius Galba*. — Caractère et qualités éminentes de *Viriate*. — Il se met à la tête des Lusitains et attaque la Turdétanie. — Il trompe le préteur *Vetilius*. — Triomphe qu'il obtint sur les Romains par la mort du préteur. — Nouvelles victoires; exploit singulier d'un Lusitain. — Terreur de Rome; traité de paix conclu avec le proconsul *Servilien*. . . . . Pag. 78

CHAPITRE IX. — Rome prescrit la continuation de la guerre; *Quintus Servilius Cepion* successeur de *Servilien*. — *Cépion* fait périr *Viriate* par trahison. — Les Lusitains font la paix avec les Romains. — Blocus de Numance. — Courage et générosité des Numantins; arrogance du consul *Q. Fulvius Nobilior.* — *Q. Pompeius Rufus;* les Numantins détruisent son armée; il fait la paix avec eux, et les trompe de la manière la plus perfide. — *Marcus Popilius*, successeur de Pompeius, dénie le traité fait avec les Numantins; Rome décide la continuation de la guerre. — Intrépidité des Numantins; défaite de *Popilius.* . . . . Pag. 89

CHAPITRE X. — *Caius Hostilius Mancinus.* La superstition augmente ses craintes. — Il fuit; sa fuite découverte par un accident. — Quatre mille Numantins battent quarante mille Romains, obligent le consul à demander la paix, et l'accordent avec générosité. — *Hostilius* appelé à Rome pour rendre compte de sa conduite; sa condamnation; la paix faite avec Numance est désapprouvée. — Numance, terreur de Rome; *Publius Scipion Émilien* créé consul pour continuer cette guerre. — Blocus de Numance; obstination de Scipion à ne pas accéder à une capitulation honorable; exploits des Numantins. — Numance périt avec plus de gloire pour les vaincus que pour les vainqueurs. — La paix et la tranquillité renaissent en Espagne. — *Q. Sertorius* fuyant de Rome, se retire en Espagne, et se concilie l'affection des habitants. — Il arme l'Espagne contre Rome, bat ses deux préteurs, et rétablit un gouvernement à l'instar de celui de la métropole. . . . . Pag. 98

CHAPITRE XI. — L'adresse de *Sertorius* lui concilie l'assentiment général. — *Q. Cæcilius Metellus* est envoyé par *Sylla* contre *Sertorius.* — *Sertorius* trompe *Metellus*, et contient, par un exemple frappant, l'ardeur imprudente de ses troupes. — *Cneus Pompée* nommé pour continuer la guerre conjointement avec *Metellus.* — Il est vaincu par *Sertorius*, qui, sous ses yeux, s'empare de Lauron et la livre aux flammes. — Progrès de *Métellus* en Andalousie ; sa vanité ridicule. *Sertorius* poursuit et déconcerte ses ennemis. — Inconstance des Romains partisans de *Sertorius;* il manifeste sa méfiance, se confie de préférence aux Espagnols, et occasione la désunion dans l'armée. — Mort de *Sertorius* par une perfidie. —*Perpenna* s'élève au commandement des troupes ; *Pompée* le met en déroute. — Sort de tous ceux qui ont trahi *Sertorius.* — Soumission de toutes les villes sertoriennes. —Exemple honorable de fidélité dans la résistance d'Osma et de Calahorra. — *Jules-César* complète la réduction de l'Espagne par la conquête de quelques provinces indépendantes de la Lusitanie et de la Galice. . . . . Pag. 110

CHAPITRE XII. — Triumvirat de *Crassus, César,* et *Pompée.* — Dans la répartition des provinces de la république, le gouvernement de l'Espagne échoit à ce dernier. — Rupture entre *César* et *Pompée.* Celui-ci cherche à mettre l'Espagne à l'abri d'une agression. *César* l'envahit. — Les Pompéiens battent *César* près de Lérida et sur les rives de la Sègre ; mais il les met complétement en déroute près de Méquinenza, et les oblige à se rendre à discrétion. — Les fils de *Pompée* arment en Espagne contre le dictateur de Rome, et réunissent sous leurs drapeaux un grand nombre de partisans. — Célèbre bataille de Munda que perdent les Pompéiens. — *César* s'empare de Munda, et détruit les restes de l'armée pompéienne. — Mort de *César.* — *Octavien* (Auguste) son successeur. —Célèbre triumvirat d'*Octavien, Lépide* et *Antoine.* — Le triumvirat réduit au duumvirat, et enfin à la monarchie. — Origine de l'ère espagnole. — Nouvelle division de l'Espagne. — Soulèvement des Vaccéens, des Autrigons, et des

Turmodiges. — *Octavien* les soumet, et subjugue les indomptables Cantabres, Asturiens et Galiciens. — L'Espagne en paix. — Rétablissement dans ce pays de diverses colonies romaines. — Fondation de plusieurs villes. — Elle adopte les usages et les coutumes de ses vainqueurs. — Elle prend part à la révolution arrivée au cinquième siècle dans l'empire romain. — Perfidie de *Rufon* et de *Stilicon*. — Irruption des Goths, Suèves, Vandales et Alains dans l'empire d'Orient. . . . . Pag. 121

CHAPITRE XIII. — Les Goths forcent *Honorius* à leur céder la domination des Gaules et d'une partie de l'Espagne. — *Ataulphe*, successeur du Goth *Alaric*, passe les Pyrénées, se rend maître d'une partie de la Catalogne et fonde la monarchie gothe. — Il meurt assassiné. — *Sigéric*; il meurt étant à peine monté sur le trône. — *Valia*; il essaie de s'emparer de la Mauritanie; échoue dans cette entreprise; assujettit aux Romains les Suèves, les Vandales et les Alains. — Mouvements de ces nations après sa mort. — Les Vandales relèguent les Suèves entre Léon et Oviédo, et s'étendent le long des côtes de la Méditerranée. — *Genseric*, roi des Vandales. — Les Suèves profitent de son absence pour se répandre en Espagne. — Il les bat près de Mérida. — Victoire des Suèves et des Alains sur les troupes romaines. — Irruption d'*Attila* dans les Gaules. — *Théodorède*, successeur de *Valia*, s'unit aux Romains pour lui résister. — Sa mort dans la bataille des plaines de la Catalogne. — *Turismond* remporte sur *Attila* une nouvelle victoire complète. — Il est assassiné par ses frères. — *Théodoric* défait *Rechiarius*, roi des Suèves, et meurt assassiné. — *Euric* étend considérablement ses domaines en Espagne et dans la Gaule. Il promulgue le code du Fuero Juzgo.—*Alaric* est injustement attaqué par *Clovis*; il meurt en combattant dans les plaines de Vouglé. — *Gensaleic* enlève la couronne à *Amalaric*; mais il ne peut la conserver contre les efforts de l'Ostrogoth *Théodoric* qui se charge de la défense de son petit-fils dépouillé. — *Amalaric* épouse une princesse de France. Son intolérance et sa cruauté lui attirent le ressentiment de *Childebert* qui l'attaque, le bat et le poursuit. — *Theudis;* irruption des Francs en Espagne; *Theudis* les bat et les repousse; il meurt de la main d'un fou supposé.—*Theudisèle*; ses vices; il meurt de la main de quelques nobles offensés.—*Agila* perd la confiance des Goths; *Athanagilde* profite de son discrédit pour lui enlever la couronne avec le secours des Romains; il est vaincu par les révoltés et tué par les siens. — *Athanagilde* fait en sorte de chasser les Romains de l'Espagne; les Suèves embrassent la religion catholique. — Interrègne. — Les Goths proclament *Liuva*; il confie à *Léovigilde* le gouvernement de l'Espagne. . . . . . . Pag. 132

CHAPITRE XIV. — *Léovigilde* frustre les Goths de leur droit d'élection, en associant à la couronne ses fils *Erménégilde* et *Récarède;* il poursuit cruellement le premier et lui donne la mort pour avoir embrassé le catholicisme; il s'empare astucieusement du royaume des Suèves. — *Récarède* embrasse la religion catholique, et avec lui tous ses sujets; il apaise différentes séditions suscitées par l'ambition et le ressentiment des ariens; il remporte une victoire signalée sur les Français. — *Liuva II;* ses belles qualités; il est assassiné par *Vitteric* qui s'empare de la couronne. — *Vitteric;* ses vices et le mauvais succès de ses entreprises lui attirent l'indignation et le mépris des Goths; il meurt assassiné dans un festin.—*Gundemare* meurt, étant à peine monté sur le trône, après avoir apaisé les insurrections de Navarre.—*Sisebute*, monarque doué d'excellentes qualités; il les ternit par son intolérance religieuse; bat les Romains et leur enlève diverses villes; il fonde celle d'Ébora.—*Récarède II* lui succède pour peu de mois.— *Suintila* chasse entièrement les Romains de l'Espagne; il associe à la couronne son fils *Réchimir*; cette décision et les désordres auxquels son indolence donnait lieu, excitent le mécontentement général.—*Sisenand* se met à la tête des mécontents, et *Suintila* se voit obligé de lui céder la couronne.—*Sisenand* fait sanctionner son élévation par l'autorité du quatrième concile de Tolède. Le missel et le bréviaire mozarabe sont réglés dans ce concile; les lois de Sisenand et de ses prédécesseurs sont réunies au Fuero Juzgo.—*Chintila*; son élection est aussi confirmée par deux conciles nationaux. — *Tulga*; ses vertus, sa déposition.—*Cindasvinte* fait tonsurer *Tulga*; il s'adjoint son fils *Recesvinte*.—*Recesvinte* gouverne avec tranquillité et prudence.—*Vamba* se refuse à accepter la couronne que lui offrent les nobles; soulèvement des Vascons. — Révolte d'*Hilderic* et du général *Paul* à Narbonne; Vamba les soumet tous, et se conduit pour leur châtiment avec une extrême magnanimité.—Irruption des Sarrasins; succès de *Vamba*; conjuration pour lui enlever la couronne; il l'abdique. . . . . . . Pag. 143.

CHAPITRE XV. — *Ervige* demande qu'un concile national approuve la cession de *Vamba*; il gouverne avec sagesse.—*Egica*; ses scrupules résolus par le quinzième concile de Tolède; déposition de l'archevêque *Sisbert*.

Sentence contre les juifs. — *Vitiza*, roi d'abord juste, ensuite vicieux, cruel et tyran; insurrection de l'Andalousie. — *Rodrigue*; ses vices et son indolence; irruption des Sarrasins; ses véritables causes. Bataille de Xerez. Trahison des fils de *Vitiza*. Fin de la monarchie des Goths. Consternation de l'Espagne. Progrès des Arabes. *Muza* achève la conquête. — *Abdalasis*; ses bonnes qualités; il se marie avec *Égilone*, veuve de *Rodrigue*; il est assassiné. — *Ayoub*, son successeur; féroce et sanguinaire, il étend ses conquêtes dans la Gaule gothique. — *Pélage*; commencements de la reconquête; victoires de ce valeureux chef sur les Sarrasins. Fondation des royaumes d'Oviédo et de Léon. . . . . Pag. 154

CHAPITRE XVI. — *Favila*; sa fin malheureuse. — *Alphonse I*er le catholique. — Il étend considérablement ses domaines. — *Fruela I*er remporte sur les Maures en Galice une victoire mémorable; assujettit les Vascons et les Galiciens; il assassine son frère *Vimaranus*; il est victime de l'ambition d'*Aurèle*. *Aurèle* soumet les esclaves et les affranchis. — *Silo* associe à la couronne *Alphonse*, fils de Fruela. — *Maurégat* s'empare du sceptre, à l'aide des Sarrasins. Fable du tribut des cent jeunes filles. — *Bermude I*er, dit le diacre; renonce à la couronne en faveur d'*Alphonse* dépouillé. — *Alphonse II*, dit le chaste, embellit par de magnifiques édifices la ville d'Oviédo; il accueille un Maure rebelle, qui reconnaît ce bienfait par la trahison, et l'oblige à prendre un parti vigoureux. Fable des amours secrets de sa sœur *Chimène* avec le comte de *Saldána*. — *Ramire I*er bat, assujettit et punit divers nobles révoltés; il met en déroute et chasse les Normands. — *Ordono I*er étend ses domaines aux dépens des mahométans. — *Al-*

phonse III, dit le Grand, monte sur le trône, le perd et le recouvre. Il soumet divers rebelles; se marie avec *Chimène*, parente de don *Sanche Inigo Arista*, premier prince de Navarre; il étend les limites de son royaume jusqu'aux rives du Tage et de la Guadiana. Révolte de son frère *don Garcia*; il le fait enfermer; conspiration de sa famille; il abdique en faveur de Garcia qui ne jouit que pendant quatre ans d'un trône obtenu par l'ingratitude et la violence. . . . . Pag. 163.

CHAPITRE XVII. — *Ordoño II*; ses victoires; il sacrifie à sa méfiance les comtes de Castille; assujettit quelques provinces de la Castille qui essayaient de venger la mort de leurs comtes. — *Froïla II*; son indolence; juges de Castille. — *Alphonse IV*, dit le moine, abdique en faveur de son frère *Ramire*; il s'en repent et il est mis en prison. — *Ramire II* s'empare de Madrid et bat les Mahométans près d'Osma. Il rend tributaire le gouverneur de Saragosse. Bataille de Simancas. Efforts des comtes de Castille pour se rendre indépendants. Les comtes tombent au pouvoir de *Ramire*, mais il leur pardonne et s'allie au comte *Ferdinand Gonzalès*. — Journée de Talavera. — *Ordoño III*; conspiration de son frère *don Sanche* pour le détrôner. Il apaise une nouvelle révolte en Galice; bat les Sarrasins en Lusitanie, et pardonne au comte *Ferdinand Gonzalès* qui s'humilie devant lui. — *Sanche I*ᵉʳ dit le Gros, est détrôné par *Ordoño* dit le Méchant; il se retire en Navarre, et ensuite à Cordoue; *Abderramen* lui accorde des secours pour remonter sur le trône. — La Castille envahie par le roi de Cordoue. Bataille de Hasinias. — Ruses du roi de Léon pour se venger du comte *Ferdinand-Gonzalès*; celui-ci est emprisonné par le roi de Navarre, et doit sa liberté à l'amour de sa femme, l'infante Sanche. — Le roi de Navarre, furieux, entre en Castille, perd une bataille et reste prisonnier. Nouveaux artifices de *don Sanche* pour s'emparer du comte; il y réussit; héroïsme de *Sanche*. — Soulèvement de la Galice. *Don Sanche* l'apaise; il est empoisonné. Pag. 174.

CHAPITRE XVIII. — *Ramire III*. Seconde irruption des Normands. — Irruption des Sarrasins en Castille. Mort du comte *Ferdinand Gonzalès*. — Révolte des Galiciens. — Proclamation de *don Bermude*; guerre entre celui-ci et *Ramire*. — *Bermude II;* irruption d'*Almanzor*. Défense de Léon. — Fermeté de son gouverneur. — Progrès d'*Almanzor;* mort du comte de Castille *don Garcia Fernandez*. — Confédération des rois de Léon et de Navarre avec le comte de Castille. Bataille de Calatanazor. — *Alphonse V*. Discordes civiles des mahométans de Cordoue. — Les princes chrétiens y prennent part. — Démembrement du royaume de Cordoue. — *Alphonse* étend ses domaines en Lusitanie; il meurt au siége de Visée. — *Bermude III*. Assassinat du comte de Castille *don Garcia* par les fils de *don Véla*. — Guerre entre *don Bermude* et *don Sanche* el Mayor, roi de Navarre. — Érection du royaume de Castille. — Guerre entre *don Bermude* et *don Ferdinand*, roi de Castille. — Bataille de Tamara. — Mort de *don Bermude*. — Incorporation de la couronne de Léon à celle de Castille . . . . Pag. 186.

CHAPITRE XIX. — Rois de Castille. — *Ferdinand Ier*. — Perfidie de son frère *don Garcia* de Navarre. Il est arrêté par *don Ferdinand* dans le château de Céa. — Guerre entre les deux frères. — Bataille d'Atapuerca, et mort de *don Garcia*. — Conquêtes remarquables de *don Ferdinand* sur les mahométans. — Il est proclamé empereur; impertinence de celui d'Allemagne pour ce motif. — Réponse de *don Ferdinand*. — Controverse juridique à Toulouse sur une question importante. — Révolte des Maures subjugués. — Irruption des Aragonais et des habitants de Valence. — Magnanimité de la reine *Sanche*. — Mort de *don Ferdinand*, et division de ses états entre ses fils. — *Sanche II*, mécontent de la répartition faite par son père, déclare la guerre à son frère *don Alphonse* de Léon, pour le dépouiller de ses états, le bat, le fait prisonnier et l'oblige à renoncer à la couronne. — Il dépouille également du royaume de Galice son frère *don Garcia*; efforts inutiles de celui-ci pour recouvrer le trône. — Enfin, il prétend dépouiller de leur patrimoine réduit ses sœurs *Elvire* et *Urraca*. — Siége et vigoureuse défense de Zamora. — Assassinat de *don Sanche*. — La ville soutient son innocence par un tournoi. — *Alphonse VI* est rétabli sur le trône de Léon et succède à *don Sanche* dans celui de Castille. — Probité des Castillans. — *Alphonse VI* s'empare du royaume de Galice en emprisonnant son frère *don Garcia*. — Il entreprend la conquête de Tolède, l'effectue, et étend ses domaines dans la Nouvelle-Castille. Pag. 196.

CHAPITRE XX. — *Alphonse VI* favorise les projets ambitieux de son beau-père le roi de Séville; conséquences de cette imprudente détermination. — Expédition contre *Jusef-Tefin*. — Commencement du royaume de Portugal. — Il s'empare d'une grande partie du royaume de Navarre. — Démêlé avec le roi d'Aragon. — Irruption des Almoravides africains. — Bataille des sept comtes. *Don Alphonse* revient à la charge pour l'honneur de ses armes, en vengeant la mort de son fils. — *Urraca*. Prétentions du roi d'Aragon, *don Alphonse I*er. — Son mariage avec la reine. — Chagrins de celle-ci et des Castillans. Proclamation du jeune *don Alphonse*. — Guerre entre l'Aragon et la Castille. — Dissensions entre *Urraca* et son fils *don Alphonse*. — *Alphonse VII* prend sous sa protection le roi de Cordoue. Ses victoires et conquêtes. — *Sanche III* dit le Désiré. Soulèvement des mahométans tributaires. — Guerre de Navarre. — Générosité de *don Ponce de Minerva*. . . . . Pag. 207.

CHAPITRE XXI. — Insolence des Maures andalous. — Origine de l'ordre de Calatrava. — Origine de ceux d'Alcantara et de Saint-Jacques. — *Alphonse VIII*. Discorde et guerre civile durant sa minorité. — Irruption de *Jacob-Aben-Jusef*. — Journée malheureuse d'Alarcos. — Croisade contre les Sarrasins. — Célèbre bataille dans les plaines de Toulouse. — Amours fabuleux de *don Alphonse* avec une juive de Tolède. — *Henri I*er. — Efforts de la maison de Lara pour s'emparer de la tutelle et du gouvernement. — Persécution de l'infante *Berenguela*. — Mort tragique de Henri. — *Berenguela* cède la couronne à son fils *Ferdinand III*. — Obstination de *don Alvaro Nuñez de Lara*. — Il tombe au pouvoir de *don Ferdinand*, qui lui pardonne généreusement. — Intrigues des Laras pour indisposer *Alphonse IX* de Léon, contre *don Ferdinand*. — Guerre entre le père et le fils. — Victoires de *don Ferdinand* sur les Sarrasins. Pag. 219.

CHAPITRE XXII. — Mort de *don Alphonse* de Léon. — *Don Ferdinand* est oublié dans le testament de son père; mais il se présente à Léon, et il est facilement reconnu. — *Ferdinand II* de Léon. — Son caractère lui aliène le cœur des nobles. — Il essaie de s'emparer de la tutelle d'*Alphonse VIII* de Castille ; il est obligé de renoncer à ce dessein, pour faire face au roi de Portugal. — Il le fait prisonnier, et lui rend généreusement la liberté. — Ses victoires contre les mahométans. — *Alphonse IX* de Léon. — Jaloux de la gloire de son cousin *Alphonse VIII* de Castille, il commet la bassesse de l'abandonner à la fureur de *Jacob-Aben-Jusef,* et de l'attaquer au moment où il était le plus dans l'embarras, afin d'arrêter ses rapides progrès. — Juste ressentiment du roi de Castille. — Préparatifs de guerre. — Transaction à l'amiable. — Mariage du roi de Léon avec l'infante de Castille *Berenguela.* — Le pape ordonne leur séparation. — Obstacles suscités par le roi de Léon. — Interdit du royaume de Léon. — Séparation des deux époux, en faisant reconnaître *don Ferdinand* leur fils pour héritier du trône. — Conquêtes de *don Alphonse.* — *Ferdinand III* entreprend la guerre contre les Maures andalous. . . . . . Pag. 229.

CHAPITRE XXIII. — *Ferdinand III* s'empare de Cordoue. — Conquête de Jaen. — Il se rend maître de Séville. — Il veut se réunir à la croisade pour la Terre-Sainte, mais la mort empêche ses projets. — Ses vertus le rendent digne de notre vénération sur les autels. — *Alphonse X*, dit le Sage. — Ses productions littéraires. — Les rois de Grenade et de Murcie, essaient de secouer le joug. — *Alphonse* se joint à *Jayme I*^{er} d'Aragon, pour leur résister. — Ils soumettent facilement celui de Grenade. — Il fournit des troupes à *don Jayme,* et facilite la reddition de Murcie. — Malheureuse conception de *don Alphonse* pour subvenir aux besoins de l'état. — Mécontentement des peuples. — Révolte de quelques nobles. Pag. 241.

CHAPITRE XXIV. — *Don Alphonse* élu empereur

d'Allemagne. — Opposition de la cour de Rome ; ténacité de *don Alphonse*. — Dîmes ecclésiastiques royales concédées à la couronne de Castille. — Le roi de Grenade attaque les places d'Ecija et de Jaen. — Inutiles et malheureux efforts du gouverneur *don Nuño de Lara*. — Mort du prince *don Ferdinand de la Cerda*. — Intrigues de l'infant *don Sanche* pour se faire reconnaître successeur immédiat au trône, au préjudice des fils du défunt don Ferdinand. — Efforts de *don Sanche* pour que son père le déclare successeur immédiat. — Perplexité de *don Alphonse*. — Le parti de l'infant l'emporte enfin, ayant été reconnu par les Cortès. — La France se déclare protectrice des infants de *la Cerda*, mais elle n'obtient aucun résultat de ses réclamations. — Siége d'Algéciras. — Imprudence de *don Sanche*. — Défaite de l'escadre castillane. . . . . Pag. 250

CHAPITRE XXV. — Le roi de France continue ses bons offices en faveur des *Cerdas*. — Intrigues qui font échouer toutes ses négociations. — Trait d'injustice et d'inhumanité de *don Alphonse*. — Ressentiment de *don Sanche*. — Mécontentement général. — L'infant en profite pour se révolter contre son père. — *Don Sanche* déshérité, implore son pardon de son père et l'obtient facilement. — *Don Sanche IV*, dit le Brave, s'attire l'inimitié du roi de Maroc. — Siége de Xerez. — Confédération avec la France. — Châtiment de *don Lopez Diaz de Haro* et de l'infant *don Juan*. — La veuve et le fils de *don Lopez* secondent par ressentiment les prétentions des *Cerdas*, et par le secours du roi d'Aragon, *don Alphonse*, l'aîné de ces infants, est proclamé . . . . Pag. 263

CHAPITRE XXVI. — Tentatives nouvelles et également

infructueuses du roi d'Aragon, en faveur de *don Alphonse de la Cerda*. — Troubles de Castille. — Bassesse de l'infant *don Juan*. — Siége de Tarifa. — Héroïsme de *don Alphonse Perez de Guzman* el bueno. —*Ferdinand IV*, dit l'Assigné.—Belles qualités de la reine-mère *Marie de Molina*. — Agitations de Castille pendant la minorité du roi. — Cortès de Valladolid. — L'infant *don Henri* s'empare du gouvernement avec le nom de tuteur. —Les troubles augmentent. — Pacification momentanée. — Les inquiétudes se renouvellent. — Formidable confédération.—Guerre civile.—Proclamation de *don Alphonse de la Cerda*. — Dissolution de la ligue.—La fermentation continue. — Ambition de l'infant *don Henri*.—Politique de la reine-mère. — Légitimation, dispenses et mariage de *don Ferdinand* avec *Constance* de Portugal. Pag. 274.

CHAPITRE XXVII. — Intrigues de *don Henri* pour s'emparer de l'esprit du roi, en semant la discorde entre la mère et le fils.—Le roi s'abandonne tout-à-fait à l'infant et à d'autres nobles inquiets et ambitieux. — Cortès de Medina del Campo. — Prudence de la reine-mère. — Les révoltés la calomnient. — *Don Henri* abandonne ce parti et se met à la tête d'un autre en faveur de la reine.— La tranquillité renaît.—Concurrence des *Laras* et des *Haros*.—Intrigues de l'infant *don Juan* et de *don Juan Nuñez de Lara*.—Guerre de Grenade.—Divisions intestines des Maures de Grenade. — Siéges d'Algéciras et d'Almería. — Trahison de l'infant *don Juan*.—Conquête de Gibraltar.— Mort malheureuse de l'illustre *Guzman* el bueno.—L'infant se soustrait par la fuite, à la vengeance du roi.— Il obtient son pardon. — Injustice et inhumanité de *don Ferdinand*.—Il est cité au tribunal de Dieu, et meurt le jour même de l'assignation . . . . Pag. 285.

CHAPITRE XXVIII.—*Alphonse XI;* nouvelles dissensions pendant sa minorité. Les infants *don Pierre* et *don Juan* se disputent le gouvernement et la tutelle.— Cortès de Palencia.—Dissentiment des députés sur le choix d'un tuteur. — Efforts de la reine Marie pour apaiser les esprits.—Les infants obtiennent dans les cortès de Burgos la nomination de tuteurs et gouverneurs.— Victoires de l'infant *don Pierre* contre les Maures de Grenade.—Jalousie et noirceur de l'infant *don Juan.*— Il prend part à la guerre.—Il y périssent tous les deux.— Nouveaux prétendants à la tutelle et au gouvernement.— Nouveaux troubles.—Mort de la reine *Marie.*—Déplorable situation du royaume.—Le roi fait déclarer sa majorité.—Les révoltés le craignent et se liguent pour lui résister, mais il les désunit par sa politique et déconcerte leurs projets.— *Don Juan*, dit le Borgne, passe en Aragon et cherche à ressusciter le parti d'*Alphonse de la Cerda.*—Le roi l'attire par ruse et le fait périr traîtreusement.—*Don Juan Manuel*, son collègue, craint le même sort et s'arme contre le roi.—Celui-ci cherche à le soumettre, ce qui occasione entre eux une guerre sanglante. . . . . Pag. 296.

CHAPITRE XXIX.—Diverses villes suivent cet exemple et se soulèvent.—Sévérité du roi.—Les Sarrasins s'emparent de Gibraltar. — *Don Alphonse* entreprend inutilement de le reconquérir. —Les révoltés, vivement poursuivis et pressés par le roi, se recommandent à sa générosité et obtiennent leur pardon.—Guerre contre le Portugal.—Victoire de la flotte castillane sur la flotte portugaise.—Les hostilités recommencent contre les mahométans.—Jactance et orgueil d'*Abomélic.*—Belle action de *don Ferdinand Perez Portocarrero.* — Célèbre bataille de la rivière de Patute. — Mort d'*Abomélic.* — Le roi de Maroc passe en Espagne pour venger la mort de son fils. — L'amiral *Jofré Tenorio*, bassement calomnié devant le roi, s'expose héroïquement à la mort pour venger son honneur entaché. — Préparatifs contre *Albohacen.* . . . . Pag. 307.

CHAPITRE XXX. — Siége de Tarifa. — Mémorable bataille du Salado. — Conquête d'Algéciras. — Circonstances qui rendirent célèbre le siége de cette place. — Siége de Gibraltar. — Mort du roi *don Alphonse;* ses amours et les fruits de cette passion. — *Pierre;* horribles couleurs sous lesquelles il est peint par l'histoire. — Mort de *Léonore de Guzman.* — Appréhensions de son fils le comte *don Henri.* — Mécontentement de la noblesse pour la faveur dont jouissait *don Juan Alphonse d'Alburquerque.* — Soulèvement de *don Juan Nuñez de Lara.* — Vengeance du roi. — Assassinat du gouverneur de Castille, *Garcillasso de la Vega.* — *Alburquerque* projette l'abolition du droit de choisir son seigneur, mais les cortès de Valladolid s'y opposent. — Réconciliation du roi avec son frère *don Henri.* — Son mauvais résultat. — Amours de *don Pierre* avec *Marie de Padilla.* — Arrivée de son épouse promise, la princesse *Blanche de Bourbon.* — Aversion du roi. — Son mariage. — Outrage injuste qu'il fit subir à la reine. Pag. 318.

CHAPITRE XXXI. — *Chute d'Alburquerque.* — Il est poursuivi. — Refroidissement entre le roi et *Marie de Padilla.* — Nouveaux amours avec *Jeanne de Castro.* — Second mariage du roi avec cette dame; son inconstance. — Confédération du comte *Henri* et de ses frères avec *don Juan Alphonse d'Alburquerque* pour défendre la reine. — Emprisonnement de cette princesse dans le château-fort de Tolède. — Loyauté des chevaliers de cette ville. — Mouvements de quelques villes en faveur de la reine. — Le roi se réfugie à Tordesillas. — Les coalisés exigent de *don Pierre* l'éloignement de *Marie de Padilla* et le rétablissement de *Blanche*. — Le roi les trompe. — Ils parviennent à s'emparer du roi et dépouillent de leurs emplois tous les *Padillas*. — Le roi met leur vigilance en défaut et se met en sûreté. — La ligue se dissout par l'astuce de *don Pierre*. — Défense de Toro. — Factions à Tolède. — Cette ville tombe successivement au pouvoir de *don Henri* et du roi son frère. — Cruautés de *don Pierre* après l'occupation de Tolède. — Siége de Toro. — Fuite de *don Henri*. — Toro se rend. — Nouvelles cruautés de *don Pierre*. — Les révoltés implorent leur pardon. — Hardiesse d'un amiral aragonais. — Violence de *don Pierre*. — Rupture avec le roi d'Aragon. — *Don Henri* et ses partisans s'engagent dans cette guerre contre le roi de Castille. . . . . Pag. 330.

CHAPITRE XXXII. — Nouveaux traits de cruauté de *don Pierre*. — Assassinat de son frère, *don Fabrique*, et de l'infant d'Aragon, *don Juan*. — La guerre d'Aragon recommence. — Ressentiment de *don Henri* et de l'infant d'Aragon, *don Ferdinand*. — La politique du roi d'Aragon oblige *don Pierre* d'accepter la paix. — Description lamentable de la décadence de l'empire des mahométans. — Discordes intestines entre les Maures de Grenade. — *Mohammed-Lago* détrôné par *Mohammed-Aben-Alamar*, dit le Rouge. — Le roi d'Aragon suscite à celui de Castille un ennemi dans l'usurpateur. — Mort de *Marie de Padilla*;

douleur du roi, qui la reconnaît pour sa légitime épouse. — *Don Pierre* cause la mort de la malheureuse *Blanche*. — Beau trait de *don Inigo Ortiz de Zuniga*. — Mort de la reine. — Guerre de Grenade. — Générosité apparente d'*Alamar*. — Il propose la paix sous des conditions acceptables. — Perfidie et cruauté de *don Pierre*. — Nouvelle rupture avec l'Aragon. — Détresse du roi d'Aragon. — Il appelle à son secours le comte *Henri* et ses frères. — *Henri* forme le projet de s'emparer de la couronne. — Heureuse issue des premières tentatives. — Il se renforce journellement. — Il est proclamé à Calahorra. — Pusillanimité et fuite précipitée de *don Pierre*. — Burgos, relevée par celui-ci du serment de fidélité, reconnaît et couronne *don Henri*. — *Don Henri* parvient enfin à se rendre maître des deux Castilles. — Ses libéralités lui font donner le surnom *des grâces*. — *Don Henri* poursuit son frère jusqu'à l'obliger de quitter l'Espagne. — Il se réfugie par mer en Galice. — Générosité de *don Ferdinand de Castro* et loyauté de l'archevêque de Saint-Jacques . . . . Pag. 541.

CHAPITRE XXXIII. — Horrible ingratitude de *don Pierre*. — La conquête des Andalousies laisse *don Henri* maître de tous les états de son frère. — Son excessive confiance le perd. — *Don Pierre* parvient à intéresser à son malheur le roi d'Angleterre. — Avec ses troupes auxiliaires il se présente dans la Castille, qui, intimidée, se soumet aussitôt à lui. Bataille de Naxara, que *don Henri* perd, ainsi que la couronne. — La France se déclare en faveur de *don Henri*, et lui procure des secours. — L'inhumanité de *don Pierre* ranime le parti de *don Henri*, et sa mauvaise foi lui fait perdre ses auxiliaires. — *Don Henri* se présente derechef dans la Castille, qui le reçoit avec enthousiasme. — Ses progrès dans le royaume de Léon, dans les Asturies et dans les deux Castilles. — Il met son frère en déroute dans les plaines de Montiel et l'assiège dans une forteresse. — *Don Pierre* cherche à s'échapper. — Ruse et loyauté de *Beltran Claquin*. — Don Pierre tombe au pouvoir de son frère, qui le tue à coups de poignard. — *Henri II*. Le roi de Portugal se déclare son compétiteur. — Coalition pour lui enlever la couronne. — *Don Henri* les divise avec adresse. — Nouveau compétiteur de *Henri* dans le *duc de Lancastre*. — Le Portugal et l'Aragon renouvellent leurs prétentions. — *Henri* triomphe de tous ses ennemis. — Le royaume commence à changer de face sous le gouvernement de *Henri*. — Sa mort. — Salutaires instructions qu'il laisse à son fils. — *Jean I*^{er}. — Le *duc de Lancastre* et le roi de Portugal reprennent les armes. — Victoire navale de l'escadre castillane. — Progrès de *don Juan* contre l'armée coalisée. — Sa pusillanimité lui fait admettre une paix désavantageuse. . . . . Pag. 352.

CHAPITRE XXXIV. — Mort de la reine de Castille. — Mariage de *don Juan* avec l'infante *Béatrix* de Portugal. — Conditions du contrat. — Mort du roi de Portugal. — Les Portugais refusent de reconnaître, pour lui succéder, l'infante *Béatrix*, et proclament le grand-maître d'*Avis*. — *Don Juan* entreprend de punir cette insolence. — La victoire lui aplanit le chemin jusqu'à Lisbonne, mais les maladies l'obligent à se retirer. — Célèbre et malheureuse bataille d'Aljubarrota. — Générosité de *Pero Gonzalès de Mendoza*. — Dangereuses conséquences de cette défaite. — *Don Juan* se renforce pour venger l'honneur de ses armes, mais il préfère la paix. — Pre-

miers princes des Asturies. — Mort désastreuse du roi
Jean. — Henri III dit le Malade. — Agitations de la
Castille pendant sa minorité. — Imprudence chevaleresque
du grand-maître d'Alcantara; ses tristes conséquences.
— Anecdote fabuleuse sur le roi Henri. . . . Pag. 365.

CHAPITRE XXXV. — *Don Juan II.* Sa minorité. —
Générosité de son tuteur, l'infant *don Ferdinand* — Victoires du régent sur les Maures andalous. — Il est appelé
au trône d'Aragon. — *Don Alvar de Luna.* — Commencements de sa familiarité. — Secrète conspiration contre
le favori. — Le roi confiné à Tordesillas par les intrigues
de l'infant *don Henri d'Aragon*, doit sa liberté à une ruse
de *don Alvar de Luna*. — Ressentiment et audace de l'infant. — Nouvelles insolences de *don Henri*. — Le roi le
punit. — *Don Alvar* élevé à la dignité de connétable. —
Le rebelle *don Henri* se joint à son frère l'infant *don Juan*,
roi de Navarre, pour perdre le connétable. — Calomnies
répandues contre celui-ci. — Faiblesse du roi. — *Don
Alvar* est exilé de la cour, mais le roi le rappelle. — A
l'instigation des révoltés, la Castille se voit menacée d'une
rupture avec le roi d'Aragon. — Guerre avec les rois d'Aragon et de Navarre. — Progrès des armes du roi contre
les infants révoltés en Estramadure. — Blocus d'Alburquerque. — Générosité de *don Juan* et insolence des séditieux. — Cortès de Médina del Campo, et sentence
qu'elles rendent contre les infants. — *Don Alvar*, grand-
maître de Saint-Jacques. — Les infants implorent la paix;
elle leur est accordée, mais ils la rompent bientôt. —
Moyens rigoureux employés par *don Juan* pour achever
de les soumettre . . . . Pag. 377.

CHAPITRE XXXVI. — Les révoltés humiliés abandonnent leurs projets ambitieux, et la tranquillité se rétablit. — *Don Juan* punit l'ingratitude de *Mohammed le gaucher*, roi de Grenade, en le privant de la couronne. — Nouvelle conspiration contre *don Alvar*. — Le châtiment infligé à son chef, occasione une guerre civile à laquelle prennent part les infants d'Aragon. — Les séditieux triomphent de la faiblesse du roi, et le connétable est banni. — Triste situation du roi au pouvoir des révoltés. — *Don Juan Pacheco*. Son ambition et son ressentiment contribuent à la liberté du roi; défaite des rebelles près d'Olmedo, et mort de l'infant *don Henri*. — Intrigues de *Pacheco* pour s'élever à la place de *don Alvar*; il séduit le prince héréditaire *don Henri* et l'entraîne. — Les révoltés protégés par le prince, assurent leur impunité. — *Don Juan Pacheco*, marquis de *Villena*. — Craintes du connétable; moyens qu'il emploie pour sa sûreté. — Le roi reçoit une nouvelle épouse de la main de *don Alvar*; son dégoût, et la jalousie de la reine préparent la disgrâce du favori . . . . Pag. 387.

CHAPITRE XXXVII. — *Don Alvar* mis en prison et condamné à mort. — Les révoltés prennent une nouvelle arrogance après la mort du connétable. — Mort de *don Juan II*. — *Don Henri IV*. — Pour détruire le bruit de son impuissance, il se marie en secondes noces avec *Jeanne* de Portugal. — Il exaspère la noblesse par une imprudence. — Quelques nobles commencent à manifester leur mécontentement et portent leurs plaintes au roi. — Ils se refusent à reconnaître pour princesse héréditaire, une infante à laquelle la reine venait de donner le jour; doutes sur la légitimité de la nouveau-née. — Conspiration pour détrôner le roi. — *Don Henri* cherche à en arrêter les progrès, en consentant que l'infant *don Alphonse* soit nommé successeur immédiat; ses démarches pour détruire les bruits fâcheux répandus contre la légitimité de l'infante. — Les conjurés proclament roi de Castille, l'infant *don Alphonse*.—Défaite des révoltés près d'Olmedo. — Mort du nouveau roi. — Générosité de sa sœur, l'infante *Isabelle*.—Pacification générale . . . . Pag. 399.

CHAPITRE XXXVIII. — L'ambition fait renaître les intrigues, et divise la cour en partis. — Triomphe de l'archevêque de Tolède, et mariage d'*Isabelle* avec l'infant d'Aragon, *don Ferdinand*. — Ressentiment du marquis de *Villena*; inconstance de *don Henri*. — Mariage de la princesse *Jeanne* avec le duc de Berry. Étrange circonstance à laquelle cela donne lieu. — Progrès d'*Isabelle* et de *don Ferdinand* dans l'affection des peuples. — Réconciliation avec *don Henri*. — La méchanceté de *Villena* triomphe de la faiblesse du roi, et les princes se trouvent dans le plus grand danger. — Mort de *Henri IV*. — Tout le royaume se déclare pour *Isabelle* et *Ferdinand*. — Le marquis de *Villena* ressuscite le parti de la princesse *Jeanne*, et détermine le roi de Portugal à accepter la main de cette dame. — L'archevêque de Tolède, par ressentiment contre les souverains, se joint à cette faction. — Irruption du roi de Portugal dans la Castille, où il est proclamé, ainsi que sa femme, par les factieux. — Attaque de Valtanas. — Courage du comte de *Benavent*. — Progrès des armes castillanes en Portugal. — Conquête de Zamora. — Bataille dans les plaines de Pélayo Gonzalez.—*Villena* et les autres révoltés implorent et obtiennent leur pardon des souverains. — Obstination de l'archevêque de Tolède, sa soumission et sa loyauté dans la suite. — *Villena* déploie derechef l'étendard de la révolte, et appelle à son aide le roi de Portugal, mais celui-ci demande la paix en abandonnant ses prétentions et la protection de *Jeanne*. — Triste sort de cette princesse. — Réunion de la couronne d'Aragon à celle de Castille. . . . .

FIN DE LA TABLE DU PREMIER VOLUME.

www.ingramcontent.com/pod-product-compliance
Lightning Source LLC
Chambersburg PA
CBHW070527230426
43665CB00014B/1594